本成果受北京市教委专项资助：
教师队伍建设——北京市教学名师
项目编号：PXM2015_014221_000019

经济管理学术文库

白 远 / 著

中国企业对外直接投资理论与实践研究
——20年回顾

Chinese enterprises foreign direct investment
——20 years review on the research
of theory and practice

经济管理出版社
ECONOMY & MANAGEMENT PUBLISHING HOUSE

图书在版编目（CIP）数据

中国企业对外直接投资理论与实践研究——20年回顾/白远著. —北京：经济管理出版社，2016.9

ISBN 978-7-5096-4574-1

Ⅰ.①中… Ⅱ.①白… Ⅲ.①企业—对外投资—直接—投资—研究—中国 Ⅳ.①F279.23

中国版本图书馆 CIP 数据核字（2016）第 204329 号

组稿编辑：王光艳
责任编辑：许　兵
责任印制：黄章平
责任校对：赵天宇

出版发行：经济管理出版社
（北京市海淀区北蜂窝 8 号中雅大厦 A 座 11 层　100038）
网　　址：www.E-mp.com.cn
电　　话：（010）51915602
印　　刷：北京九州迅驰传媒文化有限公司
经　　销：新华书店
开　　本：720mm×1000mm/16
印　　张：15.25
字　　数：290 千字
版　　次：2017 年 1 月第 1 版　2017 年 1 月第 1 次印刷
书　　号：ISBN 978-7-5096-4574-1
定　　价：68.00 元

·版权所有　翻印必究·

凡购本社图书，如有印装错误，由本社读者服务部负责调换。

联系地址：北京阜外月坛北小街 2 号

电话：（010）68022974　邮编：100836

前　言

自 20 世纪 90 年代末中国政府将"走出去"确定为中国在 21 世纪的发展战略后，中国企业对外直接投资蓬勃发展，从 2000 年初的年流量只有 20 亿美元左右发展到 2014 年的年流量超过 1100 多亿美元，已经成为发展中国家中最大的资本输出国。20 世纪 90 年代末，作为商务部中国国际经济合作学会的常务理事，笔者有幸较早地接触到中国最早一批从事国际工程承包的企业，了解到中国企业在国外投资的情况，这使笔者意识到随着中国制造的商品走向全世界成为中国经济融入世界的重要纽带，中国的资本外溢也必将成为中国经济深度国际化的途径。特别是当中国政府提出将"走出去"作为中国 21 世纪的发展战略后，笔者深感作为一名学者有责任尽早地对中国企业对外投资开始进行研究，特别是对中国作为一个发展中国家的对外直接投资进行研究，使理论研究能够对中国企业对外投资起到实践指导作用。

在过去将近 20 年的时间内，笔者的研究也一直伴随着中国企业对外投资的脚步，不断地深入和丰富，形成了一批在国内外有一定影响的专著和论文，其中有代表性的专著包括《中国企业走出去的理论与实践研究》（中国科学文化出版社，2003）、《服务业国际直接投资——引进来与走进来》（中国金融出版社，2010）、《中国企业对外直接投资风险论》（中国金融出版社，2012）；有代表性的论文包括中国企业海外直接投资的理论与战略探讨（国际经济合作学会学术年会，2001）、中国企业"走出去"优势面面观（国际经济合作，2002，5）、中国企业对外投资的风险管理（国际经济合作，2005，12）、服务业对外直接投资——中国与印度的比较（国际经济合作，2006，6）、石油矿产业对外投资风险：理论与成因分析（国际经济合作，2008，1）、中国企业对外直接投资——机遇中的风险（国际经济合作，2010，11）、中国企业跨国度的国际比较——基于 TNI 与 GSI 指数的研究（国际经济合作，2012，6）、Internationalization of Chinese Enterprise: Assessment and Comparison（美国 DEStech 出版社，2014）、Chinese Outward Foreign Investment in South Asia: A Case of India（Transnational Corporations

Review Volume，2015）。可以说笔者的研究成果从最初的中国企业"走出去"的含义、中国企业对外投资的理论依据、中国企业对外投资的风险、中国企业与其他发展中国家对外投资的对比，到中国企业全面国际化的发展，形成了一个不间断的链条，所涉及的内容都与各个时期中国企业对外直接投资的重大问题息息相关。

为了更好地追踪中国企业对外直接投资的发展历程与研究历程，也为了完整地呈现笔者在过去近20年的研究成果，笔者特别归纳整理了这些主要研究成果，既包括已经发表的论文成果也包括部分未发表的最新研究成果，形成这本研究专集。本研究专集分为三个部分：中国企业对外直接投资的理论研究、中国企业对外直接投资的风险研究和中国企业对外投资的国际化与国别比较研究。

笔者想借此研究成果发表之际感谢笔者的合作研究者，刘雯、王莹、朱迎和印度阿利迦尔穆斯林大学教授 Dr. Badar Alam Iqbal！

同时还想借此机会表达对先生罗凤基研究员的衷心感谢！

目　录

上篇　中国企业对外直接投资的理论研究

论经济全球化与发展中国家的经济发展机遇 …………………………… 3
 一、经济全球化想要揭示的是什么 …………………………………… 3
 二、国际贸易自由化——经济全球化的先行者 ……………………… 4
 三、国际金融全球化——经济全球化的润滑剂 ……………………… 5
 四、国际生产一体化——经济全球化的深层次发展 ………………… 6
 五、经济全球化——发展中国家可以利用的机遇 …………………… 8
 六、中国经济从全球化中获利 ………………………………………… 9

中国企业"走出去"战略的内涵 ………………………………………… 11

论中国企业"走出去"的必要性与意义 ………………………………… 14
 一、中国企业"走出去"是中国经济改革开放进一步深化的需要 …… 15
 二、中国经济体制改革的需要 ………………………………………… 15
 三、中国企业自身发展的需要 ………………………………………… 16
 四、利用两个市场、两种资源以适应企业发展的需要 ……………… 17
 五、保护本国出口市场的需要 ………………………………………… 18
 六、弥补自身"战略缺口"的需要 …………………………………… 18
 七、引进先进技术，促进产业结构升级的需要 ……………………… 19
 八、培养跨国经营人才的需要 ………………………………………… 19
 九、促进国际经济合作的需要 ………………………………………… 20

中国企业对外工程承包：集中优势兵力　走合作共创之路 …………… 21
 一、合作的经济学原理 …………………………………………… 22
 二、阻碍合作的因素分析 ………………………………………… 23
 三、中国工程承包企业"走出去"的机遇 ……………………… 26

中国企业海外直接投资的理论和战略探讨 ……………………………… 27
 一、国际直接投资理论与实践背景 ……………………………… 27
 二、中国企业海外投资动因与现状的经济学分析 ……………… 31
 三、中国企业从事海外直接投资实践的分析 …………………… 33
 四、中国企业海外投资的战略选择 ……………………………… 35
 五、发展层次论 …………………………………………………… 36

中国企业"走出去"优势面面观 ………………………………………… 38
 一、国家竞争优势 ………………………………………………… 38
 二、要素禀赋产生相对优势 ……………………………………… 40
 三、中国企业管理模式的优势 …………………………………… 41
 四、海外华人网络的优势 ………………………………………… 42

中国的宏观经济环境与"走出去"战略 ………………………………… 45
 一、话从人民币汇率说起 ………………………………………… 45
 二、外汇储备规模与资金使用效率 ……………………………… 46
 三、我国吸引外资与对外投资 …………………………………… 48
 四、快速增长的出口与"走出去"战略 ………………………… 49

论中国企业对外直接投资的资金准备 …………………………………… 51
 一、对外投资阶段论 ……………………………………………… 51
 二、"两缺口"的疑惑 …………………………………………… 52
 三、长期坚挺的人民币汇率为企业"走出去"提供了有利条件 … 55

国际服务产业对外投资的理论与中国服务业对外投资的实践 ………… 57
 一、服务型跨国公司国际直接投资的动机 ……………………… 57
 二、服务业企业国际直接投资的优势 …………………………… 61
 三、中国服务企业跨国经营的动因 ……………………………… 68

中国企业对外投资动机的演变
　　——宏观与微观层面的分析 ……………………………………… 72
　　一、经济全球化与中国政府的"走出去"战略 ………………… 73
　　二、大型国有企业对外投资动机的演变 ………………………… 76
　　三、中小企业对外投资动机的演变 ……………………………… 78
　　四、规避全球性金融风险 ………………………………………… 80

中篇　中国企业对外直接投资的风险研究

中国企业对外投资的风险管理 ………………………………………… 85
　　一、中航油事件的启示 …………………………………………… 85
　　二、风险管理的一般模型 ………………………………………… 85
　　三、风险意识与信息管理 ………………………………………… 87
　　四、风险来源 ……………………………………………………… 89
　　五、风险评估 ……………………………………………………… 91
　　六、风险防范 ……………………………………………………… 94

石油矿产业对外投资风险：理论与成因分析 ………………………… 96
　　一、风险的经济学分析 …………………………………………… 96
　　二、石油矿产资源投资的风险类别分析 ………………………… 100

中国企业对外直接投资
　　——机遇中的风险 ………………………………………………… 104
　　一、危机中的机遇 ………………………………………………… 104
　　二、机遇中的风险 ………………………………………………… 106
　　三、对风险的控制与对策 ………………………………………… 113

论中国企业对外投资的意识形态风险来源 …………………………… 116
　　一、"中国威胁论" ………………………………………………… 116
　　二、"新殖民主义论" ……………………………………………… 121
　　三、中国对非洲国家的投资 ……………………………………… 124

· 3 ·

"一带一路"背景下中国对中亚五国直接投资的风险比较研究
——利用 F-AHP 模型的分析 ····· 127
一、导论与研究方法 ····· 127
二、中国对中亚五国直接投资风险来源分析 ····· 129
三、中国对中亚五国对外直接投资风险的实证分析 ····· 143
四、中亚五国风险层级结构分析 ····· 157
五、中国对中亚五国直接投资风险的防范与管理 ····· 158

下篇 中国企业对外投资的国际化与国别比较研究

中国企业跨国度的国际比较
——基于 TNI 与 GSI 指数的研究 ····· 165
一、企业国际化及其度量 ····· 165
二、中国企业跨国指数综合分析与国际比较 ····· 166
三、分行业跨国指数的比较 ····· 169
四、国际化与地理分布指数（GSI） ····· 172
五、结论 ····· 174

服务业对外直接投资
——中国与印度的比较 ····· 176
一、中印两国企业对外投资特点的比较 ····· 176
二、中印两国国内产业格局和竞争力与服务业对外投资的关系 ····· 179
三、结论与启示 ····· 183

中东欧国家吸引外资优劣势分析 ····· 185
一、中东欧国家吸引外资状况 ····· 185
二、宏观经济形势尚不尽如人意 ····· 186
三、中东欧国家吸引外资的优势因素 ····· 190

Internationalization of Chinese Enterprise: Assessment and Comparison ····· 194

Chinese Outward Foreign Investment in South Asia: A Case of India ····· 214

参考文献 ····· 231

上篇

中国企业对外直接投资的理论研究

　　中国企业对外直接投资虽然在改革开放之初就已经开始，但由于规模小、资金少、领域窄，因而影响力十分有限，这与中国当时所处的发展阶段有直接的关系。在跨入21世纪后，随着中国人均收入水平的提高，资本积累的加速，中国企业走出去成为历史的必然。虽然中国企业的对外直接投资已经逐渐展开，但是国内理论界对直接投资的研究则主要集中在吸引外资方面，而对中国企业对外投资的研究比较滞后，国内政府部门和企业界甚至对中国企业走出去的含义、目的与方式等都不甚了解。在理论层面上，一些目前看来早已解决的基本问题，如中国企业走出去的动机、凭借的优势、政府与企业各自在对外投资中的角色等，在20年前还缺少深入的研究，没有明确的界定。这些基本问题既需要在实践层面解决，也需要在理论层面得到论证。在这样的背景下，笔者发表了一系列关于中国企业对外直接投资理论方面的研究，主要探讨了经济全球化与企业对外直接投资的关系、中国企业"走出去"的含义、中国企业对外投资的动机、中国企业对外投资的优势、中国企业对外投资的资金等。而当国际上服务业对外直接投资渐成趋势后，笔者又研究并发表了中国服务业对外直接投资的相关理论问题，这些研究成果构成本书的上篇，共10篇。

论经济全球化与发展中国家的经济发展机遇

在"二战"结束后的半个世纪以来,社会和经济的双重进步在世界的发展史上是空前的。当我们迎来21世纪时,世界经济已经发展到了一个新的阶段,这个阶段的特征是更高水平的经济全球化和区域一体化、世界范围内各国经济体系更高程度的综合化以及世界各地区之间日渐增强的相互依赖性。国际直接投资伴随着经济全球化不断发展,同时又在全球化的演进中起到了催化剂的作用。

联合国秘书长加利在1992年联合国日致辞时曾经庄严地宣布"第一个真正的全球性的时代已经到来了"。这个真正全球性时代的主要内容和特征是什么?它对于全球经济的发展和我国有何影响?对此有来自各方的不同见解,下面是一些颇具代表性的看法。

一、经济全球化想要揭示的是什么

全球化一词最早是石油经济学家T. 莱维于1985年提出来的。他用这个词形容此前20年间国际经济的巨大变化,即商品、服务、资本和技术在世界范围内生产、消费领域中的扩散。后来经合组织前首席经济学家S. 奥斯特雷又从生产要素在全球自由流动以取得更好的经济效应的角度提出了经济全球化的概念。国际货币基金组织在1997年5月发表的一份报告中也对全球化做了诠释:"经济全球化是指跨国商品与服务贸易及国际资本流动规模和形式的增加以及技术的广泛迅速传播使世界各国经济的相互依赖性增强。"1995年出版的英国《科林斯商务辞典》将国际化定义为:"国际化或全球化是指公司通过出口向国外经济进行扩张,但尤其专指通过对外国的投资,建立生产部件的工厂、制造车间和销售子公司。"

我国学者对经济全球化的理解，主要是世界各国各地区之间密切的经济交往和经济协调，经济上相互联系和依存、相互渗透和扩张、相互竞争和制约方面已经发展到很高的程度，形成了世界经济从资源配置、生产到流通和消费的多层次、多形式的交织和融合，使全球经济形成一个不可分割的有机整体，这种经济发展态势、发展进程和发展趋势称为经济全球化①。

所谓经济全球化就是以科技革命、市场经济和跨国公司的大发展为驱动力，以生产要素在世界范围内的大规模流动为中心，国际贸易、国际金融、国际投资、国际交通和通信的大发展，使企业生产的内部分工扩展为全球性的分工，使生产要素在全球范围内进行优化组合和资源优化配置，从而促进各国和全球经济的共同发展。

以上对经济全球化的各种定义和解释尽管见解各异，没有统一的定论，但从一般意义上来说经济全球化的内涵都包括资本、商品、服务、技术以及信息等生产要素超越国界在全球扩散的现象以及世界各经济体相互间越来越紧密的依赖关系。

世界经济全球化是一个不断演进的过程。它是指商品、资本、劳动力等生产要素和技术在国际上流动的基础上，随着分工的深入和市场的扩大，尤其是"二战"后跨国公司的发展而逐渐深化的。今天的经济全球化已经将全球各个国家和地区、各种不同的经济体、各种宗教信仰和文化习俗的民族联系在一起。在编织这个巨大的经济网络的过程中国际贸易自由化、国际金融全球化和国际生产一体化在不同的时期和阶段起到了不同的作用，使经济全球化的发展显现出鲜明的阶段性特征。

二、国际贸易自由化——经济全球化的先行者

对外贸易是一国生产和流通超过国家范围的延伸，通过参与国际分工和利用国际市场构成了各国社会再生产过程的一个组成部分。任何一个国家从封闭的经济体走向全球的时候都是以贸易作为先导而参与国际分工和进入国际市场，与世界经济相融合，参与国际化进程的。国际贸易的历史源于几千年前的奴隶社会早期，发展至今已经成为连接各个经济体的最重要的纽带之一。

第二次世界大战以后，随着国际贸易日趋自由化，世界贸易的发展速度大大

---

① 杨宇光. 经济全球化中的跨国公司［M］. 上海：上海远东出版社，1999.

超过了工业生产的增长速度，各国对国际贸易的依赖程度越来越深。1950~1960年，世界商品贸易总值由 563 亿美元增加到 1283 亿美元，平均每年递增 8%。1970 年增加到 3138 亿美元，年平均增长率提高到 8.5%。20 世纪 80 年代后，特别是 20 世纪 90 年代以来随着全球化步伐的加快，国际贸易的发展也是一年一个样，1985~1995 年世界进出口贸易额突破 10 万亿美元。根据世界贸易组织（WTO）的预测，到 2005 年世界贸易总额将在 2004 年 3.6 万亿美元基础上再增加 12%。世界各国都将从开放的市场中获得好处，其中发达国家的获利占 2/3，发展中国家获利 1/3。

国际贸易在世界生产和各国国民经济中的地位显著提高。世界贸易系数和世界出口贸易系数（世界进出口贸易额在世界国民生产总值中所占的比重和世界出口总额在世界国民生产总值中所占比重）显示，1950~1980 年的 30 年世界贸易系数和世界出口贸易系数逐步上升，分别由 16.4% 和 8.5% 增加到 34.4% 和 17.1%。也就是说，在 1950 年世界社会总产品的价值和增值中，有 16.4% 是通过国际贸易来实现的。到 1980 年这个比例提高了两倍多。而到了 1992 年这一比例已提高到占全球国内生产总值（GDP）的 33%，这意味着全球产值中约 1/3 是在国际交换中实现的，各国经济生活日益国际化，产品越来越依靠世界市场来实现，各国相互依赖程度进一步加深，如发展中国家的贸易依存度就从 1970 年的不足 20% 提高到 1998 年的 38%。

三、国际金融全球化——经济全球化的润滑剂

如果说贸易纽带是通过商品织成了全球化的网络，那么金融纽带就是通过资本将世界各经济体网罩在了全球化的大潮中。随着经济全球化的深入，始于 20 世纪 60 年代的金融国际化在 20 世纪 90 年代得到空前的发展，国际资本流动达到了空前的规模，其数量和影响之大是以往任何时候都无法比拟的。金融国际化通过资本在全球 24 小时不间断地流动、建立在全球各地的金融市场和多种形式的金融贸易充分地体现出来。流动于全球的金融资本就像润滑剂加速了全球化的进程，它使贸易的自由化和生产的一体化成为可能。

20 世纪 60 年代澳洲货币率先成为境外流通货币，之后在 20 世纪七八十年代英、美、德、日等发达国家纷纷放松外汇管制，加速了金融国际化的进程。金融自由化解除或放松了对资金流动的限制。跨国证券融资的制度限制、货币障碍、政策障碍不断被消除，跨国银行的业务网络遍及全球。从外汇市场交易量的变化

即可见资本流动规模发展速度之快。1973年全球外汇市场日交易量仅为150亿美元,到1995年就增加到1.2万亿美元,现在的日成交量达到3万亿美元。全球外汇交易额大于世界市场进出口总值接近2000倍。到20世纪90年代后半期,卫星技术用于进行境外交易的比例大大增加,极大地促进了资金在更大的领域,以更大的规模在全球流动。

资金流量的迅速膨胀使全球各地的金融市场无论是从数量还是从容量上都得到前所未有的发展。以前传统的国内金融交易市场已经远远不能满足国际资本的流动,因此各国纷纷打开国门,允许外国金融机构进入本国的金融市场。老牌的金融市场,如伦敦、巴黎、苏黎世、法兰克福、东京、中国香港、新加坡等,不断地扩充,地位日渐重要。与此同时很少受到国内金融管制的离岸金融市场迅速地创建和发展。随着伦敦率先成为境外银行业务的中心市场之后,不但发达国家如美国、日本等相继建立了离岸金融市场,一些发展中国家和地区(如巴哈马、巴林、开曼群岛、中国香港、黎巴嫩、荷属安的列斯群岛、巴拿马和新加坡等)也纷纷设立离岸金融中心,以优惠的税收待遇、良好的保密性、无外汇管制和几乎无国际金融的法规限制吸引跨国银行在此经营国际金融业务。据统计,目前全球离岸金融市场已达40多个,世界货币存量的50%通过离岸金融市场进行周转,银行资产的22%投资于离岸金融市场①。

在国际证券市场成为国际借贷的主要形式和渠道之后,形式多样的证券化筹资工具成为金融国际化的特征之一。金融全球化的发展促使国际金融创新层出不穷,衍生工具日新月异。如目前金融创新之一的金融派生工具发展迅猛,其衍生资本的评估价值已相当于银行自有资本的2/3。各类融资票据,公司股票的异地上市,以存托凭证为形式的国际证券市场以及其他形式的金融衍生物使金融交易国际化程度加深。

四、国际生产一体化——经济全球化的深层次发展

如果商品和资本编织的国际网络还存在疏漏的话,那么国际生产的一体化网络则真正覆盖了全球。跨国公司在编织这一全球网络的过程中发挥着决定性的作用。它们的经营战略思想是以全球为出发点考虑资源的配置,打破了国家的经济界限,使全球各地无一疏漏地呈现在跨国公司的视野内。

---

① 张幼文. 世界经济学 [M]. 上海:立信会计出版社,1999.

跨国公司经过"二战"后几十年的发展已经成为当今经济国际化的主要组织形式和世界经济活动的主体。据联合国贸易和发展会议发表的报告显示，目前世界上的跨国公司已达 6.5 万家，子公司 85 万家，遍及 160 多个国家和地区。跨国公司的产值已占世界总产值的 1/3 以上，其内部和相互间的贸易已占世界贸易的 60% 以上，直接投资占外国直接投资的 90%。据国际货币基金组织统计，1999 年德国奔驰集团的产值（1501 亿美元）相当于印度尼西亚的国民生产总值（1537 亿美元），美国福特汽车公司的产值（1806 亿美元）超过波兰的国内生产总值（1608 亿美元）。据统计，在世界 100 个最大的经济体中，有 51 个是跨国公司，只有 49 个是主权国家。

跨国公司的国际生产推动了各种生产要素的国际流动和优化组合，带动了生产过程的直接国际化。各国在直接生产过程中的相互依赖进一步加强，各国的生产过程进一步成为统一的世界生产过程的组成部分。跨国公司的生产国际化还在专业化基础上实现了更有效率的规模经济，带动了投入与产出的成倍增长，从投资和商品交换两个方面引发了货币资本在国际的加速流动，从而大大加快了货币资本的国际化。同时，由于越来越多的跨国公司进行科技政策协调和联合研究与开发，科技国际化或科技一体化趋势越来越明显。

在生产一体化的发展过程中，发达国家早已实现了对外投资自由化，而发展中国家也日益体会到如果对本国企业的对外投资进行限制，就会制约企业乃至整个经济的发展。因此自 20 世纪 90 年代以来，发展中国家和地区的跨国公司呈现出快速发展的态势，并且在国际投资中发挥了越来越重要的作用。据 1998 年世界投资报告统计显示，1997 年发展中国家对外直接投资达 510 亿美元，占全球对外直接投资的 1.4%。

跨国公司经过"二战"后数十年的发展已在全球范围内形成了国际一体化的生产体系。由于这个全球性的国际生产一体化体系掌握了当代世界经济中大部分关键的资源、技术、人才、资金以及信息等经济要素，哪个国家被排除在这个体系之外，哪个国家就会被排除在当代世界科技、经济发展的主流之外；哪个国家加入到这个体系之中，哪个国家就会分享到这个体系的各种好处。

经济全球化通过贸易自由化、金融国际化和生产一体化 3 个纽带将全球各国联系在一起的事实向我们揭示了一个道理：经济全球化是一个历史的发展进程，它是不可避免和不可逆转的，也不以任何人的意志为转移。作为全球经济体的一部分，我国和我国的企业必须接受它，并且顺应它的发展规律。而"请进来"和"走出去"都是积极顺应全球化发展规律的途径和方法。

经济全球化经过商品、资本、劳务和其他生产要素的自由流动，通过信息技术的普及积极推动了世界经济的发展。它为世界各国经济发展带来的最好礼物是不断开放的市场,生产要素在全球流动障碍的不断消除,真正做到了资源在全球的最佳配置,实现了"以最有利的条件生产,在最有利的市场销售"这一世界经济发展的最优状态。"全球化是一场革命,它使企业家能够利用世界任何地方的资金、技术、信息、管理和劳动力在他希望的任何地方进行生产,然后把产品销往任何有需求的地方"[1]。可见全球化的最大益处是在全球范围内提高了资源的使用效率,这对于经济的发展具有重要的意义。在经济全球化的进程中全球的经济发展速度都有很大的提高。如果用"二战"前全世界的经济发展速度与"二战"后的经济发展速度作比较,可以看到1913~1950年世界经济年均增长率为1.9%,1950~1992年的年均增长率为4%。经济全球化也给发展中国家的经济发展带来了动力。根据世界银行《1998/99世界发展报告》的统计数字显示,1980~1990年发展中国家国内生产总值年均增长率为3%,与世界平均水平和发达国家不相上下。而在随后的10年发展中,发展中国家的增长幅度明显高于同期世界3.2%和高收入国家2.4%的平均水平。发展中国家整体在过去10年中全球制造业增加值的份额已从17.4%增加到19.8%,它们在向工业化国家制成品出口中的份额也有了相当的增加。在劳动密集型产业上,发展中国家的国际竞争力的提高更为明显。

五、经济全球化——发展中国家可以利用的机遇

经济全球化的实质内容是开放、融合、共同发展。对待全球化的问题首先是如何看待对外开放的问题。许多发展中国家由于历史、文化、宗教等种种原因对对外开放心存戒心,甚至是抵触。它们担心敞开国门后会对其经济各部门带来一系列冲击,担心外部强大的竞争力威胁自身的民族工业的生存,担心本国的市场充斥了外国的商品。从这些担心可以看出发展中国家要想积极地利用全球化的机遇,首先要改变观念,改变消极抵触的态度,以积极配合、主动迎接挑战的姿态融入到全球化的浪潮中去。事实上,从"二战"以后发展中国家的实践来看,越是采用开放贸易战略的国家,参与国际经济的程度越深,经济业绩就越优秀;反之,越是采用封闭式的发展战略,与世界经济的隔离程度越深,实际经济业绩就越差。

世界银行1996年的《世界经济前景与发展中国家》报告指出,发展中国家

---

[1] 朗沃斯. 经济革命的痛苦代价 [J]. 芝加哥论坛报, 1996, 10.

的经济发展速度和参与经济全球化的程度之间存在密切的因果关系。报告提供的数据表明,在 1983~1994 年的 11 年中,发达国家与快速参与经济全球化的东亚发展中国家都获得了年均 2% 的经济发展速度,东亚以外的其他快速参与经济全球化的发展中国家也取得了年均 1.5% 的经济增长率;相比之下,那些较慢参与国际经济的发展中国家经济发展速度则相当迟缓。总体来说,快速参与国际经济的发展中国家不仅经济增长速度较快,而且增长稳定,这 11 年间,前者的国民经济发展速度超过后者的 50% 以上。另有世界银行 1998 年的研究报告指出,许多经验证明,开放与经济增长之间有着积极的关系。对一组发展中国家 1970~1989 年的增长水平进行研究发现,开放的国家经济年均增长 4.5%,而闭关自守的国家只增长了 0.7%。

1997 年国际货币基金组织发表的主题为"全球化:机遇与挑战"的报告指出,过去几十年来的一个主要的教训是全球一体化的种种压力已使人们明显地感受到优劣政策的好处与代价。凡顺应全球一体化的潮流并随之努力进行改革、开放市场、追寻有纪律约束的宏观经济政策的国家,它们就像已获得成功的亚洲新兴工业经济体一样,很有希望能踏上与发达国家的趋同之路。这些顺应潮流而动的国家可望从贸易中获得利益,取得全球市场的份额并能不断地受惠于更大量的私人资本流入。相反,没有采用这种政策的国家则将可能面临在世界贸易份额中日趋减少、私人资本流入日益枯竭,并且相对地被甩在后面的困境。①

从以上国际组织所提供的有关权威性研究结果中不难得出一个结论,参与经济全球化有利于发展中国家的经济增长,而面对全球化裹足不前者必然影响其经济的发展。从全球化中究竟是获"利"还是获"弊",其根本不在于全球化本身,而在于参与者使用什么样的战略。采用了正确的发展战略,就能从全球化提供的益处中获取最大的利益;反之,采用了错误的战略就可能使全球化带来的风险放大。

六、中国经济从全球化中获利

23 年前当我们打开国门搞改革开放的时候,才意识到我们与发达国家的差距有多大,甚至与许多的发展中国家也拉开了差距。那时许多人惊呼如果中国再不搞改革开放,就要被开除"球籍"了,可见形势之严峻。然而通过 20 多年坚

---

① 国际货币基金组织. 全球化:机遇与挑战 [J]. 世界经济展望,1997,5.

中国企业对外直接投资理论与实践研究

持搞改革开放,中国已经成为当今世界上经济发展最快的国家之一。如果将中国的 30 个省视为独立的经济体,在同一时期世界上增长最快的 20 个经济体都来自中国。这是改革开放的成就,也是中国积极融入世界经济的成就。

从中国所取得的成就来看,中国是全球化的积极参与者,也是受益者,由于其自身的努力,使中国在全球化的经济体系中处于有利的地位,而这种地位的取得在于中国的全球化观。过去 20 多年经济的快速增长以及有利于持续快速增长的内部和外部条件都使中国非常有希望成为世界上最繁荣的经济体。事实上,中国经济的巨大转变使许多外国观察家得出一个结论:中国这头睡狮已经苏醒,并极有可能在 21 世纪的前几十年成为世界上最大的经济体。

本文发表于《中国企业走出去的理论与实践研究》,中国科学文化出版社,2002 年 10 月。

中国企业"走出去"战略的内涵

在人类拉开 21 世纪帷幕之际，历时 15 载的中国加入世界贸易组织的谈判终于画上了圆满的句号。中国加入世界贸易组织标志着中国的改革开放进入了一个新的历史时期，充分体现了中国主动参与经济全球化、融入世界经济主流的经济姿态。为了应对经济全球化和加入世界贸易组织的新形势、新要求，中央在制定"西部大开发"战略的同时，又适时提出了"走出去"的开放战略。这一战略能否成功实施关系到我国未来对外开放的成败，关系到我国未来的发展前途。从理论上和实践上抓紧研究"走出去"的开放战略是新形势下进一步扩大对外开放的需要，是我国国民经济结构调整的需要，也是加强和扩大与世界各国经济关系的需要，意义深远，影响重大。

"走出去"战略具有特定和丰富的内涵，其要点从宏观层次看包括下面几点。首先"走出去"战略是对邓小平对外开放思想的重要发展，它与"引进来"成为我国对外开放基本国策相辅相成的两个方面。如果说过去 20 多年改革开放的要点是"请进来"，那么 21 世纪开始后对外开放的重点将转向"走出去"。这是历史发展的一个必然阶段。江泽民在提出"走出去"战略时，指出了这一战略的实施动机和目标："把'引进来'和'走出去'紧密结合起来，更好地利用国内外两种资源、两个市场。这是我们在参与国际竞争中掌握主动权、打好'主动仗'的必由之路。这样做，有利于在更广阔的空间里促进经济结构调整和资源优化配置，从而不断增强我国经济发展的动力和后劲，促进我国经济的长远发展。"显然"走出去"战略要为实现我国现代化大业服务，要有利于我国经济的长远发展目标。这一目标的设定将对外开放的内涵扩大了，层次提高了，即从企业的微观战略层次提高到国家的整体发展战略层面，成为国家发展战略在全球的延伸和体现。

实施"走出去"的开放战略，主要是指我国企业有计划、有步骤地走出国门，到各国投资办厂，进行经济技术合作。《中华人民共和国经济和社会发展第十个五年计划纲要》提出，实施"走出去"战略，其核心内容是鼓励能够发挥中国比较优势的对外投资以及对外承包工程和劳务合作等多种形式的对外经济合作，扩大国际经济技术合作的领域、途径和方式。实施"走出去"的开放战略标志着我国对外开放从此走向一个新的阶段，即有计划、有步骤地跨出国门，积极主动地在国际市场上直接参与国际竞争，这是我国对外开放的质的飞跃。

"走出去"是相对于"引进来"提出的，提出的目的是实现生产要素在全球的更合理的配置，有效地提高各种要素的效率，更好地为我国的现代化服务。在过去20年的时间，我国主要是以商品货物的对外流动参与国际分工，实现了生产要素的间接流动。"走出去"战略的实施是为了实现生产要素的直接流动，直接参与国际分工，这是更为有效的资源配置方式。两种资源、两个市场的配合将更有效地发挥我国的充裕要素资源的作用，降低对稀缺要素资源的使用成本，获得更大的经济效益，提高整个社会的福利水平。

"走出去"战略的实施者是政府和企业，其中政府的作用在于从宏观角度制定政策、法规，为企业"走出去"创造适宜的政策环境，引导企业"走出去"的方向，为企业提供政治的、外交的和商业的支持。在当今世界上，政府给予企业各种支持已是司空见惯，我国企业要想走向世界，没有政府的支持和协调是非常困难的。由于企业在境外的环境与要求特殊，承受的风险与压力特殊，政府为此应加快创造全新的、适应全球化形势的管理体制和制度。政府在实施"走出去"战略中的角色定位应是"服务者"，而非"管理者"。

"走出去"的主体是具有竞争优势的企业，这些企业不应以所有制来划分，可以是国有企业，也可以是民营企业。只要企业具有"走出去"的条件都应积极地参与到"走出去"的企业行列中，在更广阔的世界中谋求更大的发展。从以往20年对外投资的经验和暴露的问题看，民营企业在企业组织制度上有先天的优势，能够尽快地适应以市场经济规则为基础的外部世界，主要的困难是缺少资金、政策方面的支持，因此国家应加大对民营企业的政策支持力度。而国有企业应当把现代企业制度改造作为"走出去"的基本条件，这样做的目的是避免由于企业体制缺陷带来的经营风险和国有资产的流失。

"走出去"的客体是依靠比较优势获得的技术优势、资金优势、人文优势、管理优势等。中国虽然属于发展中国家，在世界经济中的综合竞争力和影响力还都有限，但是20多年的改革开放已使我国进入发达发展中国家的行列，因此从产品的技术角度来说，已经获得了一定的比较优势，这是我国企业得以"走出去"的根本。除此之外，我国还有其他成功进行对外直接投资的优势。这些优势既有经济因素，又有文化的、民族的和制度的因素。

"走出去"的核心内容是以企业的跨国投资和跨国经营为主的直接投资活动。我国对外直接投资的领域目前主要有以资源获取为目的的投资、对外加工贸易、以技术获取为目的的投资、对外工程承包等形式。其他形式的对外直接投资，如批发零售业也在逐渐展开。从1979年以来我国已经有一批企业"走出去"，这些企业中既有成功的经验，也有失败的教训，认真总结已经"走出去"企业的经验教训是我们更好地实施"走出去"战略的一笔宝贵财富。

"走出去"是用通俗易懂的民间话语描述的企业对外投资的经济行为，但有些人对"走出去"的内涵不甚明了，更有些人将"走出去"与"出国走走"混为一谈，使其成为无目的的出国考察甚至是公款出国旅游的借口。为了更好地领会"走出去"的战略意义，切实落实"走出去"战略，有必要就"走出去"的内涵做一个准确的界定，以供大家参考。

本文发表于《中国企业走出去的理论与实践研究》，中国科学文化出版社，2002年10月。

论中国企业"走出去"的必要性与意义

2001年11月11日中国正式签订了加入世界贸易组织的协定。随着中国完成15年的"入世"谈判，其在谈判中所做出的承诺将逐步落实，这给我国的企业带来了更大的挑战。按照承诺，到2005年我国的关税从目前的平均15%下降到10%，工业品平均关税由17%左右下降到8.9%以下（汽车下降到25%）。农产品平均关税下降到17%以下。在银行方面，我国在"入世"5年内取消全部对外资银行的地域限制，对外资银行所有权、经营和设立形式进行限制的非审慎性措施，允许外资银行对所有中国客户提供服务。我国还逐步降低诸如进口许可证、配额、外汇管制、技术检验标准等非关税壁垒；放宽市场准入和领域，逐步推进商业、外贸、保险、证券、电信、旅游和中介服务等方面的对外开放。国外企业特别是发达国家的跨国公司，将会凭借其在资金、技术、人才、机制、品牌、信息、营销、管理经验等方面的优势，进一步加大对中国投资的力度。我国"入世"后的承诺给我国企业带来的是新的挑战和发展机遇，这说明我国经济将更深地融入到经济全球化的大潮中。

经济全球化不断深入的一个重要趋势是一切高水平、高层次、大规模的贸易和投资活动都是以跨国公司为主体或载体进行的，跨国公司在经济全球化过程中处于决定性的地位。在21世纪，跨国公司凭借高科技建立起来的全球传播与联系网络可以轻易地突破时间、空间、国界、语言、习俗与思想意识的限制而成为世界经济的主导力量。"入世"后，外资将以更大的规模进入，这对于加快中国经济结构的调整和经济增长方式的转变，从根本上提高国际竞争力具有重要作用。但是，随着"国内市场国际化，国际市场国内化"趋势的出现，中国企业面临的市场竞争将更为激烈。作为全球化的积极参与者，中国若想继续受益于经济全球化，中国的企业就必须主动走出国门，经风雨，见世面。国际、国内的发展大势都将中国企业推向了世界舞台，正反两方面的经验教训提示我们越是被动地应对全球化就愈加被动。在国内市场日益严峻的竞争形势下，我国将加大促进有条件的企业走出国门，到海外投资办厂，更好地利用国际国内两种资源、两个市场，不断提高国际竞争力。中国企业在面临"入世"挑战的同时也拥有了前所未有的发展机遇。中国在承担"入世"开放义务的同时，也获得了享受其他成员国开放利益的权利。例如，其他成员国必须降低关税、扩大投资地区、扩大投资领域、增加投资方股权、放宽外汇管制等。因此，加入世界贸易组织后，中国企业开展对外投资，可以在其他成员国内享受到更公正、合理的待遇，大大减少歧视和限制。这无疑为中国企业开展对外投资提供了广阔的空间和良好的环境。下面就中国企业"走出去"进行国际直接投资的意义做一个归纳阐述。

一、中国企业"走出去"是中国经济改革开放进一步深化的需要

如果说经济全球化的深入发展是我国企业"走出去"的外部因素，那么中国经济改革开放不断深入的需要就是中国企业"走出去"的内在要求。如前文所述，中国在短短的30多年走完了西方发达国家上百年的发展历程，这是一个奇迹。但是也应当看到中国的经济发展遇到了一些问题，有体制上的也有结构上的问题。这些问题只有通过改革开放的不断深化才有希望得到解决。鼓励中国企业离开自己的"一亩三分地"，走全球化经营的道路可以说是适应改革深化的措施之一。我国政府自21世纪开启就正式将"走出去"作为国家战略，企业积极响应并取得了长足的进步，特别是金融危机发生后，企业对外投资迎来了新的发展机遇。大力促进我国企业对外投资应当说是出于国家和企业自身发展的需要。

二、中国经济体制改革的需要

随着中国经济改革的不断深化，许多改革中的深层次问题都涉及经济体制的改革和政府的作用，如国有企业体制的改革、社会主义市场经济的深入发展、地方保护主义、国有垄断行业等。其中有些问题与市场经济发展的要求、与融入经济全球化形成了尖锐的对立，成为阻碍经济进一步发展的桎梏。而这些体制上的问题，由于各种各样的政治、经济、文化、观念等方面的原因和阻力，有时很难从自己内部彻底去除，就像自己给自己切除肿瘤一样是很难办到的。而此时借助外部力量，利用其去除自己不愿意动手或不敢动手的"病灶"会产生更彻底的

效果。

中国加入世界贸易组织就是一个很好的例证。暂且不谈加入世界贸易组织对中国经济发展的巨大经济效益,仅对中国经济体制改革就产生了巨大的影响。我国的政府部门、立法机构、地方政府为了适应"入世"的要求重新审查以往的有关规定、法律条文,终止废除了与世界贸易组织精神不符的规定,并且修改了一批法律条文,通过立法程序新增加了相关的法律。最高人民法院就1200多条法律进行了修订。例如,在外商投资领域,作为中国迎接"入世"的一项重大举措,第九届全国人大四次会议对我国外商投资企业的三个基本法律进行了修订,即《中华人民共和国中外合资经营企业法》、《中华人民共和国中外合作经营企业法》和《中华人民共和国外资企业法》。修正后的法律去除了要求外商投资企业必须自己平衡外汇、尽先在中国购买(当地含量要求)、企业出口义务、企业生产经营计划上报有关部门备案的条款。这些条款的修订就是为了适应我国加入世界贸易组织的要求,使我国的外商投资企业法律基本符合世界贸易组织的规则和我国对外做出的承诺。这些修订去除了计划经济体制下对企业干预的痕迹,更多地与市场经济的惯例接轨。此外,为了与世界贸易组织的基本原则相一致,我国还将进一步制定法律使外商投资企业在中国享有同中国企业相同的待遇,彻底改变外商投资企业在中国的"超国民"或"低国民"待遇等与世界贸易规则不相符的做法。

三、中国企业自身发展的需要

从改革开放伊始,中国企业经历了一系列的变化,从计划经济体制下单纯的执行者逐步成为社会主义市场经济的主体。这个变化过程对于企业来说是巨大而深刻的,尽管如此仍有不少企业,特别是国有企业还保留着计划经济时代的组织形态和生产性企业形式,虽然也进行了体制改革,但是还不能完全适应市场经济的需要。国有企业下一步的深化改革仍然需要在市场经济体制的不断完善中完成,需要在市场的激烈竞争中得到彻底的改造,这个市场既包括国内市场又包括国际市场。国有企业的企业家们习惯于把精力放在国内市场,而忽视对海外市场的开发与投资,这或许是无能为力,或许是有能力但还没有培养起更广阔的市场观念。在外资大量涌入我国的同时,应当积极鼓励中国企业树立全球经营观念,到海外投资,到更广阔的天地,经风雨、见世面。

四、利用两个市场、两种资源以适应企业发展的需要

"走出去"战略具有特定和丰富的内涵,目的是更好地利用国内外两种资源、两个市场,在更广阔的空间里促进经济结构调整和资源优化配置,更有效地发挥我国的充裕要素资源的作用,降低对稀缺要素资源的使用成本,取得更大的经济效益,提高整个社会的福利水平,使中国成为世界经济强国。"走出去"战略事实上是根据中国的要素禀赋结构,为了维持中国现行的庞大制造业,进而保持中国经济长期的快速增长所做出的长远考虑。

中国在改革开放前所施行的"重工业"发展战略以及改革开放后依据中国的资源禀赋优势发展起来的劳动力密集型产业使中国的产业结构严重依赖第二产业部门特别是制造业的发展,形成主要以生产要素投入的不断增长来实现经济增长的模式。虽然近几年来经济学家和政府一直强调改变经济增长模式,然而成效有限。形成中国制造业部门刚性结构的一个原因是随着中国资本积累速度的不断加快和要素禀赋结构的变化,资本密集型产业如钢铁、汽车制造、重型机器制造等产业在近几年的经济增长中逐渐成为支柱产业。此外巨大的劳动力供给的存在(其中有很大一部分仍为低技术含量者),特别是在中国的第三产业仍然比较落后的情况下,国家必须保持足够多的劳动密集型产业部门,其结果导致了资本和资源密集型产业与劳动密集型产业共同成为国民经济的支柱产业。然而中国是一个资源相对贫乏的国家(以人均资源禀赋计算),特别是经过自1949年以来持续的以资源投入为主导的粗放型的经济扩张后,经济增长赖以为继的资源储量已处处亮起红灯,成为国民经济持续发展的瓶颈。在中国现在的资源禀赋条件下,依赖国际市场来满足经济增长所需的能源投入是一种选择,而更为长久和可靠的选择则是通过国际直接投资的方式。因而资源导向型的对外投资注定从中国政府制定"走出去"战略时就成为中国政府鼓励对外投资的一个重要动机。

此外,中国市场尽管广阔,但是仍然由于产业结构、重复生产、重复投资、供给结构刚性等原因在某些产业形成了生产能力过剩的局面。生产能力过剩导致企业在国内市场上拼价格,亏损经营,造成了巨大的人力、物力的浪费。企业为了生存并且为了图谋更大的发展,其中一个方法是转产或者进行产品结构升级。但是企业无论是退出还是进入新的行业都要付出巨大的代价,况且企业原有的投资和人员由于无法被充分利用也会造成巨大的浪费。因此企业尤其是已经形成一定规模的企业在做这种选择时要慎重考虑。企业的另一种选择则是放眼全球积极

开拓更广阔的市场,特别是到海外投资,以延长本企业的技术和设备的使用寿命,利用当地的资源和市场,解决企业的生存和发展问题。

五、保护本国出口市场的需要

经过20多年的努力,中国已经进入世界排名前五位的贸易大国,是世界最大的劳动密集型产品出口国。中国庞大的生产力还在向其他的制造业领域扩展。中国产品的咄咄逼人之势遭到一些国家的抵制,它们采用反倾销、配额制等方式限制中国产品的进入。在亚洲金融危机之后,中国周边国家货币纷纷大幅度贬值,人民币由于国内外的种种原因一直保持坚挺,这使人民币相对于中国周边国家货币来说大幅度升值,而且由于我国的贸易出口结构与这些国家类似,导致我国出口产品价格的竞争力大大下降,国内许多出口企业都面临巨大的压力。而此时如果企业在海外建有生产企业,便可就地生产、就地销售,使企业既避免贸易壁垒的限制又摆脱了本币升值的困境。另外,我国过去的出口商品通常是由国外中间商来完成的,而这些中间商往往把我国出口商品价格定得很低。通过海外直接投资可以使我国企业在海外建立生产和销售网点,也可以减少对外国经销商的依赖。海尔集团的经验就是一个成功的例子。海尔集团早在亚洲金融危机爆发几年前就积极地向欧美地区投资,并通过投资带动产品的出口,因此在亚洲金融危机爆发后,海尔集团的出口非但未受影响,反而继续保持增长势头。1998年在我国出口整体受挫,增长率下降到负数时,海尔的出口创汇达到7675万美元,比1997年增长了36%。因而,对外投资也是规避贸易保护主义的有力措施。

六、弥补自身"战略缺口"的需要

随着现代科学技术的飞速发展,高、精、尖技术产品的研制过程也往往表现为一项庞大而复杂的系统工程,对科研资金、技术、人才以及组织管理等各方面的要求越来越高。因此跨国公司经常会发现,在竞争环境客观要求它们取得的技术突破与它们依靠自身资源和动力能达到的目标之间存在一个缺口,这个缺口被称为"战略缺口"。这种"战略缺口"使得跨国公司如果仅利用自身有限的科技资源和创新能力来从事一些重大科研项目是难以取得预期效果的。为了弥补这种

"战略缺口",就要求跨国公司在比较优势基础上开展国家间的科技交流与合作,共同联手开发新技术、新产品,充分发挥各自专业化水平的长处,实现双方优势要素的互补。在海外投资办企业,我国企业可以利用东道国的区位优势进行以研发为目的的投资,开办技术密集型和高科技合营企业。例如,上海轮胎橡胶公司在美国俄亥俄州的阿克伦建立了开发研制中心后,积极利用当地技术力量和设备进行射线轮胎的开发工作并取得成功,首次生产出射线轮胎。中国的康佳、海信、创维等集团在美国利用当地技术资源优势来跟踪世界信息技术和数字技术的最新发展动态,进行新产品的研发活动。

七、引进先进技术,促进产业结构升级的需要

同引进外资一样,对外投资也可以把国外的先进技术与管理经验学到手。通过在国外与当地企业的合作,并利用更加灵通的信息,了解本行业最新的技术发展动态,从而不断提高海外子公司的技术水平,并同国内母公司技术进步形成相互促进的关系。我国在完成加入世界贸易组织的历程之后,下一个课题就是如何应对纷至沓来的国外企业的竞争,而要想在竞争中赢得胜利,就必须提高科技水平,特别是整个产业的技术水平。提高科技水平一要靠自己的研发能力,二可以依靠后发优势,从别人那里获得自己所需要的技术,以便迅速提高自己的整体实力。例如,在欧美一些国家的高科技领域兴办不同形式的合资合作公司,进行有选择的直接投资,可以成为我国企业获得世界先进技术和管理经验的一个重要渠道。目前人民币长期稳定的发展趋势为中国通过引入技术和对外投资的方式获取技术提供了强势货币支持。

八、培养跨国经营人才的需要

决定中国企业"走出去"成功与否的关键因素是人才问题。首先,企业的决策者必须拥有纵览全局的胸怀和能力,能够依据主客观条件为企业制定恰当的海外投资战略,并任用德才兼备的人员去具体实施这一战略。其次,具体从事海外投资战略的人员应当具备多方面的能力和跨国工作的丰富经验。目前我国许多海外公司的中方派出人员,大部分只具有某一方面的知识,缺少多方面的知识和

能力，如懂财务的不懂外语，懂外语的不懂法律。这样的人才结构会大大增加企业的生产成本。而要想培养一个既有全面知识又有跨国经营经验的复合型人才最好的办法就是通过跨国生产实践来实现人才培养的目的。从实践中学习，在实践中成长。

九、促进国际经济合作的需要

经济全球化使发展中国家整体发展速度提高的同时，又拉大了与发达国家之间在经济总水平上的差距。作为一个群体，发展中国家面临着一个严峻的如何缩小与发达国家的差距，提高整体竞争力的问题。为解决这个问题，发展中国家不但要加强政治上的合作，还应加强经济上的合作。发展中国家的整体经济结构相差不多，经济的互补性多来自于资源占有方面的差距，在产业方面的合作基础较差。我国作为最大的发展中国家应通过增加在发展中国家的直接投资，促进产业合作，在促进发展中国家的整体经济实力上做出贡献。

总之，中国企业"走出去"是全球化发展的需要，是中国经济发展的需要，是企业向更高层次前进的需要。中国企业到海外投资设厂就如同打开了一条条通往外界的快车道，通过这些渠道企业能迅速掌握国际市场动态，获取大量经济信息，并据此制定出具有竞争性的发展战略，使中国的经济保持良好的发展势头。

本文发表于《中国企业走出去的理论与实践研究》，中国科学文化出版社，2002年10月。

中国企业对外工程承包：集中优势兵力 走合作共创之路

我国的工程承包事业经过20多年的艰苦奋斗在国际工程承包和劳务市场上已取得立足之地，并酝酿谋求更大的发展。之所以说是立足之地是因为在全球每年上千亿美元的工程承包营业额中，我国所占有的份额只有区区1%。这一数字一方面说明我们与其他发达国家存在巨大差距；另一方面也说明我们有巨大的潜力有待挖掘。全球工程承包市场总的发展趋势是综合化、专业化和服务一条龙化。以这样的发展趋势来审视发达国家与我国工程承包业的现状可以看出我国处于劣势。综合我国的专家学者和业内人士对我国工程承包业的分析，其面临的主要问题有金融服务系统不健全、综合实力低下、人才匮乏、技术力量薄弱和经营管理方式落后等。这些问题不仅是某个行业的孤立现象，也是与整个国家的经济发展水平和经济实力相一致的。因为我国现处于经济起飞阶段，尚属发展中国家。

面对发达国家的强大对手，我国的工程承包企业若仍旧"各自为战"，"单枪匹马"地闯世界则实难取得骄人战绩。英国著名战略学家利德尔·哈特曾系统研究过从公元前5世纪以来的30场重要战争和300场重大战役，最后得出的结论是：战略和战术的精髓可用一个词概括，那就是"集中"，即集中己方所长，对付敌方所短。毛泽东战略思想的精髓之一也即集中优势兵力，各个击破。这条原则同样也适用于当今的国际工程承包市场和我国的企业实情。事实上面对国际工程承包市场上的风云变幻，各方人士已经达成共识，即采用大企业战略，靠走合作之路发展国际工程承包事业。既然合作是一项关系重大的战略选择，就有必要对合作进行认真的研究。本文拟先探讨合作在经济学上的意义，然后对阻碍企业间合作的制约因素逐一分析。

一、合作的经济学原理

世界经济全球化和一体化的演进过程经历了市场一体化、资本一体化并逐渐向生产一体化发展。这一历经百年的发展历程逐渐将世界各国、各地区分散孤立的经济体融合为相互依存、相互制约、相互渗透的有机整体。经济全球化和一体化带给人们的最大启示莫过于这样一个共识：发展经济的最有效方式是合作而非对抗。这也即当今国际合作蓬勃发展，形式多样的原因之所在。

尽管全球范围的国际经济合作的历史不长，对其理论的系统研究更是近几十年的事情，然而早在古典经济学的理论中就已经阐述了合作的益处。虽然亚当·斯密的"绝对优势"论和大卫·李嘉图的"相对优势"论以及后来的"要素禀赋"说阐述的是国际贸易为参与贸易的各国所带来的利益，但是实现各自利益的基本条件是相互间的合作，因为闭关自守的国家或由于各种原因导致经济制裁的国家，抑或相互敌对的国家是无法通过相互间的贸易彼此获益的。

一个国家一旦打开国门走向世界市场，参与国际分工，即成为世界经济体系中的一部分。经济一体化的深入发展使这个体系中的成员结为彼此相互依赖、相互影响的整体。一国的经济信息通过国际经济传递机制传递到其他国家。传递的渠道可以是实物形态的，如进出口贸易、资本流动、劳动力的流动；也可以是非实物形态的，如各国的宏观经济政策，包括利率政策和货币政策等，而后者所产生的传递效应往往更深刻。保罗·萨缪尔森将各国经济联系在一起的重要纽带概括为以下三条：

一是乘数联系。一国国民产出的变化通过乘数传递关系扩散到伙伴国家。20世纪80年代海湾国家大搞国内基本建设，大兴土木，极大地促进了国际工程承包和劳务市场的繁荣；而中国目前实行的财政扩张政策也在扩大国民收入和促进进口增加的同时，为国外创造了新的就业机会。

二是货币联系。一国的货币政策通过金融市场影响到国外的汇率和利率。最近的例证即是从1999年开始的此起彼伏已形成潮流的加息热。美国自1999年6月连续6次加息导致欧洲央行也连续6次提高利率，随后日本结束了长达18个月之久的零利率政策，紧接着加拿大、澳大利亚、丹麦等国也纷纷被卷进提息浪潮中。

三是储蓄和投资联系。一国储蓄的变化将不同程度地影响国内和国外的投资。简单地说当我们把整个世界看作是一个封闭经济，一国政府支出的缩小将增加世界的储蓄，同时降低世界的利率，提高世界的总投资。这是溢出——传递效应，它说明了在一个开放的世界经济体系中一个国家的景气或衰退都会通过该国对外开放的部门传递到他国，当然对他国所产生的影响有大有小，因国而异，但它所表达的潜台词是各国必须相互协调、相互合作才能面对共同的问题，求得共同的发展。

谈到合作的可能性，人们往往寻求相互间的互补关系。从基本的商品贸易关系上讲，如果一种物品价格的上升会导致另一种物品需求的下降，则这两种物品互为补充品，反之为替代品。由此可见，互为替代关系的商品之间形成竞争关系，而互为补充关系的商品之间形成合作关系。同理，各国、各企业之间在建立合作关系时首先寻求互补关系，如果能将竞争关系成功地转化为合作关系，才达到了合作的最高境界。国际经济合作基础理论中所论述的"4C原则"表达的就是这样一个境界，即竞争——矛盾——协调——合作。从竞争关系转化为合作关系首先需要解决的问题是彼此间的利益冲突。对此英国学者比尔斯科特曾提出竞争的双方应为了共同利益携手将利益的"蛋糕"做大，以使双方都从中获得更大的利益。共同将"蛋糕"做大的思路与近年来被国际社会所普遍接受的"双赢"原则所阐述的道理是一致的。在为了共同利益的大旗帜下，为达到双赢的目的，众多昔日的竞争对手携起手来成为了合作伙伴，在当今世界经济的舞台上，通过合作的方式以求得更大的经济利益已成为时尚。

二、阻碍合作的因素分析

当我们将目光从世界范围转向国内的企业时却不无遗憾地发现，合作发展的价值观和精神尚未在中国的企业之中形成。在我们深切地认识到国际经济合作的必要性与重要性时，千万不可忽视国内企业之间的合作，这也就是说只有真正实现了内部的合作并使合作精神成为企业文化的一个重要部分时，才能够搞好国际经济合作。当我们把一国的国民经济看作是一个有机整体时，构成这一整体的各部分就形成了相互依赖和相互作用的体系，形成了一荣俱荣、一损俱损、你中有我、我中有你的局面。任何一个企业希望独自兴旺发达而不与他人合作，或靠损害他人利益而独自获利都是无法长久的。以我国的工程承包业为例，阻碍其在国际市场发展的一个重要因素是行业内部的恶性竞争，互相压价，自相残杀，其结果只能是两败俱伤，阻碍全行业的发展壮大。多年来我国的大多数企业始终走不出开创阶段，也难进入发展阶段与行业内部形不成合力、无法制定全球战略、

"打一枪换一个地方"有着深刻的关系。

目前国际工程承包市场上,一个总承包项目,业主对承包商的服务要求越来越全面化和技术化,从工程勘探、设计、建筑、机械、电力、供水和交通到设备采购与供应、人员培训和资金融通,都在所要求的范畴内。如此全方位、高层次的要求使只有具备综合实力的大企业才有能力承揽总承包项目,而那些拿到总承包项目的企业一般也都具备了项目所需的综合实力和技术水平。仅以1999年为例,新签的大项目多是大型专业公司所承揽的,如在中国名列榜首的中国建筑工程总公司,其合同额达到19.23亿美元。国际国内经济形势的发展,国际工程承包市场的要求已经使合作成为企业首要的战略选择。尽管合作势在必行,然而若不排除制约合作的因素则合作难以实行。下面即对这些制约因素做一分析。

观念上的束缚:竞争是你死我活的争斗。中国传统文化中素来有"和为贵"的说法。然而随着市场经济的发展,竞争机制的引入,"同行是冤家"、"商场如战场"成为人们的口头禅,这实际上是对竞争观念的误解。经济领域里的竞争鼓励的是人们的创新和创造精神,鼓励的是挖掘人类的智慧财富,使人们能够利用有限的资源最大限度地服务于人类的需求,而绝非鼓励非理性的恶性争斗或以损害他人利益获得暂时的满足。事实上视"同行为冤家",以不正当手段进行竞争的企业不但最终毁了自己的商誉,也损害了自己的经济利益。企业家们应当认识到获得竞争优势的最好法则是发展自己。

寻求与他人合作是自己无能。以往中国的企业兼并或联合中,被兼并者或被联合者往往被视为失败者,是濒临倒闭的企业和无法生存的企业。因此企业领导不到万不得已不走合并或联合之路。即便是国内屈指可数的强强联合企业也常常由于名利、地位、利益等分配不均而不能长久合作,或运转不灵。因此要实现真正意义上的合作就必须舍小利而求共同的大利,放弃狭隘的小团体和部门的利益而寻求国家的整体利益。

我国有丰富的劳动力资源,但缺少高科技人才和管理人才。我国许多的工程承包公司在谈到企业发展困难时经常提到的一个因素就是人才匮乏,缺少懂技术管理的人才。然而事实并非完全如此,仅以工程设计为例,我国现有工程设计企业近万家,专业技术人员达50多万人,真可谓数目庞大。如果再加上从中央到地方层层建立的外经贸公司和国际公司等聘用的专业人才,将总数加起来其结果将是一个令人惊叹的数字,会令任何发达国家生畏。之所以看似人才匮乏,实则是人才过于分散,或是集中于研究院所的人才没有有效地与企业合作。在管理方面我们也可以说是人才济济。从20世纪80年代以来我国国内以及国外培养的大批工商管理硕士(MBA)及各种经济类管理人才已形成了具有一定规模的人才库。问题的关键是真正懂管理的人才是否有权管理企业,那些已经坐在领导位置上但又不谙管理的人是否愿意将自己的位置让出。

经济理论知识可有可无。有不少企业的领导过去曾经带领自己的企业"走南闯北"取得了一定的业绩,积累了丰富的实践经验,因而也就据此认为理论知识可有可无,因为他们虽然不曾学习西方经济理论,不甚了解跨国经营的理论、国际金融和国际投资理论等,但他们不是照样很成功吗?其实他们的成功有一定的条件和背景的支持,比如,在计划经济体制下外经贸公司在海外是以国家代表的身份完成政府交给的任务,因而不必考虑企业的经营利润和亏损。再有,传统的工程承包一般局限于某一个领域,如工程勘探设计或施工等,或者多数属于我国所专长的劳动密集型的土建项目,这使专长于某一行业的公司或从事劳动密集型的公司还有施展的余地。然而,当今的国际工程承包市场上是具有综合实力的大公司在唱主角,如果我们要把事业做得更大更好,在国际市场上与世界知名的大公司竞争,作为企业灵魂的领导必须首先熟悉市场的基本游戏规则,而不是仅仅靠自己的经验办事。经济学理论的用处就在于它为人们提供了一套系统地认识生产、经营和管理的方法和工具。可以说不具备这样的理论知识是各种不符合市场规律的做法,包括面对竞争对手时常借助于互相压价、互相排挤等非竞争手段产生的根源之一。事实上即便是有理论知识又有实践经验的企业领导仍应不断回炉,获取新的知识。世界500强之首的美国GE公司就有这样一个专门培训企业高层领导的管理发展学院。全球500强公司的160位首席执行官,包括我国中央直属企业的18位总经理都曾经在这个学院进修。我国也应当由某个成功的大企业牵头开办一所在职的企业老总培训学校,让企业高级管理层人员定期参加培训和学习以获取最新的知识、信息和管理方法。

体制上的束缚:企业的地方和部门属性。我国的对外工程承包企业群从体制上讲分别隶属于国家、省、市以及地县,有很强的地方和部门属性,被冠以某省或某市县名称的公司自然成为当地某省、某市县的企业,它们的荣辱兴衰成为与当地领导的业绩和财政收入相联系的大事情。这种地方和部门属性使得原本就很困难的企业间跨地区和跨部门的联合与兼并又增加了难度,有时甚至成为主要障碍。这个问题归根结底是政府与企业的关系问题,是企业的体制问题。尽管是一老生常谈的话题,但它的确是许多问题产生的根源所在。

企业人事制度仍带有很强的计划经济色彩。我国的工程承包公司多是从行政机构的组织形式演变过来的,因此,企业主要领导的产生仍有明显的上级部门干预的痕迹。根据新华社最近对全国1万家企业领导换届所做的统计显示,虽然到1999年上级指派企业领导的比例已明显降低,但仍然占总数的55%。上级人事部门的用人标准还保留着诸多计划经济体制下的特色,如专业知识在选拔条件中比例最低,只占3%。这样的方法与市场经济体制下的用人制度有很大的差别,这也是造成许多企业当领导的不懂管理而懂管理的没有领导权的重要原因之一。因此,全社会应当迅速建立起适合企业发展的用人机制,使真正懂管理而又具有合作精神的人成为企业领导。

有对外工程承包资格的企业数量过多。我国获得对外工程承包许可的企业由最初的 4 家发展到目前的 1400 多家,而且数目还在增加,虽然到 1999 年我国已有 30 家企业进入美国《工程新闻记录》评选的全球最大 225 家国际工程承包商行列,但从经营规模上讲,仍难同国际上著名的大公司匹敌。例如,1998 年我国所有企业在海外完成的承包工程营业额仍低于克瓦纳集团一个公司同年的营业额。政府应当适当控制工程承包行业的数量规模,同时通过市场竞争机制促进企业的资产重组,合并、兼并、淘汰没有竞争力的企业,达到优化行业结构的目的。合作的形式可以多种多样,不拘一格,例如,以降低企业成本、优化资产组合、增强企业竞争力为目的企业兼并与合并,以优势互补为目的的企业联合,以完成某一特定大型承包项目为目的的临时体,或者是近几年国际上十分盛行的、以提高销售量或扩大市场份额等为目的结成的企业联盟等都可以是工程承包企业采用的方式。

三、中国工程承包企业"走出去"的机遇

我国工程承包业正面临着事业发展的重大机遇。据《工程新闻记录》杂志的分析,全球投资建设规模在今后 4 年将以每年 5.1% 的速度增长,2003 年将达到 3.6 万亿美元。面对如此巨大的世界市场,如果我们仍然依靠企业的自然发展过程,等待企业通过"搏斗",拼得伤痕累累之后才学会合作,那我们付出的代价将不仅是高昂的"学费",还有失不再来的黄金机遇。"在这个时候,要避免和解决缺陷,使得中国经济强大,企业强大,只有文化、精神、价格观最有效,最能缩短时间"。对外工程承包企业应尽早摆脱各种束缚,使合作成为企业文化和精神的一部分,早日形成行业内部的合力,以优势兵力迎接国际市场上更大的挑战。

本文发表于《国际商报》,2000 年 5 月。

中国企业海外直接投资的理论和战略探讨

江泽民主席提出"走出去"战略时指出,应把"引进来"和"走出去"紧密结合起来,以便更好地利用国内外两种资源、两个市场。这样做,有利于在更广阔的空间里促进经济结构调整和资源优化配置,从而不断增强我国经济发展的动力和后劲,促进我国经济的长远发展(人民日报,2000年3月7日)。这一目标的设定将"走出去"纳入了我国总体发展战略之中,使之成为国家发展战略的一部分。然而如何实施这一战略规划,企业应当如何"走出去",对我们理论和实际工作者来说都是一个重大课题,需要我们进行认真的研究。

中国企业海外投资至2001年中旬已在160多个国家和地区设立非金融类企业6439家,协议投资总额已达到116.32亿美元。虽然我国海外投资的总规模不大,仍处于起步阶段,但是总结我国企业海外投资的成功与失败,摸索出其中具有普遍性意义的规律,建立我国自己的海外投资理论,对于制定我国海外投资战略,以便更大规模地开展海外投资活动具有重要的理论和实践意义。本文先分析著名的西方国际直接投资理论和有影响的发展中国家对外直接投资理论及其对我国的启示,然后通过考察我国企业海外投资的实践,探讨中国企业海外直接投资产生的理论基础并以此来制定我国企业的海外投资战略,指导今后我国企业的海外投资活动。本文的分析重点侧重于对外直接投资,即在境外投资设厂直接进行生产加工投资的企业状况。

一、国际直接投资理论与实践背景

20世纪世界经济一体化进程中的生产一体化的迅猛和深入发展将理论界的目光投向直接投资的理论研究。自20世纪60年代以来国际直接投资理论有了很大的发展，从海默的"垄断优势论"到邓宁的"国际投资折衷理论"，可以说这些理论高度概括了当今国际直接投资活动，具有普遍的意义。然而这些理论也有令人遗憾之处，它们都是以发达国家的对外投资活动为基础提出来的，其主流观点只适用于发达国家的行为。从 20 世纪 70 年代下半期开始陆续出现了一些发展中国家的对外直接投资理论，这些研究成果从不同的角度阐述了对外直接投资产生的理论依据，其中不乏对我国有借鉴意义的内涵。

1. 垄断优势论

1960 年美国麻省理工学院教授海默在"一国企业的国际经营活动：对外直接投资研究"一文中首次提出了垄断优势论。海默等人研究了美国对外直接投资的部门构成，发现直接投资与工业部门结构有着密切关系。美国直接投资主要集中在资本密集程度高、技术先进、产品具有较少差别的几个部门，而这些部门都是垄断程度高的部门。由于不完全竞争的存在，美国公司在海外经营才有垄断优势。这些垄断优势可以包括市场垄断优势：产品性能差别、多国营销网络、操纵市场价格等；生产垄断优势：技术专利和诀窍、资金和经营管理优势等；规模经济优势：即通过水平式结合和垂直式结合在产、供、销方面获得更高的利润；产品垄断优势：如品牌、商标、专利等和信息获得优势等。然而海默所提出的垄断优势论主要解释了拥有独占性技术优势的企业对外直接投资的原因，即为了获得垄断利润。它更多地适用于发达国家的企业行为，因为这些企业所具有的垄断优势主要是对知识资本的占有和使用。由于高技术、高知识含量产品的研发费用高昂，其生产的成本很高，因而发展中国家根本无法获得与发达国家抗衡的优势，也就几乎不存在依靠垄断优势来实现对外直接投资的可能。中国作为发展中国家不具备独占性技术优势，也无法获得在市场、生产、规模经济和产品方面的垄断优势，事实上中国的对外直接投资不是依靠垄断优势来实现的，而更多的是依靠比较优势来实现的。

2. 产品生命周期理论

继海默之后另一美国学者 R. 弗农于 20 世纪 60 年代中创立了"产品生命周期理论"，该理论不仅解释了产品市场运动的普遍规律以及企业在出口和海外生产之间的抉择联系，而且解释了并没有特殊优势的外国企业也可以对美国进行直接投资的现象。产品生命周期理论将产品分为三个阶段，即新产品阶段、产品成熟阶段和产品标准化阶段。在产品的第一阶段因为产品的需求价格弹性很低，生产厂家在本国即可获得垄断优势利润；在第二阶段由于技术模仿的可能性增加，价格成为厂家考虑的重要因素，因而为防止技术扩散，继续保持产品的垄断优势，厂家开始考虑向具有类似消费水平且劳动力生产水平相当的发达国家进行直接投资；在第三阶段即标准化阶段，由于产品技术已经完全成熟，竞争者不断加入，产品的优势已经不在技术而在价格和成本，因此到发展中国家进行直接投资以获得低成本的区位优势。

"产品生命周期理论"虽然可以解释不具有垄断优势的国家也可以在美国等发达国家投资设厂的可能性，但在实践中发展中国家不得不考虑在发达国家进行生产的成本问题。中国的对外投资虽然多集中在发达国家和地区，如港澳地区（2117家企业）、欧洲（1041家）、北美（716）、大洋洲（251），占中国内地境外投资企业总数的69%，但这些企业中以非生产性的贸易投资占多数，或者是以资源开发和以研发为目的的企业为多数，而从事生产加工型的企业大多集中在发展中国家和地区。此外中国对外直接投资的技术都属于标准化阶段的技术以及劳动密集型产业，因此用产品生命周期理论无法完全解释中国的对外直接投资行为，但是该理论所阐述的产品运动区域规律，即产品技术从发达国家向发展中国家进行阶梯式传递方式对我们有重要的借鉴意义。由于各国处在不同的发展阶段，我们可以将即将淘汰的技术设备向处于下一层次的国家转移，以获得比较优势。例如，中国天津国际经济技术合作公司将天津市一套闲置多年的轧钢设备输出到尼日利亚建厂，当年即形成生产能力，产品投入市场。

3. 国际投资内部化理论

到20世纪70年代，英国学者巴克雷和卡森提出了国际投资内部化理论。该理论与垄断优势论的主要不同点在于垄断优势论强调企业特有的技术优势，而内部化理论强调的是企业通过内部组织体系和信息传递网络以较低成本在内部转移各种优势的能力。跨国公司为了谋求利润最大化，通过跨国直接投资的方式将外部市场转变为内部市场，使中间产品在公司内部自由流动而不是通过市场流通，这既可以节省因外部交易产生的较高成本，使资源得到合理配置，又可以避免外部市场交易所造成的技术信息外溢和各种限制商品、技术进出口的贸易障碍。继巴克雷之后国际直接投资在理论界出现了融合化的趋势，而集大成者是英国教授邓宁。邓宁的"国际生产折衷理论"将所有权优势、内部化优势和区位优势结合为一体，全面阐述了企业对外投资发生的理论依据。

内部化理论和国际生产折衷理论可以解释某些发展中国家的投资活动，如利用区位优势进行的以获取资源和研发优势为目的的直接投资，例如，中国的康佳、海信、创维集团等在美国的投资就是为了利用当地技术资源优势来跟踪世界信息技术和数字技术的最新发展动态，以进行新产品的研发活动；中信和中国冶金进出口公司在澳大利亚开设的铝厂和合作经营的恰那铁矿、中国化工进出口总公司在美国开设的炼油厂等都是以资源为目的的直接投资。

中国企业的海外直接投资由于规模小，子公司数量少，因而还无法从全球的角度考虑配置子公司以实现将外部市场内部化的目的。虽然中国企业的对外直接投资对于带动国内制成品和原材料的出口起了很大的作用,特别是机械、家用电器的对外直接投资对出口的带动作用更为显著,但是这种贸易和投资之间的联系与跨国公司将市场内部化后进行的企业内部交易之间还有很大的差距。

4. 边际产业扩张理论

20世纪70年代后期到20世纪80年代中期日本一桥大学教授小岛清从一个完全不同的角度提出了新的国际投资理论,"边际产业扩张理论",也称"比较区位优势原理"。小岛清在详细分析了解日本企业对外直接投资实践的基础上提出,对外直接投资应从本国已经处于比较劣势的产业或边际产业依次进行,对外直接投资与东道国的技术差距越小,技术就越容易被东道国所吸收和普及,因而就可以把东道国潜在的比较优势挖掘出来,使两国间的比较成本扩大,从而创造出新的比较成本格局。小岛清的理论建立在国际分工原则和比较成本原则上,较为合理地解释了不同发展水平国家,尤其是发展中国家的各种形式和目的的对外投资。尽管日本企业的海外投资是从在国内失去比较优势的产业开始的,这与中国的情况不尽相同,但是小岛清提出的国际分工和比较成本原则对我们有非常积极的借鉴意义。

5. 发展中国家的对外直接投资理论

20世纪70年代到20世纪80年代之间产生了一些有影响的发展中国家的对外直接投资理论,其中比较有代表性的是美国经济学家刘易思·维尔斯(Louis T. Wells)的小规模技术理论和投资诱发要素组合理论。刘易思的小规模技术理论包括三个内容:第一,为小市场需要服务的小规模生产技术。由于低收入国家制成品市场的普遍特征是需求量有限,而发达国家所擅长的大规模生产技术无法从这种小市场需求中获得规模效益,而发展中国家擅长的小批量生产技术正好可以填补这一市场空缺。第二,民族产品的海外生产。这些投资主要服务于海外同一种族团体的需要,而这些民族产品的生产往往利用当地资源,在生产成本上占有优势。第三,低价产品营销策略。发展中国家的对外直接投资企业往往寻找低劳动成本的国家进行投资,并且采用低成本的市场营销战略,以更具竞争力的价格占领市场。

投资诱发要素组合理论的核心观点是对外直接投资是在投资直接诱发要素和间接诱发要素的综合作用下发生的。直接诱发要素包括各类生产要素,如劳动力、资本、资源、技术、管理及信息知识等。间接诱发要素主要包括:第一,投资国政府鼓励性政策法规、对外合作协议和关系等;第二,东道国良好的投资环境和吸引外资的优惠政策等;第三,全球性的诱发因素,如区域经济一体化、国际金融市场利率和汇率波动等。该理论的独到之处是不仅看到对外直接投资发生的诱因存在于投资国而且还存在于东道国,并且间接诱发要素包括政策法规、投资环境和宏观经济形势,从多角度比较全面地阐述了发展中国家对外直接投资的优势和投资发生的诱因,较好地解释了发展中国家的对外直接投资活动。

从上述各家理论来看,它们既有相互借鉴、融合的内涵也有独自的特点,不同之处的产生在于各国的情况不同,因此我们还需要具体分析中国企业的海外投资活动。

二、中国企业海外投资动因与现状的经济学分析

本文的分析是以我国改革开放以后企业由于内在需求的驱使走向海外的经历为依据,即不是以政府主导型而是以内生主导型的对外投资行为为基础进行的,因此分析是比较客观公正的。

1. 市场实现问题

企业生产的产品最终需通过市场来实现其价值。当企业在国内有比较宽松的发展空间时一般没有走国际化经营道路的强大动力。然而进入 20 世纪 90 年代后,我国产业发生了很大的变化,有些产业出现了供过于求的情况。根据《中国工业投资报告1999》,我国自 20 世纪 90 年代初期开始出现纺织行业和家用电器行业的工业生产能力过剩问题。又有资料显示我国目前供大于求比较严重的行业有采掘业(66.2%)、批零贸易餐饮业(59.7%)、建筑业(58.7%)、电力工业(56.2%)和制造业(55%)。① 生产能力严重过剩在市场上的表现是残酷的价格竞争,而微薄的利润使这些企业必须开辟新的市场以满足现有的生产能力和进一步发展的需要。根据境外加工贸易研究课题组的报告,在被调查的企业中为拓展海外市场和因为国内市场竞争压力大而选择境外加工贸易方式的企业占到总数的61.6%,可见国内市场生存空间的挤压是企业"走出去"的内在需求和主要动力。

2. 国际贸易和国际直接投资的成本比较

一个企业在决定是否进行国际投资的时候还要与进行国际贸易的成本进行比较,以确定哪一种国际经营方式更符合企业的利益。西尔施(Seev Hirsch)在"厂商的国际贸易和国际投资"一文中从成本的角度建立了企业对出口贸易和对外投资的决策模型:以 A 国企业为例,企业对 B 国的出口或直接投资取决于以下条件:

---

① 申加华. 对我国企业集团发展对外投资的思考 [J]. 世界经济研究,2001,3.

如果 Pa + M < Pb + K；且 Pa + M < Pb + C，则选择向 B 国出口。

如果 Pb + C < Pb + K；且 Pb + C < Pa + M，则向 B 国直接投资。

在模型中：Pa、Pb 为 A 国和 B 国的生产成本；K 为企业专门知识，无形资产收益；M 为出口销售成本超过国内销售成本的差额；C 为管理和协调国外经营活动的额外成本。

模型的基本含义为当企业的国内生产成本与出口销售成本之和小于国外生产成本与额外协调成本之和，并且小于国外生产成本与技术丧失成本之和时，企业将选择出口贸易的方式参与国际经营；当国外生产成本与额外协调成本之和小于国内生产成本与技术丧失成本之和时，企业选择对外投资的方式参与国际经营。①

中国的家电、轻工和纺织服装行业历来是我国出口的主要支柱产业，这说明我国对外投资的行业同时也是对外贸易具有竞争力的行业。这种现象似乎造成出口与投资之间的相互竞争局面，因为在生产要素的国际移动与商品的国际贸易之间存在着互补和替代关系：当生产要素（商品）价格变动方向与商品贸易量（要素流动量）的变动方向相同时，两者之间存在着相互替代关系。显然这种关系会导致两者互相竞争挤占市场。然而按照西尔施的模型从成本比较的角度进行分析之后可以看出，我国一些产业在国内的生产成本与出口销售成本之和正在不断增加。这两项成本不断增加的原因主要是由于我国的贸易结构与周边国家相类似，在人民币不断升值而周边国家在亚洲金融危机中货币大幅度贬值之后，我国同类产品的竞争力大大下降。同时我国主要的出口地区沿海省市的外贸比较利益变化很大，劳动力和资源优势在不断下降。例如，江苏省就是由于这种压力开始境外加工贸易最早的省份之一。南京金城集团在这种背景下开始在巴基斯坦设立摩托车生产装配线，并在投资成功的基础上又将装配线扩展到伊朗、孟加拉国、阿根廷、巴西、尼日利亚、越南、菲律宾，取得了相当大的规模和良好的经济效益。

此外产品输入国的贸易保护行为，各种有形和无形的贸易壁垒也加大了产品输出的成本，如众多针对中国的反倾销措施和配额限制等。"据统计，从 1996 年以来，国外对我国出口商品反倾销立案的总数为 127 起，涉案金额达 24 亿多美元，有些出口商品已被迫退出国外市场。目前发达国家以环保标准、质量标准、技术标准，特别是滥用反倾销等非关税壁垒限制我国出口商品的趋势增强。"②

与不断上升的国内生产成本和出口销售成本之和相对照的是国外生产成本和额外协调成本之和以及技术丧失的成本。从我国所集中进行生产和贸易加工的国

---

① 吴先明. 国际贸易理论与国际直接投资理论的融合发展趋势 [J]. 经济学动态，1999，6.

② 石广生. 抓住机遇，加快发展，不断提高外经贸运行质量和水平 [J]. 国际经济合作学会通讯，2001，1.

家和地区来看，96%以上集中在亚、非、拉广大的发展中国家和地区，这使国外生产成本与国内相比不会产生很大的差距，而管理和协调国外经营活动所产生的额外成本也由于绕开了各种壁垒和通过实行本土化而大大下降。事实上我国在境外从事加工和生产项目的成本大多数都低于在国内生产的综合成本。对于家用电器等生产的一般技术，由于已经处于标准化阶段，技术丧失的成本也大大降低，况且采用直接投资的方式还可以有效地保持技术于企业内部。例如，南非的税率很高，依靠贸易形式很难进入其市场，而采用加工贸易方式生产电视机、VCD、洗衣机、灯泡、机床、汽车和服装等在南非市场上取得了很大的突破。上海企业在墨西哥投资建立的服装厂、纺织厂和缝纫机厂可以按照原产地协议享受北美自由贸易协定的税收优惠。与家电和纺织服装形成对比的是自行车行业对外投资失败的经历。我国自行车的产量和出口量目前均居世界第一，但是几次海外投资的尝试都以亏本告终，根本原因就是国外生产成本与额外协调成本之和大于国内生产成本和出口销售成本之和，因此对自行车行业来说在国内生产并出口会产生更好的经济效益。国内生产、国际贸易和对外直接投资之间的成本比较合理地解释了我国企业直接投资的经济学动因。

除了以上所分析的原因外中国政府推行的鼓励政策也起到了积极的推动作用。鉴于轻工、家电、纺织服装和机械电子等行业在我国的发展现状，政府通过政策措施积极鼓励它们走出国门进行境外投资，并且在银行贷款、利息补贴、优惠贷款、保险以及其他措施上给予相应的优惠。特别是自2000年江泽民主席提出"走出去"的号召以后，我国的对外投资作为国家战略的一部分又进入了一个新阶段。

三、中国企业从事海外直接投资实践的分析

1. 海外直接投资企业的共性

我国自改革开放以来境外企业数量以每年近300家的速度增加，投资的领域从贸易发展到资源开发、生产加工、交通运输、工程承包和劳务合作、医疗卫生、旅游餐饮、咨询服务等领域。按投资金额比例划分为贸易性投资占60.1%；资源开发型投资占19.4%；生产加工型占11.5%；交通运输占1.8%；其他类型占6.3%。从已经进行海外投资的企业看主要集中于家用电器、纺织服装、机械和轻工等。从我国进行境外生产加工的企业类型可以看出它们具有如下几个特点：①一般属于劳动密集型产业，尽管机械和家用电器的技术含量较高但基本属

于劳动密集型产业范畴。②从产品技术阶段来讲基本属于标准化阶段的产品,即生产成本和价格优势成为决定产品是否具有竞争力的主要因素。③从国内各行业的情况比较,这些产业或者属于成熟产业(如家电)或者属于被边缘化的产业(如纺织)。④在海外投资比较成功的企业多为国内同行业中较知名的和有相当实力的企业。

2. 投资区域

中国的境外生产加工企业几乎都集中在发展中国家。具体分布为非洲(32%)、东南亚(20%)、拉丁美洲(18%)、中东(9%)、东欧(9%)、中亚(8%)、其他(4%)①。中国企业以发展中国家为主要投资目标市场不是偶然的,这一方面说明生产技术处于标准化阶段的企业倾向于把生产活动转移到劳动力资源丰富、劳动成本较低的国家,这是符合一般产品运动规律的;另一方面也充分说明中国企业的生产技术,由于是适用技术,非常适合当地国家的生产要素结构和水平,容易被东道国吸收和利用,资金和技术的引入可带动东道国对闲置要素的利用,促进当地经济的发展。此外由于这些国家的消费结构和消费者购买力与我国直接投资产品相吻合,因此当地投资生产,即可当地销售。

3. 投资类型

中国企业的对外投资大大带动了国内相关产品的出口,特别是机械、家电、轻工,其中家电投资带动的出口系数高达20~30倍。据统计,已投产的境外加工项目每年可直接带动出口约10亿美元。从直接投资所带动的出口效应来看,我国的投资属于顺贸易导向型对外直接投资。

4. 经营方式

跨国公司海外经营的一个重要策略是股权策略,企业要根据自己和东道国双方的实力来确定是采用全部控股、多数控股还是少数空股。采用全部控股和多数控股的数目越多说明企业的实力越强因而所具有的谈判力越强。中国企业海外生产加工的经营方式主要是合资经营,并且以控股方式成立的合资企业占50%以上,独资企业比重也近30%。这一比例说明中国企业在东道国具有较大的比较优势,这些优势包括技术、价格、品牌、经营管理等。这里需要强调的是中国企业的经营管理方式,其结合了发达国家和我国自己的经营管理方式,既有发达国家企业经营管理中理性的一面,又有中国自己的文化和社会特点,这些特点为许多发展中国家所共有,因此十分受发展中国家青睐。特别是中国经济改革20年来的成就充分证明了中国的经济改革所走过的道路是成功的,因而对它们来说具有十分有益的借鉴意义。

---

① 境外加工贸易研究课题组. 走出去——我国境外加工贸易政策分析与思考[J]. 国际贸易, 2000, 5.

5. 投资效益

据统计，在境外生产加工的企业中，90.3%的企业盈利状况良好，9.7%的企业处于亏损状态①。中国企业的优秀经营业绩充分说明企业对外投资的方式、区域选择、产品技术选择等是成功的，这一结果对中国的理论工作者有十分重要的意义，它是形成以中国企业的实践为基础的理论产生的依据，也是我们制定对外直接投资战略的依据。尽管现在我国企业的海外经营中还存在许多的问题，仍属于起步阶段，但是只要方法与道路选择正确，就会取得快速的发展。

四、中国企业海外投资的战略选择

总结中国企业海外投资的经历，分析对外直接投资的理论，是为了制定合理可行的海外投资发展战略。综上所述，本文认为中国企业海外直接投资战略的制定应当从以下几个方面考虑：

1. 产业选择

中国企业海外直接投资应当从国内生产技术成熟的产业、生产能力过剩和边缘化的产业开始，因为这些产业受国内市场容量的限制、产业结构升级和国际贸易条件的限制到海外进行直接投资的内在需求和动力最强。此外这些产业的生产技术、生产管理和产品营销方式已经非常成熟，拥有从事规模生产的经验，因此"走出去"后成功率比较高。事实上目前国家所制定的鼓励对外投资的政策正是针对这样的一些产业，但是随着产业结构的升级，产业的情况会发生很大的变化。由于中国潜在的巨大的生产能力，再过10年或者更短的时间中国信息产业中的制造业，如手机和计算机、汽车制造业等可能会成为替代家电、轻工和纺织服装走出国门的下一代产业。

2. 区域选择

中国自改革开放以来尽管经济发展速度很快，但要赶上发达国家的技术水平尚需很长的一段时间。这个现实决定了我国的对外投资只能利用比较优势而不是技术独占优势进行对外直接投资，这也同时决定了我国所选择的投资区域应以发展中国家为主，只有这样我们才能获得比较优势。

3. 投资规模

我国目前对外投资的规模不宜过大，这不仅是出于对我国现有经济能力的考

---

① 境外加工贸易研究课题组. 走出去——我国境外加工贸易政策分析与思考［J］. 国际贸易，2000，5.

虑，也是出于对东道国情况的考虑。按照邓宁的投资发展周期理论，人均国民生产总值（GNP）在 400～2000 美元的发展中国家吸引外资的区位优势在逐渐增加，而对外直接投资只能维持在一个较低的水平上，这是国家和企业的财力所决定的。另外，吸引我国投资的国家多为发展中国家，其市场容量和购买力有限，大规模的投资或是重复投资都会造成生产过剩，效益受到影响，甚至导致在国内出现的恶性价格竞争在国外重演。在这一点上国家可以发挥政策调控的作用，引导企业开拓新的市场，而不是众多企业在同一市场互相拼杀。在我国的经济实力不断增强后，可以扩大对外直接投资的规模，但仍应避免在相同区域内对相同产品的重复投资。

4. 方式选择

我国对外投资的方式可以有多种选择，如合资、独资、收购、兼并等。具体采用哪一种方式应视我国企业的优势而定。在有绝对优势和多数优势的情况下可采用独资和多数控股的方式。在采用收购和兼并的方式时，应考虑收购的目的是什么，可以考虑的内容有原企业的技术、设备、劳动力资本、市场和营销网络等。如果在当地购买这些要素用来建设新厂的投入大于收购和兼并的成本，则应选择后者。此外还应考虑两国间的汇率差距。人民币这几年一直处于强势状态，而我们周边国家和一些拉美国家以及俄罗斯等国的货币受亚洲金融危机的影响贬值幅度较大，这有利于我国企业以资本运作方式收购当地企业。

5. 以全球为出发点制定发展战略

经济全球化给我们的最大启示是在制定发展战略时既要从本国角度出发更要从全球角度考虑，以寻求最佳和最高效的资源配置。我国对外投资的一个共同特点是在发达国家搞研究与开发（R&D），在发展中国家搞生产加工。这是符合一般投资规律的，但也应该看到越来越多的发展中国家的研发水平也在不断提高，因此我们在考虑问题的时候不应以区域为界限而应考虑各国的实际优势，并结合相关的条件决定投资战略，以最低的成本取得最高的效益。

五、发展层次论

每个国家在世界经济结构中所处的位置决定了这个国家对外直接投资是具有垄断优势，还是具有比较优势，或者是处于劣势。处于世界经济结构最上层的发达国家多以垄断优势并通过内部化优势寻求具有区位优势的地区进行对外直接投资，处于中间层次的发展中国家多以比较优势寻找具有区位优势的地区对外进行直接投资，而最不发达国家由于处于世界经济结构层次的最边缘地带，甚至不具备任何对外投资的比较优势，处于劣势地位。受各国经济发展水平、劳动力资本含量等因素的约束，技术的扩散遵循由发达国家向发展中国家再向最不发达国家传递的规律，上一层次的国家在对外直接投资中具有向下一层次转移技术的比较优势。当然这个层次的划分是动态的，而且同一层次内又可以分为不同的层次，如发展中国家中又可以分为新兴工业化国家、新兴市场国家、一般发展中国家等。经济保持长期健康、稳定发展的国家会不断由低层次向高层次发展，逐渐提高自己在世界经济结构中的位置。

从上述对中国企业对外直接投资发生的动机和实践的分析可以看出，中国企业对外直接投资中所拥有的比较优势、产品技术、区位选择、投资形式等与中国的经济发展水平和产业结构有直接的相关关系。中国经过改革开放20多年的努力，已经从最不发达国家的行列进入先进的发展中国家的行列，使中国对外投资的比较优势也在不断增长。我国企业利用后发优势，通过引进、消化、吸收国外先进的科学技术成果，产业结构不断升级，在世界经济体系中的地位不断上升，因此才有可能将在国内已经属于技术成熟的产业和处于边际化的产业向同层次特别是下一层次的国家转移。中国的经济现在正处于最好的发展阶段，抓住这一机遇，采用正确的发展战略，中国经济将再上一层楼，中国的对外直接投资将取得长足的发展。

本文发表于中国国际经济合作学会2001年学术年会《论文选集》。

中国企业"走出去"优势面面观

在完成"入世"的漫漫之路后,我国的经济将进一步与全球经济融合。认真分析优势所在,可以更好地发挥这些优势,使"走出去"战略取得预期的成功。本文将从国家竞争优势、要素禀赋优势、中国经营管理方式优势和海外华人网络优势等方面阐述中国对外投资的优势。

一、国家竞争优势

"走出去"战略实施的成败不仅取决于企业的实力,更取决于国家的竞争力。按照世界经济论坛一年一度发表的《世界竞争力报告》。1995 年中国在 46 个国家和地区中排在第 14 位,2000 年中国的排名大幅度下降,落至第 40 位,2001 年略有回升,至第 39 位。据世界经济论坛的报告,中国宏观经济表现优良,在全球排名第六位,但由于在公共机构效率及经济科技方面排名过于靠后,从而使名次未能大幅提升。由此可见,我国在科学技术、政府效率、金融体系以及基础设施等方面国际竞争力薄弱,是参与国际竞争的劣势因素,同时也是我们应努力赶上的方面。

美国哈佛大学教授麦克·波特(Michael Porter)对全球竞争力进行了全面研究和分析,创立了竞争优势的"波特四因素模型"。波特认为,一国兴衰的根本在于赢得国际竞争优势,而国际竞争优势取得的关键在于国家是否具有适宜的创新机制和充分的创造能力。生产条件、需求条件、相关产业的支持和企业战略结构是决定一个国家的竞争优势的基本因素。这四个基本因素之间的关系呈菱形,恰似一颗钻石,波特称其为"国家钻石"。此外,一国的机遇和政府的作用,对形成该国的竞争地位也起辅助作用。

根据波特提出的国家竞争力四因素,从自然资源角度看,我国的土地资源属于稀缺资源,在劳动力资源上具有优势。而且从绝对数量上来看,我国拥有世界上最庞大的受过高等教育的人群。这些人才无疑是中国经济发展中最宝贵的财富。在世界经济全球化日益深入的情况下,在科技发展日新月异的时代,自然要素的缺乏已经不能构成阻碍一国经济发展的桎梏,而具有创新能力人才的缺乏将构成真正的威胁,因为国际竞争说到底是人才的竞争。如果一个行业能够持续地吸引和凝聚最出色的人才为之服务,这个行业就很可能在国际竞争中显示力量。中国经济发展的巨大潜力对各种人才产生了越来越大的吸引力,在国外的中国人也纷纷回国报效国家。中国对外投资战略的实施需要更多的中西合璧的人才,他们将对中国的国际竞争力产生重大的影响。

在市场需求方面中国更具有他国无法比拟的优势,我国开始进入工业化中期,进入重工业和服务产品快速增长时期。随着我国国民经济的迅速发展,人均国内生产总值水平的不断提高,人们的消费需求层次、消费质量也在不断提高。巨大的市场需求对发展需求弹性较高、劳动生产率增长较快的产业具有巨大的推动作用,许多产业仅依靠国内市场就可以形成规模经济。例如,我国居民的生活水平提高后对家用电器的需求的增长极大地促进了中国家电行业的兴旺和发展,并且使这一行业成为我国率先走出国门从事海外投资的制造业中的佼佼者。我国城镇居民对手机和计算机需求的快速增长使我国的信息产业实现了跨越式的发展。随着我国居民收入水平的进一步提高,汽车也走进千家万户,巨大的需求也将造就出拥有现代化生产规模的汽车制造业,并成为下一个具有竞争优势的产业。

一国的发展机遇和政府扶持对形成国家竞争优势地位起着辅助作用,特别是中国现在正处于经济转轨阶段,政府正在从全面干预经济的角色中淡出,但是惯性形成的政府对经济各方面的干预仍然很显著,这在市场经济体系全面建立起来之前是不可避免的,在一定的时期也是必要的。因此政府在辅助企业形成竞争力的过程中起着举足轻重的作用。政府最首要的作用是建立有利于培育提高企业竞争优势的外部环境。经济全球化实质上就是为企业创造一个公平竞争的外部环境。

中国政府在扶持产业竞争力方面从政策支持的角度做了大量的工作。鉴于轻工、家电、纺织服装、机械电子、工程承包等行业在我国的发展现状以及我国自然资源的短缺状况,政府通过政策措施积极鼓励其走出国门进行跨国投资,并且在银行贷款、利息补贴、优惠贷款、保险以及其他措施上给予相应的优惠。1999年年初国家鼓励企业开展境外加工贸易的政策出台后,外经贸部会同国家经贸委、财政部等部门制定出台了有关资金、税收、财务、外汇管理、人员外派等方面扶持政策的15个配套文件。为解决企业对外投资过程中的资金问题,国务院文件明确规定,将境外加工贸易、对外承包工程纳入进出口银行出口信贷、出口信用保险业务的支持范围。这些政策措施大大增加了企业的竞争力,为企业实施海外投资战略营造更有力的环境,使企业在更广阔的空间里进行资源的优化配置,完成产品升级、技术升级和产业结构的调整与升级。

二、要素禀赋产生相对优势

发展中国家参与国际分工比较优势的理论基石原则是由大卫·李嘉图提出的,赫克歇尔和俄林在相对优势理论的基础上进一步提出了要素禀赋理论。要素禀赋理论认为,一个国家的相对优势来源于它所享有的丰厚的生产要素,也就是说相对优势取决于一国最突出的生产要素。比较优势原则不仅是一国贸易活动必须遵循的基本原则,而且是一国整个经济发展必须遵循的基本原则。根据比较优势原则一国可以制定国际贸易和国际投资的发展战略,利用全球化的机遇在世界范围内利用最有力的条件进行生产和经营。

企业"走出去"开展海外投资活动的时候,必须坚持以比较优势为出发点,根据我国的劳动力成本低廉以及目前的阶段性实物相对过剩而非资金过剩、企业规模较小和经营机制与管理水平有待提高的现实,积极推动开展境外加工贸易是正确的选择,而且实践也证明,这是比较容易取得成功的。20世纪90年代中期以来,我国在境外建成了一批颇具影响的项目,取得了明显的效益。像一汽、南京金城、海尔、康佳等境外加工项目,不仅扩大了市场份额,而且增强了企业的国际竞争力。

我国的国际工程承包业现在也跻身世界10强之列。工程承包公司能有这样的优势同样离不开劳动力成本低廉这个因素。例如,国际工程承包中的工程设计部分,发达国家的费用要占总费用的30%以上,而我国的设计费用只占总费用的10%,这使我国的承包公司在投标中得以战胜欧美大型跨国公司,其劳动力资源和低廉的管理成本显示出了巨大的优势,特别是在发展中国家的工程承包竞标中优势更为明显。例如,2001年5月11日朱镕基总理代表中国与巴基斯坦最高行政长官穆沙拉夫出席签署的山达克铜金项目租赁合同,就是中冶集团击败西方国家的竞争对手后获得的。中冶集团能够竞标成功关键在于其方案合理可行,特别是报价具有竞争力。这一大型交钥匙工程每年可带动劳务、技术、设备、材料出口上千万美元。

发达国家在劳动力资源禀赋上的相对劣势使其逐渐放弃劳动密集型产业,这给发展中国家提供了发展劳动密集型产业的机会以及发展劳动力密集型生产技术的空间。按照维尔斯的"小规模技术理论",发展中国家的跨国公司依靠劳动密集型生产技术在发展中国家投资取得了发达国家无可比拟的优势。"小规模技术"的优越性首先在于它适应发展中国家的市场需求规模,能从事小批量、多品种的生产,满足各个小规模市场的需要。其次,以劳动力密集型技术为主的生产方式适合发展中国家的劳动力资本含量、工资水平和原材料条件,便于这些国家的劳动力吸收和操作。例如,我国输往非洲国家的设备,由于操作比较简单,维修技术要求不高,因此十分受欢迎。由于劳动密集型技术对劳动力资本含量要求不高,便于吸收更多的劳动力,使企业的劳动/资本比率大大高于大型跨国公司,因此更适合发展中国家的就业政策。

发展中国家由于国际收支逆差问题,都倾向于采用进口替代战略,通过严格控制进口来改善国际收支。而劳动密集型技术对投资所需的特殊投入要求不高,基本上可以依靠东道国的原料供应来代替原来需要进口的原材料。除了技术易吸收外,劳动密集型生产技术所要求的生产管理、产品营销和技术人员的投入成本也较低,这些都降低了生产投入成本,形成价格上的优势。

波特认为企业的可持续竞争优势有两种基本类型,一是低成本,二是差别化。劳动密集型技术以相对低廉的要素投入,如劳动力、当地原材料、低成本管理费和营销手段实现了降低成本的目的,取得了比较优势。以上这些优势我国企业都具备,可以依赖以劳动密集型生产技术为特点的优势到发展中国家进行直接投资。例如,我国的陆地石油开采和生产技术既实用又有价格优势,科威特和苏丹等国在炼油厂项目及石油开采中采用我国的技术取得了巨大的经济效益,带动了国产技术和设备的大量输出。我国同样在石油、化工、火电、煤炭、纺织设备等方面具有比较优势,因此完全可以利用这些优势进行对外投资。

三、中国企业管理模式的优势

中国自古就有"深根固本以制天下"、"能用众智,则无畏于圣人"和"攻心为上"等智慧名言。这些方略当时虽为军用,但在如今也被用于企业管理方式中,成为中国企业管理思想的一个重要组成部分。"深根固本"是用以比喻要建立牢固的根据地,方能与敌人争天下。而"本"的内涵包括三个方面,既人才、人心和根据地。根据地虽是"本"的重要内涵之一,但非决定因素,决定因素是人心向往,而人心向往在于有杰出的人才群体。可以说人才是"本"中之本。

要固本,人才最重要。在当今的市场竞争中,企业能否得到一流的人才决定了企业的发展乃至存亡。善用人才即是善用众智。能用众力者,则无敌于天下;能用众智者,则无畏于圣人。人才存在于众人之中,集中集体的智慧可以使企业不断取得成功。

注重人才、注重企业员工的集体主义精神的管理理念不仅在中国深入人心,而且在受中国文化影响的东亚、东南亚国家也有广泛的影响。

中国管理文化与其他发展中国家具有重要共性的方面还有注重人心和人情,或者进一步讲就是人际关系。与西方管理方式相比,中国人非常重视建立各个层次的长期的人际关系,相信好的人际关系是相互信任的基础,因而也是企业通向成功的道路。这种思想与西方管理文化有很大的不同,但却是许多发展中国家所共有的思维方式。发达国家的许多跨国公司由于不懂和不重视建立人际关系的重要性,因而在许多事情上不顺利,甚至碰壁。中国是东方文化的代表,它与其他文化所享有的共性使中国企业在对外投资中比较容易地在与当地政府、企业和员工之间找到结合点,建立起相互间的信任关系,从这个意义上说也构成了我国企业在发展中国家开展对外投资的一个优势来源。

从国家之间的关系看,在世界经济舞台上,各国之间的经济关系不仅受经济利益的驱动,而且更重要的是受政治利益的驱动。对外投资这种企业的微观行为也受各国间政治关系的制约。美国与伊拉克、伊朗和苏丹等产油国交恶为我国石油公司的进入提供了绝好的机会,中原石油总公司在苏丹开采石油的投资一举成功。长期以来,我国以最大的发展中国家的身份在联合国这样的国际舞台上代表发展中国家发言,捍卫发展中国家的利益,在发展中国家有巨大的威望。此外,我国政府长期以来对发展中国家,特别是非洲国家提供了大量的物质支持。2000年,在"中非合作论坛"大会上,为推动中非在经济和社会发展领域的合作,中国政府主动提出减免非洲国家的债务。中国政府与发展中国家尤其是非洲国家长期以来所建立的合作、友好关系是我国企业对外开展投资活动的一笔巨大财富,也是我国企业可以善为利用的竞争优势。

四、海外华人网络的优势

改革开放以来海外华人所在的国家和地区对中国经济建设的发展起到了极大的促进作用,而中国大陆经济的高速增长又带动了这些资本输出国和地区的经济增长,海外华人在这种经济互助活动中起到了重要的纽带作用。海外华人的这种互相促进的发展模式被美国学者莱斯特·C.萨洛推崇为世界未来经济发展的一种有益的模式。他认为在族群文化认同的前提下,祖籍国的经营者更容易借助海外族裔充分吸收外界的经济运作理念,有时这比吸引资金、设备更重要。中国企业对外投资的一个得天独厚的优势是上百年来分散在全球各地的5700多万华人和由他们编织的已经形成相当规模的海外华人网络。这一网络是中国企业在海外的一笔巨大的无形资产,认识并充分地利用这一资产的价值对成功实施"走出去"战略具有重大意义。

散落在全球的中华后裔靠吃苦耐劳精神,逐步发展成为世界上最具影响力的族群。他们所形成的经济实力为世界所瞩目。华人群族之所以能够有如此的成就,一个关键的因素是由几千万华人编织的庞大的华人经济网络将各地华人所具有的贸易和金融功能通过几个重要枢纽,如中国香港、新加坡等释放到中国大陆、东南亚及其他国家和世界各地。

庞大的全球华人网络对于华人的经济活动来说所起到的作用主要在于:全球华人网络的存在使得某国或某地区内的华商能直接与国际市场接轨并大大降低交易成本。网络的作用之一就在于它的快捷和灵便,特别是对市场信号的迅速反应和多元选择。它能直接参与新兴产业上游产品的销售并很快引进技术,进行高效投资生产而不必单纯依靠国际贸易和国际产业转移发生的层次传递。华人网络的快捷性还在于它可以使各地华人及时通过网络分散风险,轻易地克服国内企业由于经济波动而造成被动的局面。而且在国际市场竞争中也比发达国家的企业更适应市场的千变万化。当发达国家的企业依靠扩大生产规模来降低成本占领市场时,华人企业则注意市场需求的多样性,满足不同层次的需求。这就是为什么华人的企业在规模、资金、技术甚至是服务都无法与发达国家抗衡的情况下,仍能保持企业高效运转的原因。

中国大陆在海外华人的经济发展中扮演了重要的角色。20多年来大批的海外华人回到中国投资设厂,进行商务往来,为中国经济的发展注入了大量的资金、技术和管理经验。海外华人通过商贸活动打开了中国大陆与外界的交往渠道,与此同时中国大陆的商品、资金也通过这些渠道流向世界。例如,中国大陆的出口产品有很大一部分就是通过香港地区输往美国的。中国香港还是中国大陆企业对外投资最早和最多的地区之一。中国的改革开放极大地受益于海外华人的支持,同样中国"走出去"战略的实施仍然可以借助华人的力量和帮助。

第一,华人的种族产品是中国企业的投资点。种族产品是差别产品中的一种特殊情况,为特定种族的消费者所偏好并普遍使用。种族产品的优势正在于其民族特色,而造成这种民族特色的原因则来自特殊的工艺技术和产品效用两个方面。制造种族产品的工艺技术具有民族传统性,是在一民族文化的长期演进中逐渐发展形成的。虽然其他民族的人也能学习这种工艺技术，但如果对相关的文化没有深刻的了解和认识就很难掌握全部工艺的精髓。此外，许多种族产品都具有某些特殊的基本效用，这些效用在很多情况下不被该种族之外的人所赞同，却被本民族人所钟爱。散居在世界各地的几千万华人由于民族文化的趋同性，对于具有华人民族文化特色的产品情有独钟，例如，中国服装、食品、中药、特殊民族用品，等等，这对中国的企业来说是一个巨大的市场，也是无限的商机，因为只有中国的企业才能提供最正宗、最能体现民族精髓的种族产品。中国企业可以从这类产业开始投资，进而以点带面，扩大规模。

第二，中国企业对外投资的一个瓶颈问题是外汇资金筹措。例如，境外加工贸易中，有48.5%的企业是通过国内银行贷款来解决，而33.1%的企业自己筹集，购汇的企业占11.5%，而通过境外银行贷款的仅为6.9%。金融业是海外华人经营的一个重要产业，在此情况下中国企业可以利用海外华人的融资渠道，筹措资金，改变融资渠道单一的状况。

第三，人才匮乏是中国企业走出去的另一瓶颈问题。从事海外投资所需要的人才是全方位复合型的人才，如果仅仅依靠国内的人才渠道很难在短期内满足对高质量人才的需求。目前一些企业注重用高薪聘请洋人，其实大量的海外华人才是企业真正的人才库。因为在文化各异、竞争日益激烈的世界市场，既了解他国又了解中国的华裔人士成为企业的一个重要的竞争优势。

第四，信息是企业生存的源泉，而相同的文化习俗，特别是相同的语言是信息传递的最佳载体。依靠海外华人网络，商品信息、投资信息、市场供需信息等可以通过相同的语言得到最有效的传播。中国企业还可以通过参与海外华人联谊会等聚会，沟通与海外华人的感情，建立联系，交流信息，最大限度地利用华人网络以获得对外投资所需的资源。

在经济全球化的时代，只有通过有效开展投资与开拓市场空间才能最终保持经济竞争实力，而华人商业网络在东南亚经济的高速发展中一再被证明是开拓投资与市场空间的最佳途径。华人经济网络为造就东亚奇迹做出了不可磨灭的贡献，也一定会为"走出去"的中国企业提供帮助。我国企业应当积极利用经济实力日渐庞大的华人社会，为海外投资事业的成功而努力。

本文发表于《国际经济合作》，2002年4月。

中国的宏观经济环境与"走出去"战略

一、话从人民币汇率说起

2003年以来,在国际上以美国和日本为首的西方国家掀起了一股要求人民币升值的浪潮。有一种说法认为,现今国际社会普遍陷入通货紧缩,而"输出"通货紧缩的国家主要是中国。美国政府甚至派出它的财长约翰·斯诺来华,试图给中国政府施加压力,迫使中国政府提高人民币汇率。面对国外的压力,中国金融当局表示了坚决保持人民币汇率稳定的态度。因为人民币升值对我国经济的发展带来的更多的是负面影响,具体说它将使我国的出口下降,导致与出口相关产业的就业下降;影响外商对中国投资的积极性,使中国对外资的吸引力下降;人民币升值还会降低中国企业的利润率,增加就业压力;财政赤字和银行坏账可能因人民币升值而增加,进而影响中国货币政策的稳定;不良贷款的增加会使中国面临的经济问题更加严重。

事实上,人民币升值不但对中国经济发展不利,而且对世界经济发展也会产生负面影响。因为中国目前是世界上少数几个经济仍然保持高速发展的国家。据胡鞍钢测算,1980~2000年,中国对世界经济发展的贡献率仅次于美国,为14%,是日本的2倍。中国在1990~2002年进口了1.9万亿美元的商品,年均增长速度约为14%,2008年上半年进口的增长速度更是达到44%。如果中国经济由于币值升值而出现不稳定局面,致使经济发展放缓,结果必然使中国的经济总量收缩,国内需求降低,影响其他国家对中国的出口,加剧全球经济不景气形势。

虽然一国的汇率政策是一国的内政,但是在世界经济高度相互依赖、相互制约的今天,一国制定自己的宏观经济政策时也不得不考虑他国的反应和想法。特别是我国的一些主要贸易伙伴,如美国一再以我国与美国之间巨大的贸易赤字为借口频频动用贸易保护和贸易报复措施,使中美之间的贸易摩擦不断升级,并且将贸易问题政治化,与中国的人权状况、美国的总统大选等相联系。此外,外界要求人民币升值的要求也并非空穴来风,我国的一些重要的宏观经济方面的数据也为外界迫使人民币升值提供了口实,例如,中国庞大的、快速增长的外汇储备以及快速增长的出口量等。为了缓解来自外界的对人民币升值的压力,我国也应当采取一些必要的措施。在政府可以采取的一系列宏观经济政策中,加大实施"走出去"战略的力度应不失为一个十分有效的措施。"走出去"战略可以通过"藏富于民"来缓解人民币升值的压力,提高我国资金的使用效率。可以说此时是进一步推动"走出去"战略的大好时机。

下面本文将从影响人民币币值稳定的一个关键因素——外汇储备规模以及与外汇储备相关的国外直接投资和贸易收支来阐明大力推进国内企业"走出去"的时机与必要性。

二、外汇储备规模与资金使用效率

一个国家的货币是升值还是贬值从根本上说取决于人们对该货币的需求和预期。很多因素决定了人们的需求与预期,其中外汇储备规模的大小是支撑某种货币坚挺的重要因素。大量经验分析表明,影响外汇储备变动的核心因素主要包括外债、外国直接投资和外贸。20世纪90年代中期以后我国持续出现国际收支双顺差,使外汇储备大幅度上升。形成国际收支中经常项目和资本项目顺差同时并存的原因:一方面是由于国内廉价的生产要素、广阔的市场和引资优惠政策使得外国直接投资大量涌入,造成资本项目大幅度顺差;另一方面,奖出限进的外贸政策等因素导致了经常项目的连续顺差。长期的双顺差使我国的外汇储备额大幅度上升,近几年的增长尤为显著,仅2003年一年就增加了1100多亿美元的外汇储备,使我国的外汇储备总量达到4000亿美元。

一国外汇储备最基本的功能是偿付外债和防范金融危机,且只有在其达到一定的规模时才能起到防范危机的作用,然而外汇储备过高,也就是说超过必要的规模也会带来其他的问题和风险。外汇储备持续增加首先反映在人民银行账户上就是基础货币的增加,而基础货币供应的增加,间接地表现为银行贷款的增加,这些会带来通货膨胀的隐患。此外外汇规模过大也会带来资金使用的低效益,并且给人民币带来巨大的升值压力。

一个国家的外汇储备应保持多高的水平才是比较合理的规模？从偿付债务的角度讲，国际上对外汇储备规模应对偿还外债的能力有一个通行的标准，它也被视作外汇储备规模的参考标准。这个标准包括：①外汇储备与短期债务比例。它是国家快速偿债能力的重要标志，这一指标不应低于100%。一般认为外汇储备超过短期外债余额的5倍时，国家将会因大量的资源闲置而蒙受经济损失。②外汇储备与外债总额之比。该指标反映一国外汇储备对总体外债规模的清偿能力。按照国际经验，这一指标的警戒线为30%，理想区间为30%~50%。③外汇储备支持进口时间。这一指标通过测量经常性交易能否正常进行来对国际收支状况做出评价，其国际警戒线为3个月，理想区间为3~6个月。另外还有其他的指标，但是根据这3个主要指标的测量我们不难看出中国的外汇储备已经大大超出了国际警戒线设定的标准。根据国家外汇管理局2003年4月18日公布的数据，到2002年年末，我国外债余额为1685.38亿美元，其中中长期外债余额为1155.62亿美元，占外债总额的68.57%，短期债务余额为529.76亿美元，占外债总额的31.43%，短期外债与外汇储备的比为18.5。我国的外汇储备是外债总额的2倍多。事实上人们从亚洲金融危机中得到的一个深刻体会是，在金融全球化的背景下，当一国运用外汇储备来干预汇率时，如果它受到强大的国际投资资本的冲击，则任何一个国家都可能无法抵御。

从目前我国的外汇储备规模来看已明显超过了外汇储备的合理规模，这将会降低本国资源的使用效率，给宏观经济运行带来许多负面影响，例如，过高的外汇储备会造成货币和财政政策的效力损失等。按照阿格沃尔（J. Agaraual）等一些经济学家于1968年提出的机会成本理论，持有外汇储备的机会成本就是国内的投资收益率。一国持有的外汇储备超过国家的需要，就意味着一部分投资和消费的牺牲。因为，一国的储备需求由其持有储备的边际成本和边际收益来决定，适度的储备规模应该是持有储备的边际成本和边际收益达到均衡时的数量。只有当边际收益等于边际成本时，该社会所有的富裕资源与引进的外部资源相结合，才可以创造出最大的经济效益。而我国从20世纪90年中期以后便出现了资金的明显过剩，其主要表现为银行出现大规模的存贷差，到2002年年底已达到4万多亿元人民币；资金持续外流，保守的估计可达每年200亿美元；从1998年开始中国市场利率一直保持在较低水平上。

目前对于外汇储备作用的观念已有所改变，认为一国的外汇储备不是为了使用，而是为了给人"看的"，看的目的是使投机者们认为没有投机的机会。但无论何种观点，一个不争的事实是我国外汇储备规模明显偏大，国内资金大量剩余。

鉴于此，我国在保持人民币汇率稳定的同时，应当采取积极措施消除外汇储备不断提高带来的负面影响,提高资金的使用效率。

三、我国吸引外资与对外投资

鉴于我国目前存在的外汇储备规模过大导致的机会成本上升的现实以及我国存在的资金剩余的现状,为了提高资源的使用效率,有序地引导资金向外流动是一个明智的做法。鼓励企业"走出去",搞对外直接投资,可以更好地利用国内部分闲置的资金,使其在更合理的资源配置中取得最佳的效益。

改革开放以来,吸引外资历来是我国改革开放的一个重点,并且经过20多年的努力取得了辉煌的成绩。然而一个事实我们也必须看到,我国吸引外资与对外投资的比例严重失调。目前我国虽然已在全球160多个国家和地区设立海外企业,但是与我国引入外资的情况相比中间存在着巨大的鸿沟。例如,以我国对外投资企业数额与外商在华投资企业数额相比较,截至2003年7月底,全国累计批准设立外商投资企业近446441家,而同期境外设立的我国企业为7178家(不包括金融类),差距是62.2倍。再以投资金额比较,截至2002年12月,外商投资企业合同金额为8280.6亿美元,而同期我国对外投资中方的协议金额为299亿美元,差距为27.7倍。这个差距意味着我国平均资金利用的效率约为1:0.0361,即我国每吸引1亿美元外资,只有361万美元用于对外投资。不难看出我国对外直接投资严重滞后。

目前我国国内的情况一方面是外汇储备过高,增长过快,给人民币升值带来压力;另一方面是企业对外投资资金缺乏,处处告急。根据中国国际经济合作学会(2003)对中国企业"走出去"情况的调查,企业对外投资的一个主要困难就是缺乏资金。为了提高资金的使用效率,弱化大量外资长期单向流动带来的风险,国家应进一步采取有效的措施,加大对有条件"走出去"的企业在资金上的扶持力度,如政策性银行向有条件的企业提供优惠贷款、建立对外投资基金;减少不必要的对外汇使用的限制,如放宽对购汇的限制、对企业汇回利润的限制等;加大对东道国投资政治险的保险力度以及中长期出口信用保险的作用。例如,中国出口信用保险公司于2003年1月2日面向中国对外投资企业和外商对华投资企业推出了投资保险新产品,包括征收、汇兑限制、战争以及政府违约等。值得注意的是,该公司第一次将东道国政府违约列入海外投资政治险中。这些措施对于鼓励企业到存在较高风险的国家和地区投资起到了积极的作用。一些实证研究和经济模型也都表明我国企业,如工程承包企业如果能得到足够的资金支持可以对国内相关产业起到高出几倍的拉动作用，对国内生产总值的增长水平起到十分积极的促进作用。

四、快速增长的出口与"走出去"战略

综上所述，我国外汇储备大量增长的一个重要原因是国际贸易收支大量顺差，顺差的原因是我国出口量的快速增长。从 1994 年至 2003 年年中，中国的出口额从 1210 亿美元增长至 3650 亿美元，增幅达 2 倍之多。近年来中国已成为继美国、日本、德国之后全球排位第四的工业品制造国。根据国家经贸委统计，2001 年中国有 80 多种商品的产量居世界首位。表 1-1 所示是中国生产的占世界份额超过 70% 的部分商品。

表 1-1 2001 年占世界份额超过 70% 的中国制造产品

产品	VCD 视盘机	收录机	钟表	丝	日用陶瓷	拖拉机	集装箱	金属打火机
产量	2000 万台	2.4 亿台	15 亿只	7.33 万吨	120 亿件	210 万台	153 万 TEU	6 亿只
占世界份额	70%	70%	75%	70%	70%	83%	83%	80%

资料来源：国家经济与贸易委员会，2002 年。

中国强劲的出口势头被不少国家视作洪水猛兽，世界上一些国家，特别是欧美国家连年增加的针对中国的反倾销案是最好的注释。1995～2002 年有 33 个国家和地区提起针对中国的反倾销案达 308 起，占全球总数（2160 起）的 14.3%，反倾销案涉及 4000 多种中国制造的产品，造成中国至少 160 亿美元的损失。中国的一些主要出口市场对"中国制造"的抵制情绪日增，如美国制造商协会的瓦戈认为，美国制造业应该"对中国扣动保护主义的扳机"，该协会所做的最新民意调查显示，75% 受访的美国制造业人士认为美国制造业正面临着巨大危机，64% 的企业认为中国发展成为出口大国是它们生存的最大威胁。事实上美国在迫使人民币升值未见成效之后加大了对中国的贸易报复力度，2008 年继钢铁案之后，又对中国输往美国的纺织品、电视、家具等产品进行限额、反倾销等措施，例如，针对中国的反倾销案例 2003 年一年就达到 9 起。

国外对"中国制造"的抵抗情绪以及国内为人民币升值减压的需要，使"走出去"措施成为一种现实的选择。采用对外投资的措施历来具有减少贸易摩擦、绕过有形和无形关税壁垒的功效。按照各国的法律，在当地国家兴办的各类

合资企业或独资企业一般被视作当地企业，按照世界贸易组织的规定它们享有国民待遇。通过直接投资的方式既可以占领当地市场，也可以以此市场为跳板，进入其他国家的市场，特别是对中国产品限制和歧视的国家。在一体化区域内的某个国家投资，还可以享受该区域内对原产地产品的各种贸易自由化待遇。一些制造业大国在发展对外贸易的过程中也遇到了与中国相似的困境，例如，日本和美国的贸易关系中，由于美方长期对日贸易逆差，导致美国国内要求对日制裁的呼声一片，双方的矛盾终于在1995年有关汽车和汽车零部件的谈判中达到高潮，而双方最终解决争端的方法是日本加大对美国本土的投资，增加在美汽车生产中的当地含量。可见对外直接投资可以起到贸易摩擦减压阀的作用。

此外，中国的对外投资表现出较强的顺贸易导向。我国的对外加工贸易、对外工程承包等项目都起到了积极地带动出口的作用。中国企业的对外投资大大带动了国内相关产品的出口，特别是机械、家电、轻工等，其中家电投资带动的出口系数高达20～30倍。据统计，已投产的境外加工项目每年可直接带动出口约10亿美元。中石油公司对苏丹石油开发项目的投资带动我国设备、材料、技术等出口总额达14亿美元。该项目共与国内130多家企业签订合同，建设高峰时我国有6000人同时在苏丹工作。中国机械设备进出口总公司承建的巴基斯坦木扎法戈4号机组项目带动的设备出口就达1.018亿美元。

通过直接投资带动出口，达到保护本国出口市场的目的也是不少采用出口导向战略的国家和地区为避开贸易壁垒采取的有效措施。它们通过对外直接投资不仅达到了保护本国出口市场的目的，而且还将本国的贸易顺差转移到了受资国，例如，中国香港、中国台湾、韩国等将劳动密集型的产业转移至中国内地后也将它们与美国的贸易摩擦转化成中国与美国的贸易摩擦。我国目前与世界上一些国家的贸易处在逆差状态，如与俄罗斯的贸易，对此某些政府官员感到十分不安。事实上，我国与俄罗斯的逆差总额并不大，根据中国海关统计，2001年中国对俄贸易逆差为52.5亿美元。逆差的原因是我国从俄罗斯进口的产品是弥补我国重要的自然资源物资如石油、木材及稀有矿藏等的缺口，因此与俄贸易逆差是自然的。我国可以通过加大对俄罗斯的直接投资来开辟俄罗斯市场，促进对俄的出口。俄罗斯由于资金匮乏所以更欢迎我国企业到俄进行直接投资和生产。随着中国产业结构的调整和提高以及我国劳动力价格的提高，我国也可以将部分在国内失去竞争优势的产业向外转移，以缓解与我国贸易伙伴的贸易摩擦，同时起到缓解人民币升值压力的作用。

本文发表于《金融一体化中的中国金融开放》，中国金融出版社，2008年7月。

论中国企业对外直接投资的资金准备

企业对外直接投资从本质上讲是由于本国存在着资本剩余，是资本要素的外溢行为。中国作为一个发展中国家如果大力推进对外直接投资是否具有这样的资金实力，这是不少人感到疑惑的问题。本文将从三个方面讨论这个问题。

一、对外投资阶段论

英国著名经济学家邓宁通过对67个国家在1967~1978年直接投资和经济发展阶段之间联系的研究，得出一国的对外直接投资与其经济发展水平有着密切关系的结论。这一理论被称之为投资生产折衷理论，是国际生产折衷理论在发展中国家的运用和延伸。它按人均国民生产总值水平的差别将国家分为4个发展阶段，处于不同阶段的国家的对外投资即利用外资的地位也不同。第一阶段：人均国民生产总值为0~400美元的国家，处于该阶段的国家最贫穷，对外资吸引力较小，因而利用外资的规模有限，同时由于自身经济落后，几乎没有对外投资；第二阶段：人均国民生产总值在400~1500美元，处于这一阶段的国家对外国资本的吸引力明显增加，外资大量流入，但由于国内经济发展水平有限，对外投资额仍然保持在低水平；第三阶段：人均国民生产总值在2000~4750美元的国家，这些国家的对外投资有所增加，但外国对本国的直接投资量仍然大于其对外直接投资，不过两者间的差距缩小，但仍然是负数，其原因在于某些拥有知识资产优势的企业开始向外投资，其中拥有区位优势的企业竭力吸引外资；第四阶段：人均国民生产总值在4750美元以上的国家，这些国家均为发达国家，其企业拥有技术垄断优势，其对外投资的增长速度快于利用外资增长的速度，对外净投资是正数（见表1-2）。

表 1-2 对外直接投资与经济发展阶段

经济发展阶段	外国直接投资		对外直接投资	
第一阶段	外国企业所有权优势	充足	本国企业所有权优势	无
	外国企业内部化优势	充足	本国企业内部化优势	不适宜
第二阶段	国内区位优势	少量	外国区位优势	不适宜
	外国所有权优势	充足	本国所有权优势	少量
	外国内部化优势	充足	本国内部化优势	少量
第三阶段	国内区位优势	增加	外国区位优势	少量
	外国所有权优势	下降	本国所有权优势	增加
	外国内部化优势	下降	本国内部化优势	增加
第四阶段	国内区位优势	下降	外国区位优势	增加
	外国所有权优势	下降	本国所有权优势	增加
	外国内部化优势	下降	本国内部化优势	充足

投资发展周期理论将一国吸引外资和对外投资能力与经济发展水平结合起来，认为一国的国际投资地位与人均国民生产总值呈正比关系。世界上发达国家和发展中国家国际投资地位的变化大体上符合这一趋势。该理论动态地描述了对外投资与经济发展的辩证关系，同时也沿袭了邓宁关于国际生产的政治经济综合分析方法。

按照邓宁的发展周期理论，我国以人均国民生产总值来划分是处于从第二阶段向第三阶段的过渡时期，即从 400~1500 美元到 2000~4750 美元阶段，在这一阶段吸引外资的能力增强，同时对外投资的本国所有权优势和内部化优势开始逐渐增强，处于积极引进外资的同时开始对外直接投资发生的阶段。但是中国是一个大国，经济发展速度不平衡，区域与区域之间，省与省之间存在着很大的差距，必须区别考虑对待。我国目前沿海部分省、市的人均国民收入已超过了 3000 美元，开始或者已经进入第三阶段，例如，上海、北京、浙江、广东等；另有一些省、市处在第二阶段，例如，天津、福建、江苏、山东、湖南、重庆、广西等。以上这些省市从宏观经济条件上具备了鼓励企业"走出去"的条件。

二、"两缺口"的疑惑

对外投资从根本上说是资本的外溢行为。发达国家的对外投资是在国内资本剩余的条件下到国外寻求资本配置的更高效率。而发展中国家由于本身存在着资金不足的问题，因此需要外部资金的流入来弥补资金缺口。20世纪60年代美国经济学家钱纳里和斯特劳特提出了著名的"两缺口理论"。根据这一理论，在宏观经济学中，为了维持经济的一定增长速度，投资和储蓄之间的差额（储蓄差额）同进口和出口之间的差额（外汇差额）必须保持平衡。按照国民经济的基本恒等式——总收入等于总供给可以得出：

$Y = C + S + T + M$

式中，Y代表总供给；C代表消费；S代表储蓄；T代表税收；M代表进口。

$Y = C + I + G + X$

式中，Y代表总需求；I代表投资；G代表政府支出；X代表出口。

若税收等于政府支出：$T = G$，则有：

$S + M = I + X$ 或 $I - S = M - X$

公式左边 $I - S$ 是投资与储蓄差额，为储蓄缺口；右边 $M - X$ 是进口与出口的差额，是外汇缺口。由于有投资、储蓄、进口、出口4个独立的变量，进行调节的目的是使上述公式平衡。在国民经济核算中，"储蓄缺口"在"事后"必然等于"贸易缺口"，就是说如果国内储蓄不能满足国内的投资要求，则需要进出口有一个规模相等的盈余予以平衡，这时需要国内资本输出。

发展中国家由于人均收入低，收入的全部或大部分用于基本生活开支，因此储蓄率低下，而储蓄低下又导致资本形成不足，这又导致了生产率低下和收入不高；低收入意味着低购买力，也导致投资不足，使得生产率低下和收入低下。这种循环加入国际因素时便更加重了发展中国家的困难。钱纳里等人认为，从大多数国家经济发展的历程看，其经济发展主要受3种形式的约束：一是"储蓄约束"，即国内储蓄水平较低，不足以支持投资需求的扩大，影响经济的发展；二是"外汇约束"，即有限的外汇收入不足以支付经济发展所需要的资本品和消费品进口，阻碍了经济发展；三是"吸收能力约束"，即由于缺乏必需的技术和管理，无法吸引并有效地使用外资和各种资源，从而影响生产率的提高和经济的发展。

钱纳里和斯特劳特强调国民储蓄和投资之间的差额可以由经常项目余额度量，外资流入或流出可以弥补投资与储蓄之间的差额。他们认为发展中国家可以通过引入外资弥补储蓄和外汇缺口达到发展经济的目的。例如，利用外资进口机器设备，一方面这项进口暂时不用出口来抵付；另一方面这项投资品又不需要国内的储蓄来弥补。因此利用外资可以同时弥补两个缺口，既可以满足投资需要，又可以减轻支付进口费用的压力。

"两缺口理论"是以发展中国家存在的储蓄不足导致投资不足和出口不足导致外汇缺口为前提提出的，为此引入外资是合乎情理的。在已经成为发达经济的许多国家,在其经济发展的初期均依靠外国资本的流入使经济持续增长。"二战"后特别是20世纪60年代以来,许多发展中国家都不同程度地采用利用外资或依靠外国储蓄来发展经济或实现经济高速增长,但是我国作为一个发展中国家情况却有所不同,就储蓄缺口而言,我国从进入20世纪90年代以后居民储蓄率一直保持较高的比例,徘徊在30%以上。进入21世纪后,居民储蓄率有所下降,但仍然保持在平均17%。2005年各项存款余额达到30万亿元,其中企业存款余额10.2万亿元,居民存款余额14.7万亿元。由于较高的储蓄率以及其他的经济因素,如商业银行为防范金融风险,降低呆账、坏账而采取谨慎的贷款政策,使得我国20世纪90年代开始出现"存贷差",而且存贷差逐年扩大,到2005年这一差额达到9.3万亿元。这一现象表明我国国内存在相当剩余的资金,或者说国内储蓄已经大大超过了国内的投资。

另外,20世纪90年代我国持续出现国际收支双顺差,使外汇储备大幅度上升。国际收支中经常项目和资本项目顺差同时并存的原因是:一方面国内廉价的生产要素、广阔的市场和引资优惠政策使得外国直接投资大量涌入,造成资本项目大幅度顺差;另一方面,奖出限进的外贸政策、币值的低估等因素导致了经常项目的连续顺差。通过表1-3可以看到,1993~1994年我国贸易形势发生逆转,由逆差122.2亿美元迅速变为顺差53.5亿美元。与此同时,资本项目差额由1992年逆差25亿美元变为1993年顺差235亿美元。

表1-3 我国国际收支情况　　　　　　　　单位:亿美元

年份	出口	进口	贸易差额	外国直接投资	外汇储备
1993	917.4	1039.6	-122.2	275.2	194.43
1994	1210.4	1156.9	53.5	337.7	211.99
1995	1488.0	1321.0	167.0	380.8	516.2
1996	1510.7	1388.3	122.4	417.3	1050.0
1997	1827.3	1423.2	404.1	452.8	1398.9
1998	1837.6	1401.7	435.9	452.4	1450.0
1999	1947.1	1585.1	362.1	473.0	1547.0
2000	2492.0	2251.0	241.0	407.7	1655.0
2001	2661	2436	225	469	2121.6
2002	3256	2952	294	527	2864.1
2003	4382	4128	254	535	4032.5
2004	5933	5614	319	606	6099.3
2005	7620	6601	1019	603	8188.7

资料来源:国家统计局历年统计公报。

长期的双顺差使我国的外汇储备大幅度上升,从20世纪90年代初的285.94亿美元上升到2005年8188.7亿美元,目前已经超过10000亿美元。从目前我国的外汇储备规模来看已明显超过了外汇储备的合理规模,这将会降低本国资源的使用效率,给宏观经济运行带来许多负面影响,例如,过高的外汇储备会造成货币和财政政策的效力损失等。按照阿格沃尔等一些经济学家于1968年提出的机会成本理论,持有外汇储备的机会成本就是国内的投资收益率。一国持有的外汇储备超过国家的需要,就意味着一部分投资和消费的牺牲。因为,一国的储备需求由其持有储备的边际成本和边际收益来决定。适度的储备规模应该是持有储备的边际成本和边际收益达到均衡时的数量。只有当边际收益等于边际成本时,该社会所有的富余资源与引进的外部资源相结合,才可以创造出最大的经济效益。

鉴于我国目前存在的"存贷差"和外汇储备规模过大导致的机会成本上升的现实,即我国存在的资金剩余的现状,为了提高资源的使用效率,有序地引导资金向外流动是一个明智的做法。鼓励企业"走出去"搞对外直接投资,可以更好地利用国内部分闲置的资金,使其在更合理的资源配置中取得最佳的效益。

三、长期坚挺的人民币汇率为企业"走出去"提供了有利条件

汇率是两种不同货币的兑换比率,即用一种货币购买另一种货币的价格,其变动与变动幅度的大小取决于货币供求关系的变化,而其他影响汇率变动的因素也是通过影响供求关系而对汇率施加影响的。人民币汇率施行的是有管理的、由市场供求决定的浮动汇率制。人民币汇率自经过1994年的汇率并轨的改革之后,一直保持着坚挺的态势,即便是在亚洲金融危机当中,人民币也顶住了各种压力,在周边各国本币大幅度贬值的情况下,保持了币值的稳定。自2005年中国货币当局采取人民币放弃盯住美元的汇率政策后,人民币开始了一个长期升值的过程。

人民币汇率的坚挺对于希望从事对外投资的企业来说具有重要的意义。企业对于货币汇率变化的预期会影响企业对外投资的决策。如果预期本币贬值,企业对外投资的积极性会受到影响。因为第一,以本币为投资来源的投资成本上升;第二,以本币作为流动资金支持国外经营的成本提高;第三,由于本币贬值,在本国生产然后出口,产品会更有竞争力。而本币坚挺会导致本国出口产品价格竞争力下降,使与出口相关的企业面临更多的困难。美国在20世纪80年代初美元

强势时期和日本在 20 世纪 80 年代后半期以及 20 世纪 90 年代日元大幅度升值期间都曾采用海外资本扩张、扩大海外生产规模的方式来规避汇率风险和降低生产成本。如果预期本币升值，则会提高企业对外投资的积极性。从目前来看，未来几年内人民币保持升值的预期占主导地位，这种预期对中国企业到海外投资会产生有利影响。

本文发表于《金融一体化中的中国金融开放》，中国金融出版社，2008 年 7 月。

国际服务产业对外投资的理论与中国服务业对外投资的实践

21世纪之初国际直接投资领域的发展趋势是国际投资向服务产业的大规模转移，越来越多的外国直接投资转向服务领域。诸多原来由国内经营的服务行业开始转向多国经营。随着服务领域外商直接投资（FDI）的增长和跨国公司的增加，其影响已经波及全世界。由于服务业是大多数国家最大的产业部门，一国能否保持在世界上的竞争力，其服务业的竞争力起着决定性的作用，而体现一国服务产业竞争力的一个重要方面是其服务产业国际化的程度。国际资本大规模地进入服务领域，跨国公司积极从事服务产业的对外投资，其动机及其优势的来源需要从理论上进行深入的探讨。从理论上讲，服务产业的对外投资动机及其优势既有与其他产业相同的共性也有自己的特性，本文在借鉴传统对外直接投资理论的基础上对服务产业的对外直接投资理论做一探讨。

大体而言，对外直接投资理论主要回答以下三个问题：第一，什么条件使企业能够在国际市场上竞争？第二，什么动机促使企业到外国投资？第三，什么因素影响企业的对外投资？

一、服务型跨国公司国际直接投资的动机

促成资本在国际流动的根本原因在于追逐收益，特别是经济收益。由于这一原因，使各国利率的高低、汇率的变动、投资收益回报的大小、投机心理等都成为资本流动的动因，具体可归纳如下：

1. 资本收益率的差异

促使资本跨国流动的原因首先是各国各地区资本收益率的不同，资本总是从收益率低的国家流向收益率高的国家。因此资本一般由资本相对充裕的国家或地

区流向资本相对短缺的国家或地区。如果在国际不存在阻碍资本自由流动的障碍，要素总会在能够发挥最高效率的地方相互结合进行生产，这意味着能够得到最高的要素回报。虽然在现实的国际经济生活中总有阻碍资本流动的因素存在，但资本收益以及利息率的相对差异却总会使资本从低收益向高收益的地方流动，使得资本流出国的收益率上升，而资本流入国的收益率下降，直到两地的资本收益率接近，并逐渐放缓直至停止。

2. 占领当地市场

许多跨国公司对外投资的目的是通过在当地生产直接占领东道国的市场，以直接投资的方式既可以利用当地廉价的要素投入，又由于雇用当地雇员解决了东道国的就业问题，因此一般受到东道国政府的欢迎。其他的一些益处还有免受贸易保护主义的限制，可以享受东道国政府只给予当地企业的优惠政策等，例如，北美自由贸易区规定的原产地原则，享受优惠的关税待遇。

3. 与劳动要素结合

资本要素向国外移动的主要目的在于与国外相对廉价的劳动要素相结合，以提高资本要素的效率。在这种情况下，资本一般由劳动力价格相对较高的国家和地区流向劳动力相对低廉的国家和地区。目前发达国家的跨国公司不但寻求发展中国家廉价的普通劳动力，而且在发展中国家设立研发中心以利用这些国家较廉价的科技人才。

4. 与自然资源相结合

对外直接投资在很大程度上发生在自然资源开发项目上，其目的是为了获取国外相对丰富的自然资源或母国相对短缺的自然资源。很明显，在这种情况下，资本从自然资源相对贫乏的国家和地区流向自然资源相对丰富的国家或地区。以获取自然资源为目的的跨国投资，资本输出国既有发达国家也有发展中国家。

5. 规避贸易保护

在国际贸易中，由于贸易保护主义的存在而使各国之间商品的流动受到贸易壁垒的限制，尽管关税及贸易总协定/世界贸易组织（GATT/WTO）经过几十年的努力已使各国的有形关税壁垒大大降低，但是各种新的无形关税壁垒层出不穷，成为阻碍商品流通的主要因素。厂家为了绕过贸易壁垒往往采用国际直接投资的方式，也就是在市场所在地投资办厂从事生产，就地出售产品，并因此而产生了资本的国际移动。此外，"二战"后蓬勃兴起的区域经济一体化浪潮虽然在一体化组织内部消除了成员国之间在贸易、资本流动和人员交流方面的障碍，加速了资本在区域内的自由流动，但是一体化组织排斥区域外国家商品的进入，这也导致区域外的投资者通过进入区域内进行直接投资获得与区域内国家同等的待遇。

6. 技术获取

一些发展中国家到发达国家进行直接投资，目的是为了获取东道国先进的科学技术知识及管理经验，并且还可以利用当地的资本含量高的工作人员。为了这一目的产生了发展中国家的资本向发达国家的流动。

7. 规避风险

投资者在进行投资的过程中要考虑投资的风险与收益之间的关系。而风险与收益则存在着收益越高风险越大的关系。由于投资者对风险的偏好不同，如经济风险、政治风险、金融风险等，有甘冒风险而追求利益的，也有出于审慎原则规避风险的，因此出于对风险的不同态度在国际经济运行中，作为风险厌恶者就会在资本求安全时，将其从高风险的地方流向低风险的地方；同时希望在高风险的场合下牟利者会将资本从其他地方调入高风险区域以获利，因此形成了资本的国际流动。在一般情况下资本流向政局稳定、经济稳步增长、投资环境较佳的国家或地区，这就是发达国家吸引了绝大多数外资的原因。有时为了防止一国政治经济的变化给投资者带来太大的冲击，投资者也会选择在多国投资，以分散风险，保证相对稳定的收益。

8. 管理与信息

一些跨国公司为了及时获取当地市场信息，加快市场信息反馈，协调公司内部管理和生产安排而进行对外直接投资。在国际贸易中，由于生产地与消费地分别处于不同的国家，相距较远，信息交流较慢，为了将市场上出现的新趋势、新动向、新问题及时反馈到生产地调整生产方案，企业通过在市场的直接投资将生产与销售紧密结合起来，以便更有利于企业根据市场及时调整自己的生产。服务产业的跨国公司对外投资的动机从本质上讲应当与其他产业跨国公司对外投资的动因一致，当然由于服务产品的一些特殊性，其对外投资的动因又有其特殊性，归纳这些特性包括以下几个方面：

（1）占领东道国市场。占领东道国市场是服务业跨国经营的一个主要动因。在商品贸易中生产与销售是两个不同的环节，因此国内生产国外销售，或是国外生产国外销售这两种形式可以互相替代，然而服务产品往往不具有这样的替代性。对于提供服务产品的企业来说，主动出口的方式只有对外直接投资，原因是许多服务产品是不可交换的，并且需要提供者与顾客面对面的接触，服务产品的不可分割和不可储藏性，特别是服务产品的即时服务、即时消费的特性决定了服务产品多数只能以市场为导向，例如金融、保险、会计服务、零售贸易等。美国在东道国的分公司对当地的销售与出口所占的份额就能证实这一点。例如，2001年，美国的跨国公司国外分公司在世界范围内服务业84%的销售额均属于在当地的销售，而相对应的货物销售额只有61%。当然也有例外，旅游业的外商直接投资，例如，旅馆是与资源紧密相关的，或者说寻求资产型的外商直接投资以出口为导向而非以当地市场为导向。

（2）服务消费需求增长的驱动。在过去几十年间，企业和家庭的许多活动不断由"内部化"向"外部化"转移，企业生产过程中的中间服务业务越来越多地由专业化的服务公司进行，这样企业可以以较低的成本换取更专业的服务，而企业本身则可以专心从事核心业务，使其更有竞争力。而中间服务业务需求的增长极大地推动了新兴专业服务业的发展，也是服务型跨国公司出现和扩张的主要原因。许多企业，特别是跨国企业一般希望在某一个专业服务上建立长久持续的关系，或者是希望与该企业的客户同时受到一个服务商的服务，以便于彼此间的业务往来。这样做对于客户来说可以节省从一个服务商到另一个服务商的转移成本。为了适应客户的需求，稳定并获得更多的客户，建立全球性的跨国公司就成为十分有效的方法。

（3）先行优势的驱动。服务业在许多发达国家已经占到国内生产总值的70%左右，许多服务行业在这些国家已经发展成为成熟的产业，其发展空间和利润空间由于行业内的竞争在不断缩减，发达国家服务企业的生产能力面临着过剩的局面。在此情况下，走国际化道路，占领国际市场是这些国家企业生存和发展的必然选择。在激烈的竞争中，速度成为决定竞争优势的一个关键。在服务行业，先动优势尤为明显，因为获得客户群就是获得企业生存的资源，而较早地建立自己的声誉和品牌是赢得顾客忠诚度的最有效的方法。

（4）建立全球服务网络的驱动。顾客在选择服务商时最看重的要素是企业的服务质量、可靠性和竞争力，因为如果选择失误将给客户带来灾难性的后果。然而许多消费者往往很难获得服务商信誉的确切信息，因此客户判断服务商服务质量和信誉的一些标准就包括如企业的规模、公司经营的年数以及他们的客户名单。一些服务商通过在国内建立起来的品牌优势和企业信誉向国外扩张，建立全球性的服务网络，扩张自己的规模，这样不仅可以继续为本国在外从事经济活动的客户服务，还可以通过他们扩大自己的影响，提升服务产品价值，赢得国际客户的信赖。

（5）实现资源的合理化配置。跨国公司通过国际分工的方式将资源配置到最有效的地方，以实现企业利益最大化的目标，生产一体化战略的实施就是为了实现这一目的。跨国公司实施的一体化战略分为简单一体化和复杂一体化。简单一体化战略指通过母国或其他国家的母公司采用直接投资的方式，当地生产当地销售，其主要目的是为母公司服务，形成子公司与母公司之间的内部交易；而复杂一体化战略则不仅是为母公司，而且也是为了子公司——因此子公司之间的内部交易也随之产生。

就像在制造业，服务业里的公司内部的国际分工可采取以下形式：将服务活动按照劳动密集型、资本密集型和技术密集型分解为多个部分，使这些部分可以在最有效率的地方生产。从某种意义上讲，这样的分工与制造业跨国公司的生产相类似。例如，一些国外分公司具有为母公司服务的"办公室支持"功能，当国外分公司为母公司提供某一部分服务时，这便是简单一体化；当分工涉及不同的国外分公司和母公司时，便是复杂一体化。

前文提到服务产品具有即时服务、即时消费的不可分割性，而一体化战略则要求将服务产品进行分割以便配置在不同的区域。事实上，由于技术的发展，特别是信息通信技术的发展，一些原本无法分割的服务业实现了国际分工，如咨询服务、远程教育服务、会计结算等业务都实现了时空的分离。例如，某地的分公司为跨国公司的地区总部清算所有账目；或者由分布在各个国家的分公司收集基本信息之后再上传至母公司进行信息处理。收集信息的部分就属于劳动密集型分工。服务业的分工使服务型跨国公司真正实现了在全球有效配置资源的目的。

二、服务业企业国际直接投资的优势

对服务业跨国公司直接投资的动机分析仅仅讨论了企业为什么对外投资，而没有解决企业进入国外市场后依靠什么与当地企业和其他跨国公司竞争。对这一问题的理论探讨是在第二次世界大战之后。自20世纪60年代以来国际直接投资理论有了很大的发展，从海默的"垄断优势论"到邓宁的"国际投资折衷理论"，跨国公司的理论已经历了40多年的发展，形成各种流派，可以说这些理论概括了当今国际直接投资活动，具有普遍的意义。这些研究成果从不同的角度阐述了对外直接投资产生的理论依据。在国际上有影响的理论包括海默的垄断优势论、巴克雷和卡森的内部化理论、弗农的产品周期理论、邓宁的国际生产折衷理论、小岛清的边际产业扩张理论等。然而上述理论主要是针对生产企业的对外投资，而针对服务业的对外投资进行理论阐述的主要是巴克雷、卡森，特别是邓宁。

20世纪70年代后期，英国学者巴克雷（Peter J. Buckley）和卡森（Mark Casson）提出了国际投资内部化理论。他们认为，当企业发现中间市场不完善时，就会试图创造内部市场来绕过外部市场，使内部市场交易处在共同所有权控制之下，因此能保持企业的优势。巴克雷等人提出的内部化理论共分三个层次，第一，市场失效。这主要同中间产品（知识、信息、技术、商誉等）的性质以及买方的不确定性有关。例如,信息极易扩散,使市场失效,因此跨国公司需要横向一体化。买方不确定性是指买方对技术不了解,卖方要对产品保密,不愿更多透露技术内容,因此跨国公司愿意进行纵向一体化。无论横向一体化还是纵向一体化都需要向国外进行直接投资。第二,跨国公司在国际市场上进行交易,其成本易受各种因素的影响,而公司又无法控制全部因素。如果能实现交易内部化,就是把市场建立在公司内部,通过划拨价格可以起到润滑作用。第三,市场机制的缺陷使市场内部化成为必要,从而可以合理配置资源,提高经济效益。国际投资倾向于高科技产业,强调管理能力,使交易成本最小化,保证跨国经营优势,都是为了实现上述各方面要求。巴克雷和卡森在原有的"内部化"理论的基础上,说明服务企业也有内部化中间市场的优势。卡森强调,服务消费购买者的不确定性是市场不完善的来源之一,将会导致较高的交易成本,从而使企业的对外直接投资成为必要。

对服务业对外直接投资理论进行全面论述的是邓宁,他基于国际生产折衷理论,对服务业对外直接投资的发生进行了系统的论述。1977年邓宁发表了题为"贸易、经济活动的区位和跨国公司:一种折衷主义方法的探索"的论文,提出了"国际生产折衷理论"。该理论将所有权优势、内部化优势和区位优势结合为一体,全面阐述了企业对外投资发生的理论依据。

邓宁认为企业对外投资的发生是下列三种优势综合作用的结果:

所有权特定优势 + 内部化优势 + 区位特定优势 = 对外直接投资

以上三种优势构成跨国公司国际生产的基础。如果企业仅仅拥有所有权特定优势,既无合适投资地点,又无法将优势内部利用,则企业仅能采用技术转让方式向海外扩张。如果企业既拥有所有权特定优势,又拥有内部化优势,企业可同时选择技术转让和产品出口两种方式向海外扩张。因此在无合适投资地点的前提下,企业只能将所有权特定优势建立在国内予以运用,进行国内生产,随后出口海外。上述三种优势对于希望进行跨国生产的企业来说需同时具备,三位一体,缺一不可。

1980年邓宁将"三优势模式"的分析进一步应用于服务产业的对外投资,指出服务业对外直接投资也应同时具备所有权优势、内部化优势和区位优势三个条件。当然,服务企业跨国经营所应具备的优势与生产型企业有所不同。具体论述如下:

1. 所有权优势

在邓宁所说的三个优势中,所有权优势又称为"垄断优势"或"厂商优势",是指"对特定的无形资产的排他性的占有而形成的优势"。它指企业所拥有的其他企业所没有的并无法获得的资产、技术、规模和市场等方面的优势,主要包括生产要素禀赋、生产工艺和技术密集度、发明创造能力、企业生产和多样化等。由于相对于本土公司,跨国公司在东道国经营时面临距离、语言和其他障碍,因此跨国公司必须具备"所有权优势"来弥补其在上述各方面的劣势。有些学者进而认为所有权优势是跨国公司成功的必要条件(Dunning,1977,1981),而也有学者对这一观点提出挑战(Rugman,1981,1985,1986;Casson,1986),但是关于所有权优势是跨国投资的重要决定因素,似乎已经达成广泛共识。对于跨国公司为何比本土企业有更高的劳动生产率,赫尔普曼(Helpman)等做出了规范的理论解释,认为无论是出口还是进行对外直接投资,都要涉及一定的成本,而后者的成本更高于前者,因此在均衡状态下,不同类型的企业的生产率很自然的就要按以下顺序排列:生产率最低的企业退出市场;生产率高一点的企业只服务于国内市场;生产率再高一点的企业服务于国内市场的同时进行出口;而生产率最高的企业会服务于国内市场的同时从事外商直接投资活动。①

许多研究认为,主流的国际投资理论,如邓宁的 OLI 范式,仍然适用于服务业跨国投资(Dunning;Dunning 和 Norman,1983;Boddewyn,Halbrich 和 Perry,1986)②,但也有区别,在所有权优势方面,服务业跨国公司的所有权优势更多具备无形性的特征,邓宁和诺曼(Dunning 和 Norman,1983)在论述商务服务业跨国公司的所有权优势时,曾将其与制造业跨国公司的所有权优势进行比较,指出商业服务业当中的管理、组织及营销技术就相当于制造业当中的制造技术;服务业当中的获取信息的优势就相当于制造业当中的获得原材料的优势,等等。罗波特(Robert Grosse,1996)在一项研究中对广告、银行业、软件业、酒店业和管理咨询业中的一系列跨国公司总部和分支机构进行调研,研究在这些行业中的核心技术的定义,得到的引用率最高的 5 项回复是业务知识,经验、服务的生产方法,管理技能、技术,专业信息,财务技能。还有一些管理者提到了创造性、营销技能和客户关系,这些无一例外是有关某种服务的知识与经验,具有无形性的特征。③

判断企业是否拥有所有权优势的标准有三个方面:第一是服务的特征和范围,如服务的构思、舒适度、实用性、可靠性、专业化程度等;第二是服务的价格和成本;第三是有关销售前、销售过程中和售后的服务。跨国公司为了在竞争中取胜都积极地、最大限度地满足以上三个标准,而满足这三个标准的途径不外

---

① Helpman, E., Melitz, M., Yeaple, S.. Export Versus FDI With Heterogeneous Firms [J]. American Economic Review, 2004, 4: 22.

② Boddewyn, J. J., Halbrich, Marsha Baldwin, Perry, A. C.. Service Multinationals: Conceptualization, Measurement and Theory [J]. Journal of International Business Studies, 1986, 17 (3): 41 – 57.

③ Robert Grosse. International Technology Transfer in Services [J]. Journal of International Business Studies, 1996, 27 (4): 781 – 800.

乎两点，一是拥有相关的知识、技术和信息以及相关的资产；二是通过规模经济最大限度地降低服务成本，在价格上具有竞争力。例如，在为厂商提供服务的银行、金融、商务等专业服务方面，企业所获得的优势依赖于它们所拥有或通过独特渠道获取的专有知识、信息、技术、品牌和学识。在为消费者提供服务的旅店、快餐、汽车出租、租赁等方面，服务企业利用它们在国内和当地形成的优势组织安排活动，获取客户信息，与其他商家联合，以创造强有力的品牌形象。在服务领域，如经纪人、外汇证券交易、商务咨询、数据提供、传输、处理等，企业的所有权优势主要基于拥有并掌握生产和开发软件与硬件的技术和技能。

服务业跨国公司的竞争优势归纳起来主要表现在以下几个方面：

（1）提供优质服务。由机器生产的产品最大特点无论是从外观还是性能上近乎百分之百的一致性，而服务产品则由于服务提供者的差异而可能千变万化，此外由于服务产品的不可储藏性，因此保证企业服务质量的能力和监控服务质量的能力成为决定企业竞争力的重要因素。在服务行业品牌具有更大的号召力，因此如何保持企业成功品牌的能力也是企业所有权优势的表现。一些大型的跨国服务公司如旅馆饭店制定出了统一的服务质量标准，并将这些标准推广到全球的连锁店，以达到保证和控制质量的目的，六西格玛（6sigma）服务标准是目前服务行业最高的质量标准。

（2）包罗万象的范围经济。服务商在特定的场所能提供的服务品种、式样、品牌、价格等多方面产品的能力，也是服务企业所有权优势的表现。范围经济的优势是通过一站式服务为消费者集中提供包罗万象的服务，使消费者的消费成本大大降低（包括交通费、货比三家的费用以及购物价格等）。范围经济效应在运输如航空公司、商业咨询行业中非常普遍，是保险和许多银行业务的内在特点，而在零售业、连锁旅店、旅游代理、投资分析及商品经销等经纪类服务中最为广泛。因为它可以将营销知识和生产灵活性相联系，促进客户以地理为中心的国际生产态度。例如，零售企业之所以能够降低成本是由于零售商购入产品的数量大、品种多，因此与生产厂家讨价还价的谈判力增加，通过直接与生产商进货的方式还可以保证质量，在这方面最典型的例子是美国的沃尔玛公司。

（3）规模经济。与制造业企业一样，服务业企业也面临着固定成本较高，而边际运营成本较低的特点，规模经济及专业化效应也适用。大型服务业公司可以获得更有利的融资条件，在采购产品和服务方面获得与制造业公司一样的数量折扣。运输业也是固定成本很高而边际运营成本较低的行业，因此提供服务的企业依靠庞大的产品规模，降低单位成本，获得价格竞争优势，例如，空客生产的A380型飞机，由于机型庞大，舱内空间、设施等服务都更加舒适，而且价格更有竞争性。商业银行及投资银行可以从其专业化的人员当中受益，且享受"共同治理"效应（Common Governace），即它们可以在同一组织内部的不同分支机构之间相对自由地进行人员、资金及信息的流动。另外，大型的保险公司和投资银行还可以享受分散风险的优势。

（4）技术和信息。服务经济中，技术和信息的获取、加工、储存、监控、解释和分析能力成为服务产品的高附加价值部分，而数据处理技术往往需要昂贵的辅助资产、固定成本或基础设施，因此拥有这一能力的企业也就拥有了竞争优势。在许多服务业中，以尽可能低的成本对信息进行收集、加工、处理和使用的能力是关键的无形资产和核心竞争优势。这在股票经纪、外汇与证券中介、商业咨询等以获取、加工和传播信息为主要服务内容的行业当中尤其重要。

（5）商标与品牌。服务的质量评估比产品的质量评估更为复杂。由于服务涉及更多的人为因素，因此，其质量比产品的质量更为多变。而持续保证服务高质量的能力对于服务公司的客户而言更为重要。加森（Casson，1982）认为，跨国服务公司有能力监督服务质量，从而降低买方的交易成本。服务产品的异质性使顾客在选择服务商时更看重服务产品的商标和品牌，因此与商标和品牌这些非价格因素相联系的企业信誉成为服务企业向消费者传递信息和获取客户的主要手段，因而也是企业跨国经营的优势来源。

（6）知识。在许多服务——尤其是信息与人力资本密集型服务——的生产过程中，需要一种可以共享的可编码化知识、隐性知识和传承下来的知识（保存在文件、磁带、光盘等贮存介质当中），而前两种知识往往是企业所独有的（或者说是一种集体智慧以及企业人员所具备的经验和判断能力）。和制造业当中分摊研发成本一样，服务业跨国公司可以利用其多年来积累的组织及管理专业知识以低于本土企业很多的成本向其海外分支机构传递信息。

获得投入要素及进入市场的能力。对一些服务业企业而言，优势在于其能够更有效地获得要素投入和市场渠道。例如，证券、保险和商品经纪、房产中介和旅行社，它们所提供的服务就是代表买方和/或卖方为其产品或服务找到合适的卖方和/或买方。它们的竞争优势在于其可以使其客户的交易成本最小化，提供满足客户需要的建议。具备获得投入要素的优势，可以降低客户的搜索、协商和监督成本。进入市场的优势，解释了保险公司、银行、广告、财务和猎头公司开始跨国经营的原因，最初它们都是跟随其在母国的客户进军国外市场，为其原客户在国外的分支机构提供服务。

2. 内部化优势

邓宁认为内部化优势是指为了避免不完全市场给企业带来影响，通过跨国投资将企业所有权优势保持在企业内部。由于市场的不完全性，企业实现所有权优势的"交易成本"过高，甚至企业拥有的各种优势有可能丧失。只有通过内部化,在一个共同所有的企业内部实现供给与需求的交换关系,用企业自己的内部程序来配置资源,才能保持企业垄断优势,使企业的垄断优势发挥更大作用。邓宁将市场失灵分为两大类,一类是结构性失灵,主要是由于东道国政府的限制和无形资产的特性等;第二类是交易失灵,包括交易渠道不畅和交易方式僵化等。在服务业中,实现内部化优势的跨国公司的组织形式不一定以对外独资或合资经营的股权形式为主,也可以而且有时必须以非股权的国际合作协议来实现跨国经营。

对于服务业跨国公司来说,国际直接投资意味着拥有所有权优势的公司在向外部扩张时可以走企业内部向外扩张的道路,而非以特许权或与当地公司合资等其他方式扩张,其选择企业内部化是出于多种原因:最为重要的是保护自己的专有知识产权(例如银行和金融业,大多数信息密集和专业性的服务行业);确保产品的质量(例如广告、市场调研、一些消费服务行业);使交易的机会成本最小化;避免调研和谈判成本;在不同的地域寻求合作的可能性(例如金融服务业);获得新的资源投入或开发新市场(如贸易类公司)。在其他服务领域,企业的对外扩张可以采用非股本方式或少数入股的合资形式。在上述合作方式中,涉及质量控制、执行承诺以及交易成本的最小化方面的条款可在管理合同或特许协议中表达(例如旅馆、饭店、汽车租赁等)。此外,在某些服务领域里,如工程、建筑、技术服务业等,开发适合当地的专业化知识或满足当地客户需要的产品也是非常重要的。合资企业在诸如投资银行或保险这样的行业里是一种分散金融风险的方式。

总结与服务业相关的内部化优势包括以下几个方面:

(1) 保护专有知识产权。一些服务行业以拥有专门的知识和技术作为自己的竞争优势,技术的开发需要大量的投入,而复制却只需很少的投入,为了使这些技术保留在企业内部,而不因为中间市场产生的外溢使企业失去竞争优势,直接投资方式是使企业保持其竞争优势的有效手段。

(2) 降低交易成本。一些服务业企业如国际贸易公司在进行跨国经营时必须寻找合适的合作伙伴,而这个过程就产生了一系列的成本支出。通过内部化方式,可以有效地降低如寻租成本、协商成本等一系列交易成本,这就使得跨国公司的对外投资有利可图,并获得了竞争优势。

(3) 避免信息不对称带来的价格和服务质量问题。服务产品的即时服务、即时消费的特性和因人而异的特征,使消费者很难获得对服务产品的价格与质量方面的准确信息,消费者往往由于这种信息不对称而对服务产品望而却步。享有品牌优势的跨国公司通过内部化方式可以消除客户的疑虑,使产品投入的价格和质量统一,以此赢得顾客。例如,大型的连锁快餐店里的产品价格在某些国家几乎没有差异,产品的种类式样甚至就餐的环境都是彼此复制,以此达到质量控制的目的。

(4) 减少政府干预。服务产品跨国交易遭遇的主要贸易壁垒是政府干预,例如,各种关税和非关税壁垒。通过直接投资的方式可以降低服务业跨国交易中的政策性干扰,并且还可以享受到一些与当地企业相同的优惠待遇,在一些国家甚至可以享受高于当地企业的待遇,这些优势使投资企业有了更强的竞争力。

3. 区位优势

区位优势是指东道国不可或不易移动的要素禀赋优势以及东道国政府的鼓励或限制政策,其使一国企业利用国外优势进行生产要比单纯出口能获得更大利益。区位优势是由东道国所具备的多种因素决定的,例如自然资源、人力资源、市场容量、市场规模、基础设施、产业结构、运输成本、东道国的政治体制和政府的政策等。区位因素制约着跨国公司对外直接投资的选址及其国际生产布局,只有当企业在国外的区位优势较大时,才可能从事对外直接投资。虽然区位优势不是企业对外投资的必要条件,然而区位优势的获得和保持是服务业对外投资的关键因素。

总结与服务产业相关的区位优势主要包括以下几个方面:

(1) 东道国的资源禀赋优势。东道国丰富的自然资源、人口素质、市场条件、市场规模、人文环境、消费偏好、基础设施条件、地理位置等都是东道国吸引直接投资的区位优势。然而不同的服务行业所看重的东道国的要素禀赋条件不同,文化服务产业看重人文环境,而零售企业更看重东道国的市场规模和消费能力。在可直接贸易的服务行业中,区位优势主要体现在获得优质信息的渠道和通信基础设施、完善的制度、具有价格竞争力并经过培训的人力资源。在世界的一些地方所有这些区位优势都在得到改善。

(2) 政府的政策。东道国的政治体制和政策法规如果为投资者提供了优惠的条件和待遇也会成为吸引直接投资的重要条件,特别是政府对一些领域投资限制的取消成为吸引外国资金流入的重要因素。进入 21 世纪以来,东道国政府赋予服务类跨国公司的区位优势在不断地增加和多样化。在非贸易型服务企业中,自由化和市场增长的速度成为吸引直接投资的关键因素。服务领域的自由化使区位优势大大增强,成为吸引国际直接投资的重要因素。特别值得一提的自由化形式是国有设施的私有化和向外资开放。尤其是在拉丁美洲、加勒比海地区和中东欧国家,对外开放电信业、电力及供水业吸引了大量的外国投资,取得了显著的成效。

三、中国服务企业跨国经营的动因

企业对外投资的动机是与企业的投资战略和目的相一致的，因此研究中国企业对外投资的动机对于更好地制定企业对外投资战略，实现对外投资目的具有重要的理论和实践意义。对于中国企业对外投资的动机已有一些研究成果，这些研究成果的结论基本符合经典的国际直接投资理论的结论，可归纳总结为市场导向、资源导向、效率导向和战略资产导向（邓宁，1993，2000）。

中国自改革开放以来其对外直接投资也随即开始，经过近30年的发展取得了长足的进步，特别是进入21世纪以来，更是有了快速的增长。从我国企业对外投资的产业来看，大多数的资金进入与服务业相关的部门（见图1-1和图1-2），占中国企业对外投资存量的78%。

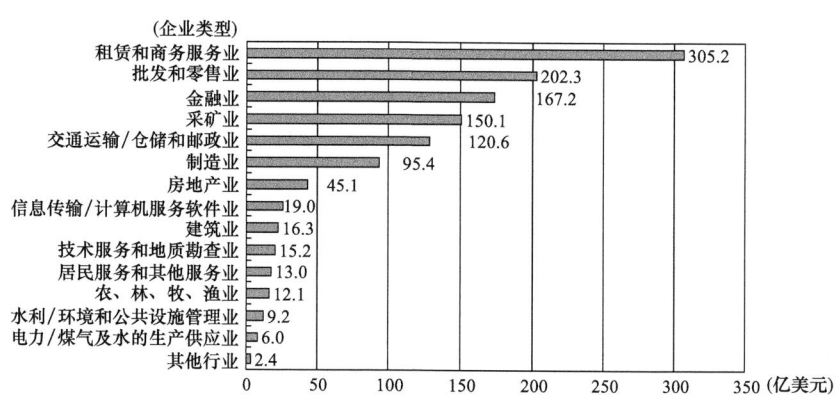

图1-1 中国企业对外投资存量（截至2007年）

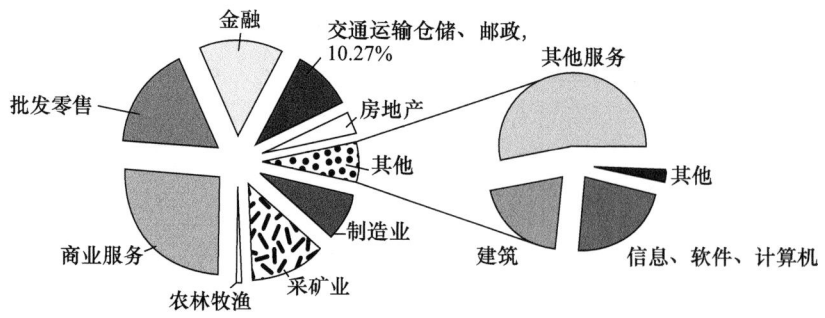

图1-2 中国企业对外直接投资的行业分布所占比重示意图（截至2007年）

资料来源：中国商务部网站。

图中的数字显示,非金融类服务业的投资中占前5位的行业与贸易相关的占全部对外投资存量的一半以上,达到53.3%,其中商业服务业(25.9%),批发零售业(17.2%)和交通运输仓储业(10.27%)。中国企业在与国际贸易相关的服务部门高比例投资说明了中国企业对外投资的一个主要动机是建立国外的销售网络,其目的是为国内商品的销售服务。这种投资格局完全符合我国作为制造业生产大国和商品出口大国的地位,是为我国外向型经济发展战略服务,主要目的是占领当地的销售市场,使其成为国内市场的外延。

中国企业在与贸易相关的服务部门的大量投入有着深刻的国内产业背景。我国自实行改革开放后巨大的生产潜力得到释放,只要有合适的技术,产量便可以迅速提高。然而进入20世纪90年代后,我国产业的情况发生了很大的变化,有些行业开始出现生产能力的严重过剩。根据《中国工业投资报告1999》提供的情况,我国自20世纪90年代初期开始出现纺织行业和家用电器行业的工业生产能力过剩;20世纪90年代中期开始出现从生产资料工业到消费资料工业的全面过剩。据国内贸易部估算,1996年下半年供求基本平衡和供大于求的商品占商品总量的93.8%,供不应求的只占6.2%,总体上供大于求。又据第三次全国工业普查的结果显示,目前我国有近500种产品的生产能力利用率在60%以下,这些数据都标志着我国的市场结构发生了重大的变化,即由卖方市场转变为买方市场。1998年国内贸易局商业信息中心对610种主要商品中的444种工业品的供求情况又进行了分析,"供过于求"和供求基本平衡的商品达100%,这表明国内总商品供应已经进入买方市场的时期。买方市场的出现和发展意味着消费者对日益增多的商品的选择性大大增强,但对生产者来说则要求他们生产出质量更优、科技含量更高的产品,去提高市场竞争力。生产能力严重过剩在市场上的表现是残酷的价格竞争,此起彼伏的价格大战归根结底是对有限的市场需求的争夺。微薄的利润使这些企业必须开辟新的市场以满足现有的生产能力和进一步发展的需要。

中国服务业对外投资的另外一个重要部门是金融业,也属于服务行业的传统部门。随着我国金融体制改革的深化,20世纪80年代后期,国内银行纷纷跨出国门进入国际金融市场。至2003年9月,我国共有国外资产36896.72亿元。据统计,在投资机构数量上我国从事境外投资的企业总数有620家,而其中581家是中国银行建立的海外机构,其他银行尚处于起步阶段。中银集团是中国银行中开展海外业务最早和最活跃的一家,到2002年年底已经在26个国家和地区设立581家分支机构,海外员工有两万余人,海外资产总值为1700多亿美元,主要地区分布是中国香港和中国澳门及其他一些发达国家(见表1-4)。

表1-4 中资银行境外机构统计(中银集团除外) 单位:家

银行名称 \ 境外数量	境外银行机构数			
	分行	子银行	代表处	总计
中国工商银行	8	2	2	12
中国建设银行	6	1	2	9
交通银行	4	0	2	6
中国农业银行	2	0	3	5
光大银行	0	0	2	2
招商银行	1	0	1	2
广东发展银行	1	0	1	2
上海浦东发展银行	0	0	1	1

中国金融业对外投资以银行为主,其对外投资的目的首先是为银行资产增值服务,主要投入到消费信贷和房地产业;其次是为本国从事国际贸易的企业以及对外投资的生产性企业服务。中国居民由于受文化传统、社会保障和投资渠道有限等问题的影响,一直将储蓄作为重要的投资手段,因此中国的储蓄率一直居高不下,但是对于银行来说国内可供投资的项目有限,特别是由于许多国有企业的效益不佳。这就出现了中国的银行虽然资本规模庞大,但是盈利状况却不佳(见表1-5)。这些因素都促使银行对外投资,寻求盈利的机会,而房地产业自然就成为银行的重要投资领域。

表1-5 我国银行与美国花旗银行的盈利比较 单位:百万美元,%

银行	一级资本	资产规模	税前利润	资本利润率
花旗银行	58448	1051450	21897	38.8
中国工商银行	23107	524235	740	3.2
中国银行	22085	406150	1319	6.7
中国农业银行	15971	262570	36	0.2
中国建设银行	14517	334061	627	4.4

资料来源:《银行家》杂志,2002年7月。

随着中国企业"走出去"步伐的加快,金融业对企业对外投资的支持力度也在加大，这就是说我国银行对生产性和服务性企业的投资将大大提高，成为金融类企业对外投资的一个重要目的。

本文发表于《服务业对外投资——引进来与走出去》，中国金融出版社，2010年1月。

中国企业对外投资动机的演变
——宏观与微观层面的分析

在美国次贷危机引发的全球性金融危机的背景下,全球性的流动性紧缩使中国巨大的外汇储备成为世界关注的焦点。中国的外汇储备将向何处去?一种答案是中国已经并且将继续推行企业对外投资的战略,以实现资源的高效、合理的配置,以对外投资的方式促进中国和东道国经济的发展。

自21世纪开始以来,中国的对外直接投资逐渐形成规模,2008年对外投资总额达到521.5亿美元,其中,非金融类直接投资为406.5亿美元,占78%;金融类为115亿美元,占22%。根据中国商务部2007年的统计公报显示,中国对外投资在全球排名第13位,在发展中国家排名第一。到2007年年底,超过5000家中国公司成立了大约1万家子公司、分公司和合作经营企业,涉及173个国家和地区,对外投资存量(包括金融和非金融对外投资)达到117.91亿美元(见表1-6)。

表1-6 中国对外投资流量与存量(2007年) 单位:亿美元,%

指标 分类	流量			存量	
	金额	变化	百分比	金额	百分比
总量	26.51	25.3	100	117.91	100
非金融类	24.84	40.9	93.7	101.19	85.8
金融类	1.67	-52.7	6.3	16.72	14.2

资料来源:中国商务部。

由于美元的贬值和人民币的持续增值,可以预见中国对外投资的步伐将进一步加快,"中国美元"(WIR2006)在国际直接投资领域的影响将进一步显现。在此背景下,中国政府和企业都在大力推进"走出去"战略,然而政府和企业,国有大型企业和中小企业"走出去"的动因各有不同,而且还在随着形势的变化而不断调整。分析它们"走出去"的动因是具有理论与实践意义的课题。

一、经济全球化与中国政府的"走出去"战略

在经济全球化发展过程中，发达国家早已实现了对外投资自由化。发达国家的跨国公司经过"二战"后数十年的发展已在全球范围内造就了国际一体化的生产体系。由于这个全球性的国际生产一体化体系掌握了当代世界经济中大部分关键的资源、技术、人才、资金以及信息等经济要素，哪个国家被排除在这个体系之外，哪个国家就会被排除在当代世界科技、经济发展的主流之外；哪个国家加入到这个体系之中，哪个国家就会分享到这个体系的各种好处。随着经济全球化的深入，发展中国家也日益体会到如果对本国企业的对外投资进行限制，就会制约企业的发展，乃至整个经济的发展。因此自 20 世纪 90 年代以来，发展中国家和地区的跨国公司呈现出快速发展的态势，并且在国际投资中发挥了越来越重要的作用。

经济全球化通过贸易自由化、金融国际化和生产一体化 3 个纽带将全球各国联系在一起的事实向我们揭示了一个道理：经济全球化是一个历史的发展进程，它是不可避免和不可逆转的，也不以任何人的意志为转移，作为全球经济体的一部分，我国和我国的企业必须接受，并且顺应其发展规律。而"请进来"和"走出去"都是积极顺应全球化发展规律的途径和方法。

1. 充分利用国内外两个市场、两种资源，取得经济的长期发展

在 21 世纪拉开帷幕之际，为了应对经济全球化和加入世界贸易组织的新形势、新要求，中国政府于 20 世纪 90 年代末适时提出了"走出去"战略。"走出去"战略具有特定和丰富的内涵，目的是更好地利用国内外两种资源、两个市场，在更广阔的空间里促进经济结构调整和资源优化配置，更有效地发挥我国的充裕要素资源的利用，降低对稀缺要素资源的使用成本，取得更大的经济效益，提高整个社会的福利水平，使中国成为世界经济强国。"走出去"战略事实上是根据中国的要素禀赋结构，为了维持中国现行的庞大的制造业生产，进而持续中国经济长期的快速增长所做出的长远考虑。

中国在改革开放前所施行的"重工业"发展战略以及改革开放后依据中国的资源禀赋优势发展起来的劳动密集型产业使中国的产业结构严重依赖第二产业部门特别是制造业的发展，形成主要以生产要素投入的不断增加实现经济增长的模式。虽然近几年来经济学家和政府一直强调改变经济增长模式，然而成效有

限。形成中国制造业部门刚性结构的一个原因是随着中国资本积累速度的不断加快和要素禀赋结构的变化,资本密集型产业如钢铁、汽车制造、重型机器制造等产业在近几年的经济增长中成为支柱产业。此外巨大的劳动力供给的存在(其中有很大一部分仍为低技术含量者),特别是在中国的第三产业仍然比较落后的情况下,国家必须保持足够多的劳动密集型产业部门,其结果是资本和资源密集型产业与劳动密集型产业共同成为国民经济的支柱产业。然而中国是一个资源相对贫乏的国家(以人均资源禀赋计算),特别是经过自1949年以来持续地以资源投入为主导的粗放型的经济扩张后,经济增长赖以为继的资源储量已处处亮起红灯,仅以石油的供给与消费缺口为例,从表1-7所示的结果看供给缺口的逐年扩大是一个不争的事实。在中国现在的资源禀赋条件下,依赖国际市场来满足经济增长所需的能源投入是一种选择,而更为长久和可靠的选择则是通过国际直接投资的方式。因而资源导向型的对外投资注定从中国政府制定"走出去"战略时就成为中国政府鼓励对外投资的一个重要动机。

表1-7　中国石油的总生产与总消费、人均消费量、缺口与变化

(2000~2006年)　　　　　　　　　单位:百万吨

年份	产量	消费	缺口(P-C)	变化(%)	人均消费(吨)
2000	16.30	22.44	6.14	—	0.177
2001	16.40	22.84	6.44	5.2	0.179
2002	16.70	24.78	8.08	25.4	0.193
2003	16.96	27.13	10.17	25.9	0.210
2004	17.59	31.70	14.11	38.7	0.244
2005	18.14	32.54	14.40	2.1	0.249
2006	18.48	34.88	16.40	13.9	0.265

资料来源:国家统计局,http://www.stats.gov.cn。

然而由资源驱动的中国企业的对外投资与其他一些国家特别是发达国家企业的资源投资动机有所不同,其一是中国的资源开采投资被纳入国家层面的发展战略中,而不同于简单的受资源禀赋驱使的经济行为;其二是中国企业在资源领域的对外投资并不服务于第三国市场,因而投资项目所获矿物产品完全用来满足国内经济发展的需要。

2. 通过对外投资实现宏观经济调控目标

中国企业的对外投资由于政府的一系列鼓励政策从2000年开始一改过去10年低迷徘徊的局面,形成有力的增长势头,从2000年的10亿美元大幅度增至

2007年的265.1亿美元的水平，超过2000年以前的总和，其真正高涨始于2004年以后（见图1-3）。高增长背后的一个重要原因在于我国资金实力的增长，特别是人民币的升值和中国外汇储备的不断增加。

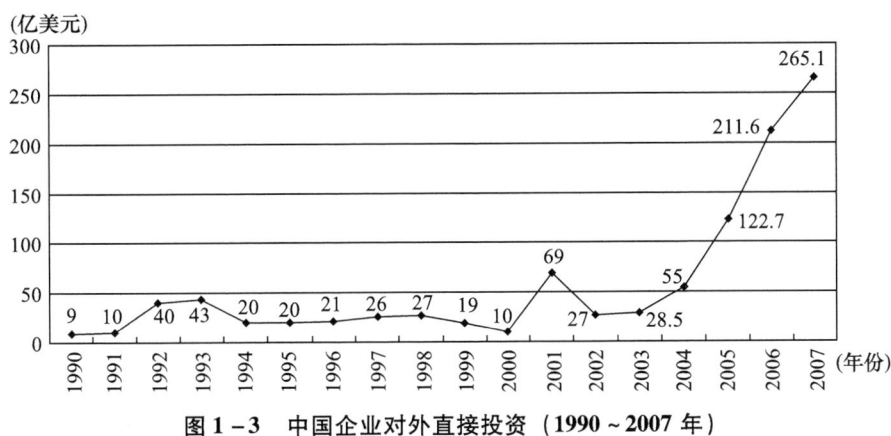

图1-3 中国企业对外直接投资（1990~2007年）

资料来源：世界投资报告（UNCTAD，1990~2001年），商务部（2002~2008年）。

中国的外汇储备到2007年已经到达15282亿美元，是2003年的3.79倍。中国快速增长的外汇储备的负面效应早在20世纪90年代末就受到一些学者的关注（当时讨论的重点主要在于外汇储备的合理规模），然而直到2005~2006年才成为公开讨论的话题。保持庞大的外汇储备虽然对于保证金融安全具有重要的作用，然而却会产生经济上的低效益并给国家的宏观经济调控带来压力，例如，对本币升值的压力，造成中国出口产品竞争力的下降；增加流动性，造成通货膨胀压力，如2007~2008年上半年；降低资源的使用效率，如外汇储备已经大大超出国际公认的偿付长短期外债的需要等。

如何有效地利用庞大的外汇储备一直是人们关注的话题。通过加大对外投资的力度来提高外汇储备的使用效率在近几年终于成为政府除购买美国国债以外的另一个重要选择，同时也标志着由政府主导的"走出去"战略走向的改变。这一变化的主要特点在于，2007年以前政府更侧重对"走出去"战略的主体——企业给予政策上的支持，但并不直接参与对外直接投资的活动，然而2007年成立的第一家中国主权投资基金——中国投资公司则标志着政府开始以对外投资的方式直接参与和组织对外投资活动，以提高外汇储备的使用效率。另外一项重要举措就是在发展中国家建立由政府主导的经济与贸易合作区域，加大国有和民营企业对发展中国家投资的力度，目前已经建立了8个这样的区域，另有50个在筹建中。

二、大型国有企业对外投资动机的演变

1. 资源驱动型的投资

从20世纪70年代末开始,中国国有企业对外投资的一个主要动机就是获取资源。在中国与资源开采相关的生产由少数大型国有企业垄断,由于其规模与资金实力使其自然成为资源型对外投资的主角。2007年世界投资报告总结资源采掘业的特点时提出三点:第一,采掘业属于资本密集型和高风险型行业;第二,矿产资源开采可引发重大的环境和社会影响;第三,矿产资源如石油、天然气等对投资国来说属于战略性物资。因此从事此类投资的企业必须财力雄厚且具有管理和应对高风险和处理各种突发事件的能力。

从中国改革开放后开始的资源获取型的投资更多的是出于国内资源储量的不断减少和随之而来的产能的不断下降,从这个意义上说尽管从事资源类投资的企业是国有大型企业,但是企业的对外投资更多出于自身的经济利益,而非政府政策的驱动。然而自20世纪90年代末开始,随着"走出去"战略的实施,资源获取型企业的对外投资与国家的发展战略、能源战略相一致,因而赢得了更多政府的支持,其结果是对石油、天然气、铁矿和其他矿产资源的投资大幅度增长,如图1-4所示,20世纪90年代末对资源投资有一个显著的增长,之后资源投资成为我国大中型企业对外投资的一个重要组成部分。

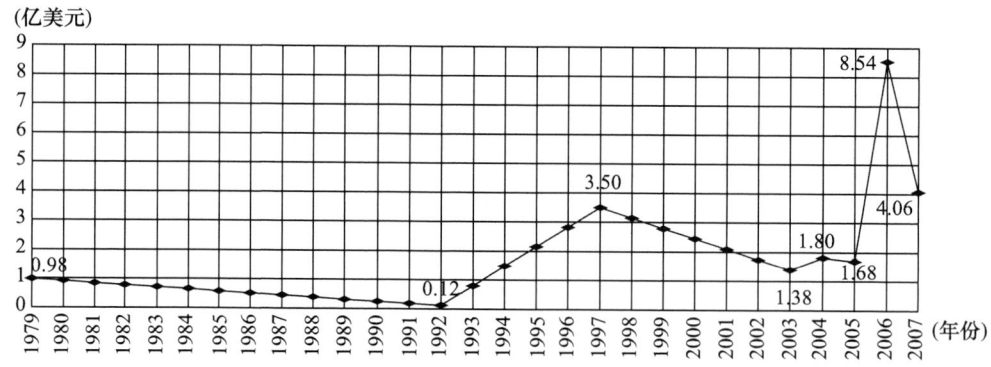

图1-4 中国在矿产资源开采的对外投资

资料来源:商务部历年数据。

2. 多样化的对外投资动机

自20世纪80年代末以来,技术获取成为大中型国有企业对外投资的一个重要动因,技术获取首先发生在炼钢及其制品领域,主要是为了满足重工业发展的需要,随后发生家电和电子产品以及信息产业的技术获取。技术获取成为驱动大中型企业在上述领域对外投资的重要原因是国内市场上竞争加剧的结果,如20世纪90年代以来由于家电与电子产品竞争的不断加剧,具有资金实力的大型制造商转向发达国家通过直接投资的方式获取技术,以保持自己在这些领域的市场份额和领先地位。

21世纪初的开启标志着中国大中型国有企业对外投资动机的多样性变化,主要通过融资方式和企业进入方式体现出来。自20世纪90年代末以来,一些有影响的大型国有企业在国际股票市场上实现了融资渠道的多样化。由于资金实力的不断增长和政府的支持,大型国有企业有能力实现对外投资动机的多样化和向着更接近发达国家企业对外投资的模式发展,即从单纯的资源获取型向战略资产导向型、技术和管理专利获取型等多样化动机发展。在20世纪80年代和20世纪90年代,绿地投资是中国企业对外投资的主要进入方式,然而从2003年以来,跨国并购与股权置换逐渐成为中国企业进入东道国的一种重要方式。跨境并购案例和金额的增加标志着中国企业在国际对外直接投资领域竞争力和实力的增长,也标志着中国企业的对外投资具有了发达国家对外投资的特征(见图1-5)。在近几年发生的联想于2004年12月以12.5亿美元收购IBM全球PC业务和上海汽车工业公司2005年以6700万英镑收购英国罗孚25和75两个新车型的开发权和全系列发动机的知识产权等便是最著名和最有代表性的案例。

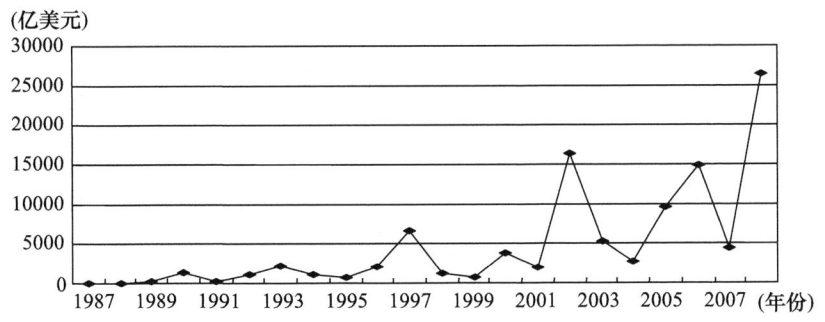

图1-5 中国企业跨境并购收购金额(1987~2008年)

注:(1)统计数据只包括并购企业金额达到10%以上的案例。
(2)2008年数据截至上半年。
资料来源:UNCTAD,跨境兼并与收购数据库,http://www.unctad.org/fdistatistices.

三、中小企业对外投资动机的演变

2007年，中国对外投资统计公报显示，中国在制造业的对外投资无论从流量和存量上看虽然只占对外总投资额的8%，然而在这个领域从事投资的企业却占到总数的近一半，达到45.5%。这些企业主要是中国的中小企业。中小企业的对外投资主要集中在制造业领域，特别是以劳动密集型技术为主的制造业行业如家用电器、纺织服装、机械制造、对外工程承包、轻工织品等。一个显而易见的事实是这些行业也是我国出口具有竞争优势的产业。我国的中小企业面对国内的巨大市场、最丰富的劳动力资源，为什么还要走出去呢？其原因既有中国国内因素，同时也是外部因素作用的结果。具体分析原因如下：

1. 市场实现问题

自从我国改革开放以后，企业由于内在需求的驱使走向海外，这一内生主导型的对外投资行为发生的原因首先是市场实现问题。企业生产的产品最终需通过市场来实现其价值，当企业在国内有比较宽松的发展空间时一般没有走国际化经营道路的强大动力。我国实行改革开放后国内巨大的生产潜力得到释放，一般说来只要有合适的技术，产量便可以迅速提高。工业生产产值突飞猛进，整个社会的产出量迅速增加，到20世纪90年代初有些行业开始出现生产能力的严重过剩。根据《中国工业投资报告1999》提供的情况，我国自20世纪90年代初期开始出现纺织行业和家用电器行业的工业生产能力过剩；20世纪90年代中期开始出现从生产资料工业到消费资料工业的全面过剩。据国内贸易部估算，1996年下半年供求基本平衡和供大于求的商品占商品总量的93.8%，供不应求的只占6.2%，总体上供大于求。又据第三次全国工业普查的结果显示，我国有近500种产品的生产能力利用率在60%以下。这些数据都标志着我国的市场结构发生了重大的变化，即由卖方市场转变为买方市场。供过于求的产品主要集中于纺织品、服装、自行车、鞋类、家用电器和民用机械等劳动力密集型产品。

买方市场的出现和发展意味着消费者对日益增多的商品的选择性大大增强，但对生产者则要求其生产出质量更优、科技含量更高的产品，以提高市场竞争力。生产能力严重过剩在市场上的表现是残酷的价格竞争，此起彼伏的价格大战归根结底是对有限的市场需求的争夺。微薄的利润使一些企业必须开辟新的市场以满足现有生产能力和进一步发展的需要。事实上在20世纪80年代和20世纪90年代为拓展海外市场和因为国内市场竞争压力大而选择境外加工贸易方式的企业占到总数的61.6%（李钢，2000）。可见国内市场生存空间的挤压是企业积极从事对外投资的内在原因和主要动力。

2. 规避贸易摩擦，实现国内生产的国外延伸

中国生产能力过剩导致的剧烈市场竞争已蔓延到我国传统的出口市场，并且遭遇越来越大的反倾销调查压力。而发展对外直接投资，在靠近市场的地方建立生产基地，既可以从市场不断获得信息，改进产品性能，又可以缓解国内生产过剩和开工不足的矛盾。但是一个企业在决定是否进行国际直接投资的时候，还要与进行国际贸易和技术转让的成本进行比较以确定哪一种国际经营方式更符合企业的利益。我国由于科技水平的限制以技术转让的方式参与国际经营的项目极少，因而由于技术转让带来的技术信息流失的现象不具有代表性。下面仅就对外直接投资与国际贸易间的成本进行比较。西尔施（Seev Hirsch）在"厂商的国际贸易和国际投资"一文中，从成本的角度建立了企业对出口贸易和对外投资的决策模型：以A国企业为例，企业对B国的出口或直接投资取决于以下条件：

如果 $Pa + M < Pb + K$；且 $Pa + M < Pb + C$，则选择向B国出口。

如果 $Pb + C < Pb + K$；且 $Pb + C < Pa + M$，则向B国直接投资。

在模型中：Pa，Pb为A国和B国的生产成本；K为企业专门知识，无形资产收益；M为出口销售成本超过国内销售成本的差额；C为管理和协调国外经营活动的额外成本。

模型的基本含义为当企业的国内生产成本与出口销售成本之和小于国外生产成本与额外协调成本之和，并且小于国外生产成本与技术丧失成本之和时，企业将选择出口贸易的方式参与国际经营；当国外生产成本与额外协调成本之和小于国内生产成本与技术丧失成本之和时，企业选择对外投资的方式参与国际经营。

中国的家电、轻工和纺织服装行业历来是我国出口的主要支柱，这说明我国对外投资的行业同时也是对外贸易具有竞争力的行业，这种现象似乎造成出口与投资之间的相互竞争局面，因为在生产要素的国际移动与商品的国际贸易之间存在着互补和替代关系：当生产要素（商品）价格变动方向与商品贸易量（要素流动量）的变动方向相同时，两者之间存在着相互替代关系，显然这种关系会导致两者互相竞争挤占市场。然而按照西尔施的模型从成本比较的角度进行分析之后可以看出，我国一些产业在国内的生产成本与出口销售成本之和正在不断增加。这两项成本不断增加的原因主要是由于我国的贸易结构与周边国家相类似，在人民币不断升值而周边国家在亚洲金融危机中货币大幅度贬值之后，我国同类产品的竞争力大大下降。同时我国主要的出口沿海省市的外贸比较利益变化很大，劳动力和资源优势在不断下降，例如，江苏省就是由于这种压力开始境外加工贸易最早的省份之一。南京金城集团在这种背景下开始在巴基斯坦设立摩托车

生产装配线，并在巴基斯坦投资成功的基础上又将装配线扩展到伊朗、孟加拉、阿根廷、巴西、尼日利亚、越南、菲律宾，取得了相当大的规模和良好的经济效益。

此外产品输入国的贸易保护行为，其各种有形和无形的贸易壁垒也加大了产品输出的成本，如众多针对中国的反倾销措施和配额限制等。据世界贸易组织统计，20世纪80年代我国遭受的反倾销案件年均6.5起，而20世纪90年代后期年均增加至30.5起，2001年则达到创纪录的67起。截至目前，国外对我国共实施了552起反倾销案件，总数居世界各国之首，占世界反倾销案件总量的比重已由20世纪80年代的3.6%增至14%左右。事实上目前不仅是发达国家将我国作为主要的反倾销对象，越来越多的发展中国家对我国出口产品的反倾销立案数量也在逐年增加。

与不断上升的国内生产成本和出口销售成本之和相对照的是国外生产成本和额外协调成本之和以及技术丧失的成本。从我国集中进行生产和贸易加工的国家和地区来看，96%以上集中在亚、非、拉广大的发展中国家和地区，这使国外生产成本与国内相比不会产生很大的差距，而管理和协调国外经营活动所产生的额外成本也由于绕开了各种壁垒和通过实行本土化而有所降低。事实上我国在境外从事加工和生产项目的成本大多数都低于在国内生产的综合成本。对于家用电器等生产的一般技术，由于已经处于标准化阶段，技术丧失的成本也大大降低，况且采用直接投资的方式还可以有效地保持技术于企业内部。例如，南非的税率很高，依靠贸易形式很难进入其市场，而采用加工贸易方式生产电视机、VCD、洗衣机、灯泡、机床、汽车和服装等则在南非市场上取得了很大的突破。上海企业在墨西哥投资建立的服装厂、纺织厂和缝纫机厂可以按照原产地协议享受北美自由贸易协定的税收优惠。

中国中小企业通过对外投资的方式实现了多重目标：缓解了国内劳动密集型产品生产的竞争压力；延长了标准化技术的生命周期；通过技术获取实现产业结构升级与重组；规避贸易保护主义对中国出口产品的抵制。

四、规避全球性金融风险

2008年美国的次贷危机演变成为全球性金融危机。随着金融风暴的蔓延实体经济也受到严重冲击，生产和消费都在萎缩。受外部需求下降的影响中国的外向型经济发展方式受到危机的冲击，产品出口大幅度下降，大批外向型企业的生存受到威胁。

当危机来临时,企业的应对策略不外乎是收缩防守或寻机扩张。而寻求海外发展是企业应对危机的一个选择。目前大力推进企业的对外投资具有几项有利条件,首先在各国政府不得不纷纷采取救市措施以增加流动性,拯救本国经济的时候,中国位居世界第一的外汇储备成为各国关注的焦点。中国的外汇储备将向何处去?在美国国债价值不确定,而美元贬值预期不断增加的时候,一个重要的考虑可以是国际直接投资。中国通过促进对外投资的方式既可以帮助东道国解决流动性不足的问题,促进东道国的经济复苏,进一步提高中国作为一个负责任大国的声誉,同时也可以使我国外汇储备的投向多样化,提高资金的使用效率。

其次,人民币持续走强。自2005年汇率改革以来,人民币累计升值20%左右。而金融危机时期受金融危机打击严重的国家资产价值下降,以兼并和收购或资产互换方式收购这些国家的资产可以降低本币升值带来的负面影响,获得以往我国企业希望收购但又收购不了的资产,提高资金的使用效益。

再次,一些拥有一定技术但不具有品牌优势的企业以往受到国外企业的歧视,得不到国外投资生产的机会,然而在金融危机爆发后中国企业物美价廉的技术受到欢迎,因而获得了更多国外投资的机会。

最后,根据世界银行国际金融公司的研究报告,在1999~2004年的5年中国的对外投资已经带动了762亿美元的货物出口。因此通过对外投资可以达到带动国内企业的生产,促进国内经济发展的目的。

企业对外投资的动机应当与其目的相一致。金融危机中酝酿着机遇。对于希望在国际舞台大显身手的中国企业,应当借此危机提供的机遇拓展国外市场,进行资源优化配置,实施能源安全战略,提升产业结构,促进我国经济持续快速的发展。

本文发表于《国际经济合作》,2009年4月。

中篇

中国企业对外直接投资的风险研究

中国企业在20世纪90年代至2003年对外直接投资金额一直在50亿美元以下徘徊，其规模与发展速度一直处于低潮，因此国内外对中国企业对外投资持相当的怀疑态度，国内学界在国际直接投资领域的研究也主要集中于外国企业对中国的投资。在中国政府积极推进"走出去"战略努力下，中国企业的对外直接投资渐成趋势，形成规模，特别是到2004年中国企业对外直接投资实现重要转折，成为具有标志性意义的一年，因为从这一年开始中国企业对外投资形成持续的上扬趋势，逐渐成长为国际直接投资领域的一个强有力的竞争者，并从这一领域的配角成为令人瞩目的主导者之一。据此，中国企业在国际直接投资领域的地位真正确立。然而作为国际直接投资领域的一个新兵和一个后来者，中国企业对外直接投资的发展历程绝非一帆风顺，其存在的各类风险成为企业实现对外投资目标的最主要障碍，由此引发的各种教训令人深思。提高风险防范意识、认识风险来源、及早预防各类风险、妥善处理风险造成的损失等内容成为这个阶段研究中国企业对外直接投资的重大命题。

在2004年中航油新加坡公司巨额亏损事件曝光后，笔者发表了"中国企业对外投资的风险管理"一文，成为国内较早研究中国企业对外投资风险管理的成果，引领了在该领域的研究工作。之后笔者又发表多篇论文论述中国企业对外投资风险，包括中国石油矿产资源对外投资风险理论与实践、金融危机时期企业对外投资风险等，特别提出了中国企业对外投资风险管理模式和具有中国特色的"意识形态风险"概念，并且于2011年发表了专著《中国企业对外直接投资风险论》。笔者在所发表的论文和专著中分析论述了中国企业对外投资的风险来源，特别是中国特色的风险来源，提出了一个可行的风险管理方式，建立了风险评估模型，并将其应用于中国企业对外直接投资的主要国家和地区的风险实证比对研究中。本部分收录了5篇中国企业对外直接投资的主要研究成果，其中"'一带一路'背景下中国对中亚五国直接投资的风险比较研究"为最新的研究成果。

中国企业对外投资的风险管理

一、中航油事件的启示

2004年11月底,一个被誉为"走出去"棋盘上"过河尖兵"的明星国有企业——中航油新加坡公司爆出了5.54亿美元巨额亏损的丑闻,该事件虽然已经过去多年,但它留给我们的思考却意味深长。中航油巨额亏损的直接原因在于公司从事石油衍生产品交易,其本身就是具有巨大风险的一项投机交易,然而亏损的深层原因并非完全在于交易本身所具有的风险,事实上更大的风险是管理机制的不完善,特别是有效的风险管理机制的缺失,才使原本属于隐性的风险成为必然发生的风险。

目前国内对中国企业对外投资的现状、理论、政策等方面进行了探讨,但是对中国企业对外投资风险的研究却十分有限,特别是对具有中国特色的风险研究缺乏。然而对风险的有效管理恰恰是中国企业对外投资成功的最基本前提,是企业"走出去"的第一步。为了更好地实施"走出去"战略,防范企业对外投资的风险,本文拟从风险管理的角度提出一个具有普遍意义的风险管理模式,该模式的建立既考虑了国际上通用的风险评估要素,同时也结合了我国的国情。

二、风险管理的一般模型

风险是指人类在社会活动中,由于各种无法预料因素的影响,其期望目标与实际状况之间产生差异，从而给人们的利益造成损失的可能性。风险是一种客观存在，虽然其是否发生和损失的大小往往事先难以测定，但是人们通过有效的防范机制可以达到消除和降低风险的目的。在全球的商业竞争中，"成功取决于速度，也取决于稳健"（Pamela Shimell，2002），风险管理从本质上说即是取得这两者之间的平衡。意欲走上国际投资道路的中国企业在积极开拓新的投资领域时，首先需要建立一个涵盖主要风险的管理模式和防范机制，为企业的海外投资建立一个相对稳定的平台。

风险管理模式所包含的内容因企业的经营内容与范围和企业投资的区域而异，但无论何种模式都有一定的共性，这使建立一个具有普遍适用原则的模型成为可能。传统的国际投资风险管理模式主要包括风险类型、风险评价与风险处置。然而必须认识到风险管理模式是一个动态的模式，在普遍中存在着特殊性和时代性。在世界经济进入信息化社会后，由于信息传播的速度提高，范围加大而成本降低，风险发生的概率不是降低，而是大大提高了。这看似矛盾的现象正说明在信息化社会，人们一定要根据形势的变化而变化，否则将会陷入风险之中。这正如哲学家赫拉克利特（Heraclitus）的"河流反论"所揭示的，尽管一条河流看似与前日完全一样，但人们进入河中会发现今日之河绝非昨日之河。英国研究风险管理的学者帕梅拉·希美尔（Pamela Shimell）针对信息化时代提出的全球风险管理模型（见图2-1）即在传统的管理模型上加入了信息管理和企业调整变动两大要素。

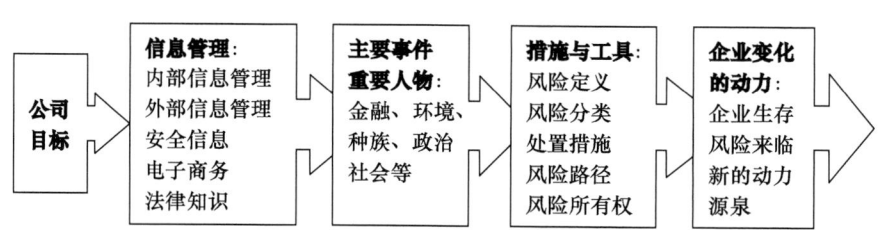

图 2-1 帕梅拉·希美尔的全球风险管理模式

从中国企业对外投资实际发生的风险来看，存在着共性风险和特性风险，即一般企业都可能遇到的风险和与他国企业不同的风险。中国企业的对外投资是前所未有的，因此具有中国特色的风险既存在于企业的内部，又存在于东道国中。在综合分析的基础上，按照实用和易操作原则，并且针对我国的实际情况，对外投资企业的风险管理模式应当主要包括如下方面，如图2-2所示。

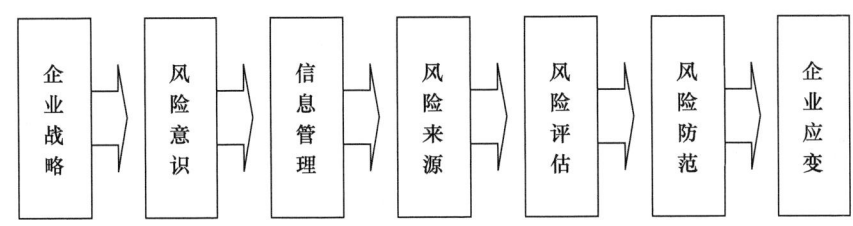

图 2-2 我国企业对外投资风险管理模式

该风险管理模式共包括 7 个环节，每个环节都包含丰富的内容。本文将有重点地介绍一些环节，即风险意识、信息管理、风险来源、风险评估和风险防范。

三、风险意识与信息管理

世界经济全球化和一体化的发展与深化，要求我国企业积极主动地融入世界经济体系中，利用全球资源和世界市场发展经济。为实现此目的，许多中国企业都将全球化发展战略纳入企业发展的战略目标中。目前我国许多企业由于自身发展的需要和国家政策的鼓励，对外投资的意识已经大大加强，积极走上了跨国经营的道路。然而投资有风险，特别是对外投资，由于各种不确定性因素大幅度增加，风险自然也相应地增加。但是遗憾的是，许多企业在积极筹备对外投资事宜时并未将风险防范当作必做的重要功课加以重视。这种漠视态度表现为普遍缺少专门的风险研究机制和风险管理机制，决策依赖经验和主观判断，忽略对相关信息的采集与分析。

海外的企业遭受的风险，仅以中国某工程公司在加蓬的一个建设项目为例。当该项目主体工程完工后，公司随即解雇了大批当地雇用的"临时工"，此举却遭到被解雇工人的强烈抗议，工人们举行了罢工并要求中方赔偿，双方为此对簿公堂，判决结果是中方败诉，公司为此支付了大笔的失业补贴，其总数相当于已向工人们支付的工资总额。我方败诉的原因是违反了加蓬的劳动法。根据该法令，一名临时工如果持续工作一周以上便自动转为长期工，因此他有权获得足够维持 2 个妻子和 3 个孩子生活的工资及交通和失业补贴；一名非熟练工人如果连续工作 3 个月以上，则自动转为技术工，工人的工资也会随之提高。而我国公司管理人员按照国内形成的对临时工和技工的规则来处理加蓬的情况，导致企业的高额损失。加蓬案例的教训是企业管理者在国内长期的经济活动中形成的意识和观念在国外新的环境中必须重新调整，如此才能降低国外经营的风险。在新的环境中一切都在变化,因此中国企业管理者必须强化对外投资的风险意识,并将此作为风险管理的第一步。风险意识虽然不是风险管理的实质性部分,但却是风险管理的源头。

风险管理的实质性步骤始于信息管理,其原因在于信息是一种有价值的商品,它具有降低不确定性因素的力量。信息管理包括信息收集、信息分类、信息分析和信息应用。信息收集分为三大类,即宏观信息,包括东道国的政治经济形势、政府的宏观经济政策、国家的法令法规等;微观信息,包括企业的资信、生产、销售、市场、竞争对手等;文化信息,包括宗教、历史、习俗爱好、文化传统等。

信息调研可以降低成本,对此 TCL 集团的李东生深有感触。TCL 收购德国施耐德之后才发现该公司面临着法律纠纷,因此 TCL 不得不耗费大量的资源先解决公司的法律纠纷,而如果在收购前先到有关的中介公司进行信息调研,这种情况是完全可以避免的。有价值的信息对降低风险的作用不言而喻,然而我国的企业管理者却不愿意对收集信息做必要的投入,其原因首先在于某些管理者缺少对各种文化、消费者喜好和市场需求差异的敏感性。其次在于他们对其他国家不同环境的认知度有限。投资者们常常对他国的各种差异认识不足,因而也不准备接受与本国完全不同的投资法规、劳动法规、销售体制、媒介渠道和广告宣传的法规,等等。有些经理人则是迫于满足短期的经济目标不愿花费资金和精力去寻找本国与外国的不同点,认为国内和国际范围的数据调研是一项成本极高的投资,与所得到的投资回报相比显得不值得和没有必要。再次是因为不熟悉国内和国际上获取数据的渠道和信息来源,有时即便得到了国际上的数据资料也不知如何使用。最后一个原因仅仅是由于某些管理者的惰性和碰运气的思想在作祟,这类人常常以他们在一个国家的经验来套用他国的情况,或者是以某个公司的情况来替代有组织的调研。采集信息其实并非都需要实地考察来获取第一手资料,很多情况下间接的和二手资料都是十分有价值的信息,然而在信息采集中必须强调的是信息来源的可靠性。信息来源不可靠非但不能降低风险,反而成为风险发生的一个重要来源。

采集信息的目的是使用信息。信息的主要用途是解决问题和制订战略计划。国际投资过程中存在着诸多公开的和非公开的问题,这些问题如果不被及时发现并且得不到及时解决的话就可能酿成更大的隐患。通过可靠的信息可以揭示被掩盖的问题,同时有助于决策者提出建设性的解决方案,防止高代价的错误发生。战略策划是对信息的间接应用,但却是企业对信息最重要的应用。信息是制定企业投资计划的最基本的部分,也是减少对未知世界不确定性因素影响的最有效工具。

四、风险来源

鉴别和确定风险来源是风险管理中重要的一环。只有明确风险的来龙去脉才能有的放矢地采取相应的对策。对风险来源的分类,一种方式是将其分为商业风险、政治风险和文化风险三大类;另一种方式是将其分为宏观风险和微观风险,本文又分别将其称为外生风险和内生风险。分析中以第一种方式为主,以第二种方式为辅。

商业风险。商业风险又称为经济风险,它包括自然风险、外汇风险、利率风险和经营风险。自然风险是由于意外的自然灾害和自然环境的突变所引起的实际收益偏离预期收益的可能性,其具有突发性和不可预测性的特点;汇率风险又称为外汇风险,是对外投资活动中由于各种货币间汇率的变动给投资者带来的损失,它主要有如下3个方面的表现:外汇买卖风险、外汇交易风险和会计结算风险;利率风险则是由于各国存贷款利率的变动给跨国投资者带来投资降低或收益发生损失的可能性,它主要表现在资本的筹集和运用的过程中,如借款利率风险和发行债券利率风险。以上3种风险都属于外生风险。经营风险是企业在国际投资活动中,由于企业自身的经营问题而导致的风险,属于内生风险。此类风险包括内部财务风险、价格风险、销售风险、技术风险、信用风险、决策风险、环保风险和品牌与信誉风险。经营风险主要是企业管理者由于内部经营管理不善造成的,如果加强管理,此类风险的可控性较大。在以往的对外投资风险管理中,商业风险所带来的损失比较直接,因此受到普遍的关注和研究。

政治风险。政治风险又称为国家政治风险,指由于东道国的政局变动以及所采取的政治性措施变化使跨国公司所蒙受的损失或实际收入偏离预期收入的可能性。政治风险一般不易预测,一旦出现往往损失很大,它主要包括东道国政策和法律所产生的风险、战争风险和国有化风险等。然而对于中国企业来说,除了以上所提的一般的政治风险外,由于许多中国企业的国有化性质,东道国特别是西方一些国家对中国企业在该国的投资又有不同的政策和态度,这些对中国企业构成了新的投资风险,或曰意识形态风险。

例如,2004年加拿大某报纸就中国五矿公司欲收购加拿大 Brascan 公司所属的诺兰达(Noranda)发表的评论文章呼吁加拿大政府必须严密监控这一金额达到70亿美元的收购行动,其原因就在于五矿公司是国有企业,而他们认为中国的国有企业是为政府政策服务的,因而在某些问题上代表着政府的利益。该评论文章担心如果中国的国有企业成为当地的老板,势必以就业为砝码给加拿大政府施加政治压力,此举所带来的政治风险要大于经济风险,因此加拿大政府负责投资的机构有责任确保外国投资带来的总体效益是正效益。基于同样的原因,当联想收购IBM公司个人电脑业务时,美国政府部门也对这一收购行为是否对美国国家安全构成威胁进行了专门的审查。美国所具有的浓重的意识形态方面的偏见甚至被一些著名公司,如戴尔公司推销员利用作为争夺联想客户的手段。对于此类专门针对中国企业的对策和行为,我国企业必须有高度的警惕。

在一般的投资实践中政治风险因素都存在于东道国,然而中国企业对外投资的实践表明政治风险因素也存在于投资母国,这也是具有中国特色的政治风险。此类风险首先源自政府的投资鼓励政策。应当说政府的投资鼓励政策本身没有问题,风险在于某些政策的执行者,包括各级政府领导和国有企业领导,他们将极具风险的对外投资行为按照政策指令来贯彻,以惯用的"运动"方式来处理,因而忽略了对外投资的风险防范,构成了企业对外投资风险的新来源。

除了商业风险和政治风险外,在国际投资中还有一类重要的但往往被忽视的风险来源,即文化风险。对外投资虽然主要表现为资本在国际的流动,但同时也必然伴随着不同文化的交流、融合和碰撞,文化背景不同导致国际投资活动受挫的事例屡见不鲜。由于人们的价值取向不同,必然导致不同文化背景的人采取不同的行为方式,而在同一公司内部,就会产生文化摩擦,跨国经营的风险也会随之而产生。随着跨国公司经营区位的多元化和员工国籍的多元化,这种风险的存在可能会影响对外投资企业的管理效率、协调发展和经营战略的实施。

产生文化摩擦的深层原因主要有种族优越感、以自我为中心的管理方式和沟通误会。对于中国企业来说,由于种族优越感造成的摩擦不是主要问题,但是要特别重视以自我为中心的管理方式和沟通不利带来的风险。我国企业的管理层不仅应当具备在本土经营和管理公司的能力,而且还应具备在不同文化环境中从事综合管理的能力,如果片面地以自我为中心,死守教条,不知变通,就会导致管理上的失败。造成沟通误会的原因主要是在人际和群体之间交流和传递信息的过程中,由于许多沟通障碍的存在,例如,人们对于时间、空间、事物、友谊、风俗习惯、价值观等的不同认识,造成了沟通的难度,导致沟通误会,甚至演变为文化冲突。文化冲突对于"走出去"企业的经营活动的影响是多方面的,因而风险也是多方面的。文化冲突会影响企业经营管理者与当地员工之间的和谐关系,产生非理性反应。文化冲突还会导致企业市场机会的损失和组织机构的低效率,使企业全球战略的实施陷入困境。

在投资风险的构成要素中,东道国的社会文化环境带来的风险是一种内生风险,从短期来看,一般不会对外国投资者产生直接的或根本的影响,但从长远来看,仍会对外国投资者产生间接的、潜在的和广泛的影响,特别是对于那些忽略文化影响的管理者来说,文化风险则可能演变成为一个重要的风险来源。

五、风险评估

评估企业对外投资可能遇到的风险是为企业管理者提供决策的直接依据,是风险管理中的关键因素。目前国际国内针对风险的种类提出了不同的评估方法。一般说来由于商业风险比较直观,易于量化,因此多采用统计学方法估计风险发生的概率以及风险可能造成的损失。例如,分析风险发生概率和损失的概率分布法,包括阶梯长方形分布、离散分布、正态分布、对数正态分布等;根据过去和未来的经验与估计以及与其他类似地区情况比较测算的外推法,包括前推法、后推法和旁推法。

对政治、经济和文化风险的评估也可以采用综合定量评估的方法,特别是对某国或某几个国家进行综合风险评估时这种方法是一种简明有效的方法。该方法使用的第一步是先确定风险评估值范围。假定该评估值范围为1~5,1为最低风险值,5为最高风险值,风险程度随着风险值的升高而提高。第二步,按照商业、政治和文化风险因素的重要程度确定总权数以及每一大类中分类风险因素的分类权数。例如,某国政治风险的影响大于经济和文化风险,占总风险的权重为60%,经济风险占30%,文化风险占10%。在所确定的该国4个政治风险因素中,每个因素分别占60%、20%、10%和10%。第三步,计算各风险因素的风险值与其相应权数的乘积并加总,即得出该投资项目的商业、政治和文化风险的总评估值。下面举例说明。

假设我国某工程公司打算到非洲某国进行一项项目投资,经过信息收集和分析整理后,确认在该国影响施工的三大类风险因素中,政治风险因素主要有:A政治局势的稳定;B自然灾害;C该国对投资方的态度;D该国与邻国的政治关系。经济风险因素主要有:A国家还贷能力;B利率和汇率变动;C企业内部财务管理;D同行的低价竞争。文化风险因素主要有:A中国管理层与当地雇员的关系;B当地的宗教习俗;C语言交流障碍。根据这些风险因素绘出风险图(见图2-3)。

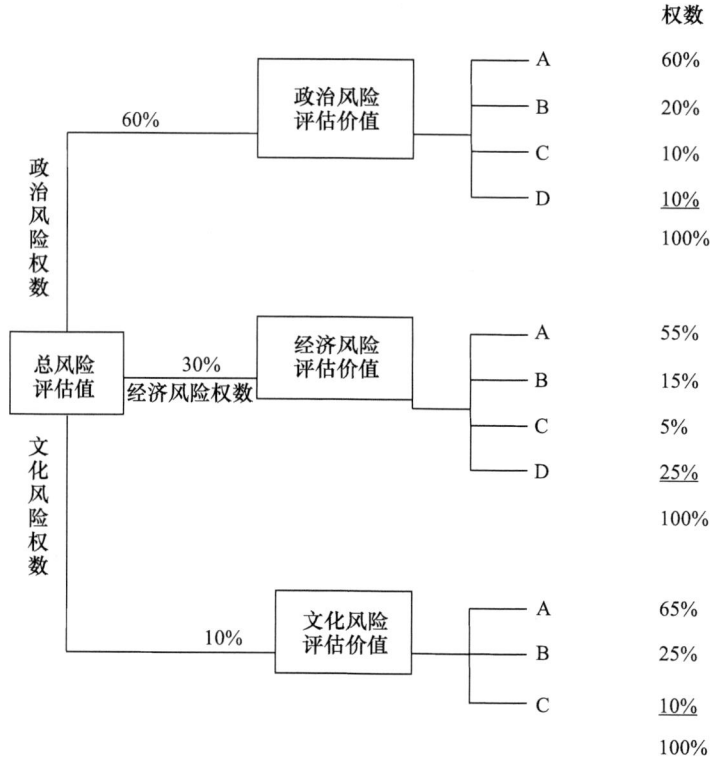

图 2-3　各种风险因素对总风险的影响权数

图 2-3 中所列出的风险因素应当根据投资国家和项目的不同而发生变化，且在实际的风险评估中，应考虑的风险因素很多，这里只举几个例子。接下来是对各风险因素进行风险评估值测算，再赋予权数后计算出最终的评估值如表 2-1 所示。

表 2-1　投资风险计算

(1)	(2) 评估值（取值域 1~5）	(3) 赋予权数（%）	(4) = (2) × (3) 加权后的评估值
政治风险因素			
A	2.5	60	1.5
B	3	20	0.6
C	4	10	0.4
D	3	10	0.3
合计			2.8

续表

(1)	(2) 评估值（取值域1~5）	(3) 赋予权数（%）	(4) = (2) × (3) 加权后的评估值
经济风险因素			
A	1.5	55	0.825
B	4	15	0.6
C	2	5	0.1
D	4	25	1.0
合计			2.525
文化风险因素			
A	3	65	1.95
B	2	25	0.5
C	1	10	0.1
合计			2.55
风险类别	风险评估值	赋予权数	加权后评估值
政治风险	2.8	60	1.68
经济风险	2.525	30	0.76
文化风险	2.55	10	0.255
总风险评估值			2.695

从表2-1的计算结果可以得出如下结论：在该国三大投资风险中，文化风险值为2.55，因而风险最低；政治风险值为2.8，因而风险最高；经济风险处于两者之间。由此可以得出结论，该国的政治状况应得到特别的关注。从总风险评估值来看，该国处在较高风险区域，因为它处于平均值2.5以上。使用总风险评估值可以对几个国家进行横向评估比较，并得出风险最小的最适合投资的国家。

以上评估方式的最大特点是简便易操作，可作为企业对外投资初步评估时使用的方法。对各种风险进行准确的评估是一个技术和知识含量较高的工作，对外投资企业的管理人员除了掌握一些基本的评估方法外，必要时还可寻求专门的咨询机构进行评估。

六、风险防范

风险管理体系建立的最终目标是达到防范风险的目的。对于一般性的商业风险的防范已经有不少可操作的方法措施,如为了防范外汇风险可以采用提前或延期结汇、远期外汇交易、金融交易等方式;对利率风险的防范方法可以采用利率调期、多区域筹款、投资债券市场等方式。然而无论采用何种技术性方法措施,最有效和最及时的防范措施的基础是加强信息的收集、管理和分析并在最快的时间内做出应对决策。

为了达到这一目的,建立一个高效的风险防范应急体系就成为最关键的一环。目前我国企业存在的问题是企业的风险管理体系或是缺失,或是效率不高。效率不高的原因与我国企业管理者已经形成的管理定式有很大的关系。我国企业的管理模式依然是树状的,或典型的金字塔形式,在当今高度信息化社会里,这种管理体系要应对随时出现的风险就显得十分的僵硬、效率低下和缺少灵活性。

企业的管理者应首先改变其管理理念,建立起一个以信息的高效传达为基础的管理体系,这个管理体系所具有的特点应当是信息通畅、反应快速、效率第一。如图2-4所示是对传统的和现代的管理体系的一个比较。

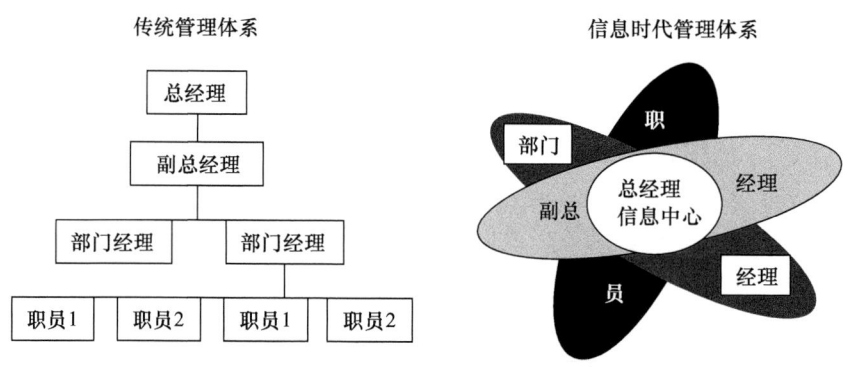

图2-4 传统管理体系和信息时代管理体系对比

传统管理模式的一个最大特点是从上到下的树状式管理模式,这种模式的弱点是一旦某一个环节出现了问题,则该链条中断,造成信息无法上传,上级指示也无法下达。此外,信息传递的快速准确以及各个环节的管理者对于信息重要性的判断都将对最高层领导最终做出正确决策产生影响。因而这个体系本身就存在着一定的风险隐患。在采用金字塔式管理方式的企业，这种风险就更显而易见。

信息时代的管理模式是扁平式的管理体系，这种体系将公司的每个职员都融入到风险管理体系中，而且最重要的是包括每个职员所监测到的风险因素都可以直接到达管理体系的最高层，并经由中央信息分析系统处理完所有信息后向决策层提交一份客观准确的分析报告。这种模式的主要特点是充分体现了新的风险管理体系所具有的"三全"特点，即全方位、全员参与和全公司范围。"全方位"的风险管理体系不应给风险发生留下任何可能的机会，因此该体系应当是全方位的、完善的体系，它应当能监测到所有可能导致风险发生的因素，并且及时快速地上报到决策层。然而风险可能无所不在，范围极广，因此只依赖少数几个专门负责风险管理的人员和决策者是很难做到这一点的，这有赖于下面两个环节的实现。"全员参与"的真正含义在于要让每一个公司职员都知道风险管理体制的存在，它是如何发生作用的以及一旦某一个公司职员发现风险发生的迹象时如何及时有效地传达给有关负责人。"全公司范围"的含义在于风险管理体系应遍及公司的每一个部门、每一个设有分公司的国家和每一个有公司业务的场所。信息时代的管理模式依靠全员参与、全员管理将可以真正实现将风险降低到最低限度的目标。

风险管理的最后一个环节就是企业根据风险发生的性质及时采取应对措施。风险管理的前6个环节的实施都是最终为了企业领导层做出的正确决定服务。当风险来临时，企业领导层应根据所提供的各种证据做出企业应变的决策。

本文所论述的风险管理模式是一个一般的风险管理模式，企业应根据各自的发展战略制定适合本企业的模式，然而无论何种模式都必须让其真正发挥作用，否则它只能是"聋子的耳朵"，这也是本模式之所以将增强风险意识作为其中一环的重要原因。

本文发表于《国际经济合作》，2005年第12期。

石油矿产业对外投资风险：
理论与成因分析

中国企业对外投资已逐渐形成规模，特别是进入 21 世纪后我国跨国企业母公司的数量飞速增长，据 2006 年世界投资报告的统计，2005 年达到 3429 家，比 1993 年增加 3050 家，增长率为 805%。从资金流出量上，我国已经成为全球第 13 大资本流出国，居发展中国家首位。在我国外汇储备数额巨大并且还在快速增长的时期，中国企业对外投资的扩张速度还会进一步加快，"中国美元"（China Dollar）在国际上的影响日益增长。在我国企业对外投资总量不断增长，投资领域不断扩展的同时，石油矿产资源的对外投资成为我国对外投资增长最快的领域之一，而且也是"中国美元"对外形成国际冲击最大的领域。由于石油矿产资源对外投资的行业特殊性和政治敏锐性，因而引发的投资风险因素也较其他领域更为复杂。由于我国对国外矿产资源依赖程度的快速增长，对这一行业海外投资风险的研究就成为迫在眉睫的理论与实践课题。

一、风险的经济学分析

古人云，"天下熙熙，为利而来，天下攘攘，为利而往"。国家、企业和个人为经济利益的获取而进行的较量是冲突产生的根源，同时也是风险产生的根源，这无论是在国际层面还是在国内层面都是如此。当以往利益分配的均衡格局被打破而形成新的分配格局时往往是风险多发的时期，这点对于国际直接投资来说更是如此。以往的国际资源直接投资领域主要由发达国家所统治，而这种格局在 21 世纪开始后已经被打破，新的利益分配格局和模式在国际和国内层面正在形成，忽略或者不重视这些变化将增加对外投资的风险。

1. 发展中国家在石油矿产资源领域国际的直接投资，使其与发达国家的争夺日趋激烈

一个国家为了实现更高的实际收入水平和更高的福利水平，就必须不断地推动经济的增长。经济实现长期增长的源泉有两个，第一个源泉是一国生产要素禀赋的增长，包括物质资本、劳动力和土地等；第二个源泉是生产技术的革新。尽管世界各国的经济都呈现出增长的态势，然而其经济增长的方式、速度以及技术创新能力却大相径庭。发展中国家由于技术创新能力较弱且发展技术的成本较高，因而更多地依赖劳动力和资源的投入来实现经济的增长。一些发展较快但资源贫乏的国家在取得了一定的资本积累后便以对外直接投资的方式来获取更多的资源，促进国内经济的发展。近几年国际直接投资的发展趋势恰恰证实了这一点。

国际直接投资从 2000 年的大动荡中恢复元气后呈现出强劲的增长态势，而发展中国家在新的一轮增长中成为国际直接投资领域的生力军，特别是发展中国家在对石油矿产资源的投资中扮演着主旋律的角色。根据 2006 年世界投资报告，发展中国家 1990~2004 年在三大产业对外直接投资的增长幅度分别为：第一产业增长了 11.1 倍，其中石油、采掘、矿业增长 56.7 倍；制造业增长为 4.2 倍；服务业增长为 29.8 倍。以中、印两个最大的发展中国家为例，两国在石油生产大国的投资都在不断地增长，形成了竞争的态势。中国作为发展中国家中制造业发展最快的国家，对石油矿产资源的快速增长的需求推动了中国企业对外投资速度的增长，2003~2004 年石油和天然气等自然资源的开采分别占我国对外投资总量的 48.4% 和 32.7%。2005 年，我国在石油矿产方面的对外直接投资在经历了小幅的下降之后，2006 年大幅度回升，从 16.75 亿美元上升到 85.4 亿美元，从 2005 年我国对外投资总额的 13.7% 上升到 48.4%。根据英国经济学家埃瑞克·布里顿的测算，2002~2005 年，中国对石油需求的增长占世界新增总量的 1/5。在发展中国家中，与中国的表现同样抢眼的是印度。印度企业最近几年通过收购方式在石油化工领域的投资占其对外直接投资总额的 17.6%，其在石油化工领域的投资是由于其国内石油供给率只有 30%，因此不得不依靠进口和对外投资的方式来弥补。其他一些发展中国家如韩国、马来西亚、印度尼西亚、巴西，甚至巴基斯坦等也加入了对石油资源的竞争中。

发展中国家对石油矿产资源投资的大幅度增长是为了适应其工业化进程的速度，而发达国家虽然随着服务业比例的不断扩大对能源等矿产资源的需求增长缓慢，有些国家甚至有所下降，然而为了维持其已经形成的庞大的工业化基础依然对石油矿产资源有巨大的需求，仍然是石油矿产资源国际直接投资的主角。因而世界各国对稀缺的自然资源特别是能源的争夺更趋白热化，矛盾也更加突出。数

中国企业对外直接投资理论与实践研究

据显示,2005年国际跨国公司在石油天然气领域的投资成为自1987年以来最大的直接投资领域,首次超过了金融和电信,占全球跨国兼并与收购的14%(见表2-2)。在大多数发展中国家工业化进程不断加快的时期,发展中国家和发达国家相互间对资源的争夺在一定时期内还将呈现不断上升的趋势。

表2-2 石油天然气领域的兼并与收购(2005年) 单位:亿美元

金额	被兼并与收购公司	被购公司所在国	被购公司所在产业	收购公司	收购公司所在国	收购公司所在产业
743	壳牌运输与贸易	英国	石油天然气	荷兰皇家石油公司	荷兰	石油天然气
41	卡扎克斯坦石油	英国	石油天然气	中石油	中国	石油天然气
31	Kerr-McGee(GB)	英国	石油天然气	Maersk	丹麦	石油天然气
31	Terasen	加拿大	天然气运输与配送	Kinder Morgan	美国	天然气运输与配送
25	英格兰国家北方	英国	天然气配送	天然气网	英国	天然气配送
24	Spinnaker勘探	美国	石油天然气	NorskHydro	挪威	石油天然气
22	国家威尔士和西部天然气	英国	天然气配送	投资集团	澳大利亚	投资公司
20	英加深水美国	美国	石油天然气	国家油	挪威	石油天然气
18	北方岩石资源	加拿大	石油天然气	Pogo生产	美国	石油天然气
13	鹿角能源	加拿大	石油天然气	Total E&P	加拿大	石油天然气
12	北部里海项目	卡扎克斯坦	石油天然气	投资集团	荷兰	投资公司
12	OrmenLange天然气	挪威	石油天然气	Dansk石油天然气	丹麦	石油天然气
共计992						

资料来源:世界投资报告2006。

2. 国际直接投资在东道国国内引发利益的重新分配

国际直接投资在东道国引发的利益冲突主要表现在两方面,政府政策的国内受益者与受损者之间的利益冲突和外国投资者与利益受损者之间的冲突,而后者之间的冲突则表现得更为突出,并成为国际直接投资重要的风险来源。东道国国内的利益受损者首先是稀缺的资本资源的所有者,外国资本的流入降低了他们的所得;另一部分受触及的利益集团可能包括土地所有者、一些地方势力和反政府势力等,他们各自有自己的势力范围和地盘,如果不协调好与他们的利益关系而贸然进入这些地区必然引发投资的风险。我国企业在埃塞俄比亚、苏丹的人员损伤就是与地方利益集团之间冲突的结果。外国投资者与当地居民之间也存在着利益冲突。外国资金的进入虽然促进了当地经济的发展,但同时也带来了一些负面影响,例如,对当地环境、人们的生活方式、土著头领的权威等有不同程度的影响;另外一个重要的方面则体现在当地的就业率上,一些发展中国家的投资者利用对外投资的机会解决国内的就业问题,使企业不仅要投入很大的成本调解劳资纠纷,而且投资效益低下,同时还引发与当地居民的利益冲突。

21世纪初在国际直接投资领域的一个新的变化趋势是跨国公司的"道德革命",它的实质就是强调跨国公司的社会责任。作为对社会责任理解的延伸,提高东道国人民的福利水平(特别表现在就业上),实现互利共赢也成为跨国公司对外投资需要考虑的一部分。虽然根据世界投资报告的分析,石油矿产类资源的投资与就业之间并不具有很高的相关关系,但是对于某些基本上依靠资源开发为主要收入来源的最不发达国家,矿产资源的就业在当地扮演了举足轻重的角色。发达国家与发展中国家相比有很大差距,以往发达国家的跨国公司通过实施包括雇用当地劳动力在内的本地化战略来降低投资成本,提高投资效益,此举同时也实现了促进当地就业的目的。在衡量企业跨国化程度时,最常用的衡量指标是跨国指数(TNI),它包括3项内容:国外资产、国外销售额以及海外职工占本企业总雇员的比例。中国进入发展中国家前100名的公司中跨国指数都很低,特别是中石油排名一直是最后一位,尽管按照国外资产排名中石油和我国其他企业排位都比较靠前。排名垫底的原因就在于海外雇员占总雇员一项指标不仅低于发达国家,也低于发展中国家的同类跨国公司(见表2-3)。我国企业在对外投资时为了降低成本不愿意或尽量减少社会成本,其表现在减少对当地员工的技术培训上,尽可能自带项目所需的技术员甚至工程队等,这样做虽然解决了一些本单位职工的就业问题,但同时也使得企业与当地居民的利益冲突更为显著。

表2-3 发展中国家最大的100家跨国公司中石油天然气公司及中国入围公司TNI排名(非金融类,2004年)

国外资产排名	TNI排名	公司	所属国(地区)	产业	TNI(%)		
					资产	销售	雇员
2	80	国家石油天然气Bhd	马来西亚	石油勘探、精炼、运输	36	29.3	11.8
12	96	巴西石油SA	巴西	石油勘探、精炼、运输	9.8	21.3	11.9
24	100	中石油	中国	石油勘探、精炼、运输	3.7	7.6	1.9
26	97	石油天然气公司	印度	石油勘探、精炼、运输	21.6	8.7	11.9
28	59	中石化	中国	石油批发贸易	54.1	66.9	2.2
35	24	中国资源公司	中国香港	石油勘探、精炼、运输	65.9	58.6	97
47	92	中国海洋石油总公司	中国	石油与天然气	12.3	34.9	4.1
72	93	中国五矿	中国	矿石开采与加工	23.6	18.8	8.3

资料来源:世界投资报告2006。

二、石油矿产资源投资的风险类别分析

石油矿产资源的投资风险有其突出的个性，对风险的分类也有各种不同的方法，然而无论如何分类，从风险分析的角度看都可将其分为三大类，即政治风险、经营风险和文化风险。基于石油矿产类投资的共性风险和我国大型石油矿产企业对外投资的实践，下面即从以上三个方面分析我国企业对外投资时遇到的既有共性又有特性的风险。

1. 政治风险分析

政治风险又称为国家政治风险，指由于东道国的政局变动以及所采取的政治性措施变化使跨国公司所蒙受的损失或实际收入偏离预期收入的可能性。它主要包括东道国政策和法律所产生的风险、战争风险和国有化风险等。石油矿产资源国际直接投资是对外直接投资中最容易受到政治风险干扰的行业，而且近年来有增长的趋势。

（1）发展中国家的投资环境风险分析。矿产资源储量主要分布在发展中国家，为了获得发展经济所需的资源和资本一些发展中国家所吸引的国际直接投资大部分投入矿产资源和石油开采领域，如非洲4个主要外资流入国安哥拉、埃及、赤道几内亚和尼日利亚，外国企业对石油的直接投资分别占其吸引外资的93%、64%、94%和90%。然而一些资源丰富的发展中国家政治、经济局势却十分动乱，恐怖主义、反政府武装、地方势力等各种矛盾相互交错，而外国投资企业，特别是资源开发企业往往成为各种势力为解决其内部矛盾，或者与政府讨价还价，或者吸引国际关注的工具。"9·11"事件后国际恐怖主义、极端宗教主义等非传统风险因素凸显，成为国际直接投资安全的一个重要威胁。恐怖分子的袭击已经演化成一种工具，其目的可以是政治的、军事的和经济的，只要能为自己的利益服务任何国家的任何人都可以成为其袭击的目标。矿产资源投资一般地处偏僻区域，政府疏于防护，极易成为恐怖分子或地方武装势力攻击的对象。近几年来国际上发生的一系列针对域外的国家公民的袭击包括对中国工程人员的袭击都说明了这一点。事实上恐怖袭击已经成为我国对外投资企业人员安全的最主要威胁。

国有化和征收是政治风险中的另一主要风险来源，主要发生在20世纪六七十年代，当时一些发展中国家在获得政治独立后更多的是为了捍卫自己的领土和经济主权。如今公开、直接的征收风险已经大大降低，但是仍有一些发展中国家的政府为了争得在国际政治舞台上与大国抗衡的能力有时以自己的资源作为筹码,只不过形式有所改变,例如,一些政府规定了更为严格的外资比例,或者通过税收歧视和立法歧视来实现其目的。

(2) 意识形态风险分析。对于中国企业来说,除了以上所提到的政治风险外,由于许多中国企业的国有化性质,东道国特别是西方一些国家对中国企业在该国的投资又有不同的政策和态度,这些对中国企业构成了新的投资风险,或曰意识形态风险。目前中国企业在跨国兼并与收购过程中是由于"所有权"问题受害最多的国家。在石油矿产资源、电信及其他基础设施服务等敏感领域,1990年以来共有 7 例跨国收购涉及所有权问题,其中有 5 例涉及中国企业,1 例是俄罗斯企业,1 例是阿拉伯联合酋长国的企业。中国在石油矿产资源领域的两例收购失败案例最具有代表性。2004 年中国五矿公司欲收购加拿大 Brascan 公司所属的诺兰达时,加拿大国内舆论要求政府必须严密监控这一金额达到 70 亿美元的收购行动,其原因就在于五矿公司是国有企业。基于类似的原因,中国海洋石油总公司预收购美国尤克斯公司的努力由于"安全"的考虑遭到美国政府的抵制。在发达国家中,美国是利用法律条款以安全为由限制国外投资和产品进入本国的突出代表。美国的"埃克森弗洛里奥"条款(Exon – Florio provision)允许美国总统在发现对美国安全构成威胁时阻止外国企业并购美国企业。1993 年美国在对上述法律进行修订时,又增加了对具有国有企业背景的企业兼并案进行专门调查的内容,其目标直指发展中国家和转型国家的企业收购行为。1988 ~ 2005 年美国外国投资委员会共收到 1593 起相关通告,该委员会对 25 起案例进行了调查,阻止了一起收购案例,即为中国航天航空技术公司收购美国 MAMCO 制造有限公司计划。对于中国企业在发展中国家对资源的投资,某些国家所提出的"安全"问题又变换了声调,传播中国企业的投资是"新殖民主义"和"掠夺资源的行径"。这样宣传对我国企业对外投资造成了直接和间接的损害,一些发展中国家既希望获得中国企业的廉价资源开发技术,同时又担心资源被控制,如印度也由于中国企业的国有性质几度阻止中国企业在印度的并购行为。

国家的竞争力与其所控制资源的能力相辅相成,因而对世界资源的争夺是资源政治的集中体现。随着我国对外直接投资规模的迅速扩大,对稀缺资源国际直接投资领域的利益再分配和格局的重新划分在所难免。因而中国企业在石油矿产资源领域所面临的政治风险在一定时期内必然呈上升态势,成为我国对外投资的主要障碍之一。

2. 经营风险分析

石油矿产资源投资的经营风险有着鲜明的行业特性,主要体现为勘探风险、环境风险和操作风险。石油矿产资源投资在勘探阶段对技术要求高,资金投入量大，然而勘探的结果往往具有非常高的不确定性，因此在国际上将其称为风险投资，说明石油矿产资源的投资风险具有内在属性。一些发展中国家勘探技术落后但又急于开发本国资源为经济发展服务，因此在该领域大量引入外资进行投资合作。我国目前在石油和矿产资源方面的陆路勘探技术已经比较成熟，加之工程报价具有竞争力，因此受到广大发展中国家的欢迎，然而勘探风险依然是一个重要的风险来源，项目的前期可行性分析稍有疏忽就会导致重大损失。

石油矿产资源投资的环境风险和操作风险主要由于大多数国家的矿产作业区远离城市，环境恶劣，交通不便，气候与我国有很大差异，例如，非洲的气候炎热干旱，疾病泛滥。我国在非洲一些国家（如赞比亚）从事作业的工人60%以上都有过感染疟疾的病史。其他国家如俄罗斯、蒙古等国天气寒冷，暴风雪成灾，恶劣气候大大增加了施工的风险。此外，石油矿产资源的操作本身就具有高风险性，如井下作业操作不当、安全防范设备与措施不健全等都会成为重要的经营风险来源，如果是在国外发生安全事故（如在2004年赞比亚发生的矿井爆炸事故）还会引发其他连带风险如政治风险等。

除了上述一般的经营风险外，中国企业在该领域的投资风险还具有自己的特色，这些特色风险集中体现出一个发展中国家企业对外投资的特点和中国国有企业的特性。这些中国特色的风险首先体现为淘金思想严重，低成本竞争，表现为忽略对员工的健康和操作安全投入资金不足，不对员工进行必要的培训和教育，忽略对环境的保护和企业的社会责任等。随着世界各国对环境保护意识的加强，人们对资源开采对环境造成的影响越来越重视，各国立法趋于严格化，忽视环境保护法律很可能导致当地政府采取关闭矿井和停止项目的决定。还有我国一些国有企业将对外投资作为响应政府提出"走出去"的政策号召，外在推力大于内在动力，缺乏长远的投资规划，对外投资只是权宜之计而非企业发展战略规划的一个必要组成部分。这些短期和政策行为造成企业对外投资思想准备不足，成为诱发风险的一个主要原因。

3. 文化风险分析

在国际投资中还有一类重要的但往往被忽视的风险来源，即文化风险。对外投资虽然主要表现为资本在国际间的流动，但同时也必然伴随着不同文化的交流、融合和碰撞，特别是不同的价值取向必然导致不同文化背景的人采取不同的行为方式，因而便产生文化摩擦，跨国经营的风险也会随之产生。

一些由于文化习俗的不同而产生的摩擦是任何企业都不可避免的，然而中国企业在与东道国打交道时一个突出的表现是过多注重与当权者打交道，认为只要与政府搞好关系便可一通百通，为此甚至采用行贿手段，表现出十足的实用主义。但是与我国国情所不同的是，外国的在野党、非政府组织、反政府势力、宗教势力有很大的影响力，例如，在一些与我国政府关系良好的国家，反政府势力以绑架我国员工为砝码向当地政府讨价还价，反而成为我国企业员工人身安全的威胁。中国企业对石油矿产资源的投资主要集中在发展中国家，有些是经济非常落后的国家，我国一些管理者表现出的大国心态和对当地员工的歧视态度也可能成为风险隐患，或为当地种族主义者煽动民众情绪制造把柄。

此外，一些看似家长里短的小事也可能成为冲突的起源。例如，我国员工受中国文化元素中"勤俭"和"孝顺"等的影响，对自己在国外的花销控制得很紧，而将大部分收入积攒下来。而一些国外雇员习惯于很快将工资吃喝花销完后便向我国雇员借钱，在遭到拒绝时便可能发生冲突，进而引发两国雇员之间的冲突，使施工无法正常进行。

企业对外投资，风险无处不在。为了使对外投资获得期望的效益，防范风险是企业规划对外投资时首先应考虑的问题。虽然企业对外投资的风险来源既有外部因素，又有内部因素，然而无论何种风险源于何种因素发生，风险防范的关键因素都在于企业真正从认识上、组织上、制度上建立健全风险防范机制，并使其真正发挥作用。

本文发表于《国际经济合作》，2008年第1期。

中国企业对外直接投资
——机遇中的风险

　　危与机的辩证关系是它们可以相互转化,即危机中蕴含着机遇,而机遇中又充满了风险。从海外投资的角度讲,金融危机成为我国企业对外投资发展的转折点,给中国和中国企业带来了不可多得的机遇,例如,实现我国庞大的外汇储备投资多样化、变人民币升值压力为动力、建立品牌优势、以投资带动国内生产复苏、规避国际贸易保护主义等。然而在看到机遇的同时,必须意识到 21 世纪开启以来,特别是金融危机时期,对外投资的风险来源除了原有的一般性风险外还由于时间、地点和投资主体的变化而产生了新的风险:主要发达国家经济逆转风险、系统性风险、针对主权财富基金掀起的"金融保护主义"风险、意识形态风险等。

一、危机中的机遇

　　2007 年美国的次贷危机演变成为全球性金融危机。随着金融风暴的蔓延实体经济也受到严重冲击,生产和消费都在萎缩。中国的经济增长受到外部需求萎缩的影响,产品出口大幅度下降,大批外向型企业的生存受到威胁,这点从 2009 年上半年的宏观经济统计数据中得到进一步证实,外需拉动经济增长为 -2.9%,中国的外向型经济发展模式受到冲击。

　　在每次全球性经济波动后,世界经济格局也会发生不同程度的调整。中国等一批新兴市场国家蓄势已久,借此危机爆发主要发达国家普遍遭受沉重经济打击之际,终于进入世界经济发展主导国家的梯队中。从海外投资的角度讲,金融危机成为我国企业对外投资发展的转折点,给中国和中国企业带来了不可多得的机遇,例如,拓展海外市场,积极进行资源的优化配置,提升产业结构,实现我国经济持续快速发展等多重目标。金融危机时期中国企业海外投资可利用的机遇至少有以下几个方面：

1. 为我国庞大的外汇储备的有效利用提供了机遇

在各国政府不得不纷纷采取扩张性政策措施以增加流动性，拯救本国经济的时候，中国位居世界第一的外汇储备成为各国关注的焦点。在美国国债价值不确定，而美元贬值预期不断增加的时候，一个重要的考虑可以是国际直接投资。中国通过促进对外投资的方式既可以帮助东道国解决流动性不足的问题，平缓经济危机，促进东道国的经济复苏，同时也可以使我国外汇储备的投向多样化，提高资金的使用效率。

2. 为我国推进"走出去"的国家战略提供了不可多得的机遇

自20世纪90年代末我国推出"走出去"战略后，我国企业虽然取得了显著的成绩，然而各种问题和困难也成为"走出去"的障碍，其中不乏以"中国威胁"为借口的各种政府和非政府行为，目的在于阻挠中国企业的进入。然而在金融危机发生后，迫于企业生存和就业等问题，一些国家的政府对于中国企业的投资并购行为的限制有所放松，特别是在比较敏感的资源领域的收购，因此2009年中国企业在资源领域的收购取得较大增长，中国三大石油企业成功竞购伊拉克、安哥拉油田；中国石油以70亿美元现金方式收购新加坡石油公司45.5%的股份；五矿有色以17亿美元全资收购澳大利亚矿业公司OZMinerals、兖州煤业收购澳大利亚费利克斯资源有限公司等一批中国在澳投资项目，宝钢参股澳大利亚阿奎拉矿业公司等。

3. 变人民币升值压力为动力

自2005年汇率改革以来，人民币累计升值20%左右，给国内的出口企业带来巨大的压力。而金融危机时期受金融危机打击严重的国家资产价值下降，以兼并和收购或资产互换方式收购这些国家的资产可以降低本币升值带来的负面影响，获得以往我国企业希望收购但又收购不了的资产，如矿产资源等，以保证国内经济持续发展所需要的庞大资源需求。

4. 推广中国"创造"，建立自己的技术与品牌优势

一些拥有一定技术但不具有品牌优势的企业以往受到国外企业的歧视，得不到国外投资生产的机会，例如，中国华为集团虽然已经成为仅次于爱立信的世界第二大电话硬件制造商，然而其知名度却大大低于爱立信。在金融危机爆发后中国企业物美价廉的技术受到欢迎，因而获得了更多海外投资和技术推广的机会，这对于建立中国的技术品牌优势和产品知名度是不可多得的机会。

5. 规避贸易保护主义

自金融危机爆发以来国际上贸易保护主义盛行，美国等西方国家以及一些发展中国家纷纷采取贸易保护主义措施，使我国的出口进一步受到经济因素和政治

因素的冲击。然而与商品市场的保护倾向比较，各国对于国际直接投资的政策，除矿产资源领域的投资保护倾向在提高外，其他领域的投资均表现出欢迎和宽容的态度。2008年联合国贸发会议的世界投资报告认为世界各国对待外商直接投资的政策趋势是更为开放。据报告统计，2007年在近100项对外商直接投资产生影响的政策变化中，有74项有利于外商直接投资政策变化。因而，对外投资也是规避贸易保护主义的有力措施。

6. 以投资带动国内生产复苏，促进经济的发展

对外投资可以有效带动出口的增长，进而带动国内的生产复苏。根据世界银行国际金融公司的研究报告，在1999~2004年的5年中国的对外投资已经带动了762亿美元的货物出口。金融危机虽然对中国高度依赖出口的增长方式提出警告，然而已经形成的外向型的产业结构不可能在短期内有实质性的调整，更为重要的是由于需求结构的不同，内外需产品在许多方面无法替代，因而外需在中国经济的复苏与发展中仍然具有不可替代的作用。

二、机遇中的风险

尽管在金融危机中存在企业对外投资的各种机遇，然而在企业对外投资的机遇中又的确充满了风险，这些风险除了一般意义上的风险外，在不同的时期、不同的行业和不同的国度又有不同的表现。本文在此不讨论一般意义上和企业对外投资的技术风险，而重点讨论21世纪开启以来特别是当前金融危机全球蔓延时期国外直接投资领域出现的新的风险及其特点。

1. 利益格局变化带来的风险

国家、企业和个人为经济利益的获取而进行的较量是冲突产生的根源，也是风险产生的根源，无论是在国际层面还是在国内层面都是如此。当以往的利益分配的均衡格局被打破而形成新的分配格局时往往是风险多发的时期，这点对于国际直接投资来说更是如此。以往的国际直接投资领域主要由发达国家所统治，而这种格局在2001年国际直接投资遭到重挫的恢复期中开始被打破，新的利益分配格局和模式在国际层面正在形成，并且在此次金融危机过程中得到确定。忽略或者不重视这种利益分配格局的变化将增加对外投资的风险。

（1）国际直接投资流出总量的变化。国际直接投资从2000年的大动荡中恢复元气后呈现出强劲的增长态势，而发展中国家在新的一轮增长中成为国际直接投资领域的生力军。根据图2-5和图2-6的数据显示，2004年是国际直接投资

恢复发展的关键一年,在这一年发展中国家占全球对外直接投资流出量的比例从以往平均10%提高到14%以上,2008年在发达国家对外投资大幅下降的形势下,发展中国家的对外投资保持了稳中有升的态势,从2007年的3370亿美元提高到3512美元,占全球流量接近20%。

图2-5 1995~2008年发达国家和发展中国家对外直接投资流出量

资料来源:联合国贸发会议《2009年世界投资报告》。

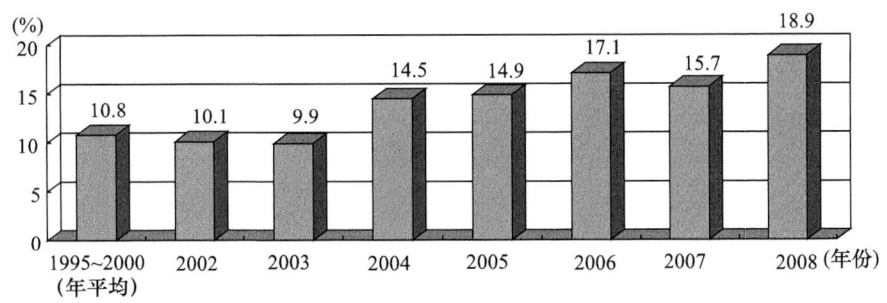

图2-6 发展中国家(含转型国家)占世界对外直接投资流出量的百分比

资料来源:联合国贸发会议《2009年世界投资报告》。

对外直接投资领域的利益格局变化不仅体现在总量的变化上,而且体现在对三大产业投资量的增长幅度上。根据《2009年世界投资报告》,1990~2007年发展中国家三大产业的对外直接投资无论在存量上还是在流量上都有显著的增长,占世界总存量和总流量的比例分别由1.14%和2.74%上升至11.9%和9.58%(后者为3年平均值)。增长幅度是发达国家的3~17倍(见表2-4)。

(2)对矿产与能源领域的投资。发展中国家与发达国家在国际直接投资领域的争夺更重要的是体现在对一些敏感领域如能源和矿产资源投资的竞争上,由于发展中国家对石油矿产资源的投资逐渐形成气候,使国际直接投资在该领域的

表2-4 发达国家和发展中国家对外投资存量与流量增长幅度及占世界比例

年份 国家 产业	2007比1990 增长幅度 （存量，倍）		发展中国家 占世界总存 量的比例（%）		2005~2007比 1989~1991增长 幅度（流量，倍）		发展中国家占 世界总流量 的比例（%）	
	发达 国家	发展 中国家	1990	2007	发达 国家	发展 中国家	1989~1991	2005~2007
总量			1.14	11.9			2.74	9.58
第一产业	7.18	19.60	1.64	4.36	13.55	45.6	2.86	11.07
矿产，石油，采掘	7.29	21.08	1.48	4.16	14.36	51.74	2.59	8.73
制造业	5.27	22.93	0.93	3.92	4.19	7.02	4.18	6.82
服务业	10.56	170.49	1.16	15.96	6.81	49.01	1.79	11.61

资料来源：联合国贸发会议《2009年世界投资报告》。

争夺日趋激烈。发展中国家与发达国家在资源开采领域展开争夺不足为奇，一个国家为了实现更高的实际收入水平和更高的福利水平，就必须不断地推动经济的增长。经济实现长期增长的源泉有两个，第一个源泉是一国生产要素禀赋的增长，包括物质资本、劳动力和土地等；第二个源泉是生产技术的革新。尽管世界各国的经济都呈现出增长的态势，然而其经济增长的方式、速度以及技术创新能力却大相径庭。发展中国家由于技术创新能力较弱且发展技术的成本高，因而更多地依赖劳动力和资源的投入来实现经济的增长。一些发展较快但资源贫乏的国家在取得了一定的资本积累后便以对外直接投资的方式来获取更多的资源，促进国内经济的发展。近几年国际直接投资的发展趋势恰恰证实了这一点。发展中国家对能源矿产资源的投资在1990~2007年无论是存量和流量都实现了显著增长，幅度达到21倍和52倍，比发达国家分别高出3倍和3.6倍，占世界在该领域投资的总量也分别由1.48%和2.59%提高到4.16%和8.73%。对能源等矿产资源投资大幅度增长的发展中国家以中国和印度为代表。中国的能源短缺已经达到50%，印度国内石油供给率只有30%，因此不得不依靠进口和对外投资的方式来弥补。近几年来印度企业在石油化工领域的投资占其对外直接投资总额的17.6%。其他一些发展中国家如韩国、马来西亚、印度尼西亚、巴西，甚至巴基斯坦等也都加入了对石油资源的竞争。

发展中国家对石油矿产资源投资的大幅度增长是为了适应其工业化进程的速度，而发达国家虽然随着服务业比例的不断扩大对能源等矿产资源的需求增长缓慢，有些国家甚至有所下降，然而为了维持其已经形成的庞大的工业化基础依然对石油矿产资源有巨大的需求，仍然是石油矿产资源国际直接投资的主角。因而世界各国对稀缺的自然资源特别是能源的争夺更趋白热化，矛盾也更加突出。数据显示2005年国际跨国公司在石油天然气领域的投资成为自1987年以来最大的直接投资领域，首次超过了金融和电信，占全球跨国兼并与收购的14%。在大多数发展中国家工业化进程不断加快的时期，发展中国家和发达国家相互间对资源的争夺在一定时期内还将呈现不断上升的趋势。

2. **主要经济体金融不稳定与经济发展逆转带来的风险**

在一个高度依赖和相互融合的全球经济体中，发达国家作为世界经济的主宰对于全球经济的稳定与繁荣起着举足轻重的作用。同样发达国家经济体经济发生逆转对全球经济活动的各个方面也会造成灾难性的影响，成为风险发生的最大来源。

联合国贸发会议在2005年和2006年对国际直接投资风险来源进行调查时列出了威胁国际直接投资的七大主要风险来源，包括主要经济体金融不稳定、石油和原材料价格不稳定、政局不稳与内战、工业化国家经济增长放缓、全球恐怖主义威胁、汇率浮动、保护主义。评估机构、专家和跨国公司对这七大主要风险来源的重要性进行了排序，结果是：

评估机构：主要经济体金融不稳定、石油和原材料价格不稳定、政局不稳与内战、工业化国家经济增长放缓、全球恐怖主义威胁、汇率浮动、保护主义。

专家：保护主义、工业化国家经济增长放缓、全球恐怖主义威胁、汇率浮动、主要经济体金融不稳定、石油和原材料价格不稳定、政局不稳与内战。

跨国公司：保护主义、工业化国家经济增长放缓、主要经济体金融不稳定、全球恐怖主义威胁、汇率浮动、石油和原材料价格不稳定、政局不稳与内战。

从对七大风险来源排序的结果看，发达国家的金融与经济稳定和保护主义成为风险的头号来源。这一观点和认识的正确性通过20世纪90年代两次金融危机和此次金融危机的对比得到证实。虽然1995年的墨西哥金融危机和1998年的亚洲金融危机均发生在发展中国家，但其对全球经济的危害和对投资影响的深度与广度以及时间长度远远低于此次金融危机。由于世界各国在经济上彼此依赖程度的高度不对称性，发展中国家发生的经济负影响多为局部的和短期的，而主要经济体的经济不稳定一旦发生则酿成的灾难具有全球性和长期性。

在人们普遍关注金融全球化给发展中国家带来的危害时，发达国家的金融与经济形势发生的逆转事实上是更需要关注和防止的风险来源，特别是来自世界上最大的经济体美国的金融与经济不稳定。长期以来投资者对发达国家投资项目所形成的信任感也为一些投机分子利用这种信任进行欺诈提供了机会，他们通过包装劣质投资项目制造"柠檬效应"，并且在投资"羊群效应"的作用下，使"道德风险"大幅度提高，使风险转化为危机的概率大幅度提升。

3. 金融开放带来的系统性风险

美国次贷危机所引发的金融危机通过金融国际化渠道最终形成了系统性风险，即指由金融市场或金融机构的各种风险引发，将以前没有关联的风险发生转移并且变得具有高度关联性，通过链式传导或金融恐慌，对整个金融体系形成的风险。系统性的风险发生时最为典型的特征是风险的溢出和传递，而且这一特征不仅仅局限于一国的经济和金融领域。

金融风险按其承担主体的层次可分为两类：一是风险承担主体为金融活动的微观参与者（如银行、非银行金融机构或证券投资人等），其风险可称为微观风险；二是风险承担主体以整个金融体系为主，相应风险称为系统风险。系统风险组成一般包括两部分：其一是传统风险分析中的信用风险、流动性风险、利率风险和操作风险等微观风险；其二是综合影响金融体系的合成风险，如过度证券化、过度负债或结构性变化对金融体系形成的风险。此次金融系统风险是由包括信用危机（房主或借款人无力或不愿意偿付贷款的风险）、资产价格风险（资产价值贬值的风险，例如，美国的 MBS，导致财产损失、低标价销售和增加保证金的要求）、流动性风险（企业无法获得融资，例如，从商业票据市场获得融资的风险）、合作方风险（合同签订一方无力或不愿意承担自己的债务）等在内的风险组成。

系统风险的发生是微观层次风险积累的结果，再加之相关部门的监督不力导致原本不相关联的微观层面的风险被放大，相互影响，不断侵入整个金融体系，最终形成系统风险。系统性风险一旦形成便来势凶猛，比微观层次的风险更难识别和防范。我国及其他发展中国家由于金融领域发展滞后，开放度较低，对金融领域的风险特别是系统性风险的识别能力较弱，这无疑成为我国企业海外投资时需高度警惕的风险来源。在风险的管理方面，企业管理层应意识到与个别风险的管理相比，对系统性风险的监管更艰难、更复杂，需要监管理念、监管方式的一些根本性改变。

4. 针对主权财富基金掀起的"金融保护主义"风险

近二三年来国际上对主权财富基金（SWFs）的关注不断提高。根据伦敦国际金融服务局（IFSL）2009 年 3 月的统计数据显示，2008 年全球主权财富基金管理的资产达到 3.9 万亿美元，比 2007 年增长 18%，其中，中东产油国拥有全球主权财富基金的 45%，亚洲其他地区大约占 1/3。又据世界投资报告估计目前国际上约有 5000 家主权财富基金，其中约 85% 属于发展中国家。全球主权财富基金的资本集中度相当高，最大的 5 只基金的规模相当于全球总规模的 70% 以上。随着主权财富基金数量与规模的迅速增加，主权财富基金的投资逐渐多元化，已成为国际金融市场上一个日益活跃且重要的参与者。

在过去20年间主权财富基金作为直接投资者在海外共投资390亿美元,其中310亿美元发生在近3年。正是由于2005~2007年主权财富基金在国际直接投资领域的大手笔,特别是75%的投资进入发达国家,因而引起这些国家的关注,尤其是对本国经济安全的关注。美国的政府官员怀疑主权财富基金会利用政府间谍机构收集大量幕后信息来进行内幕交易,而美国的学者则认为主权财富基金会造成市场的恐慌,可能削弱国际金融机构的政治影响力,甚至有扰乱全球市场的趋势。在欧洲以德国为首的势力认为,主权财富基金会受到"政治和其他利益动机的驱使",因此不但在国内组织政府草拟立法、组织委员会,限制主权财富基金的投资,还努力鼓噪整个欧盟采取一种"共同方式",审查主权财富基金对欧洲公司的"恶意收购"活动。为此,美国和德国也在敦促国际货币基金组织和经合组织制定针对主权财富基金外国直接投资的原则和指导方针,估计可能出台的指导方针将对主权财富基金的投资透明度等做出规定。

根据2008年世界投资报告,中国目前共有4家主权财富基金,总资产约达6160亿美元。虽然中国的主权财富基金的资金和投资规模远不如石油生产国,但2007年9月26日成立的中国投资公司却招致欧美国家的高度重视,2007年10月19日发布的G7公报就明确表达了对主权财富基金带来的风险的担忧,要求国际社会尽快确定其制度结构、风险管理、透明度和问责制方面的最佳做法。

事实上,中国的主权财富基金在国际投资市场上所面临的风险既来自某些发达国家针对主权财富基金掀起的"金融保护主义"和政治性歧视,也来自中国主权财富基金的投资效益①。虽然主权财富基金事实上成为此次金融危机的最大受害者之一②,但是一些欧美国家依然对主权财富基金高度警惕,其主要矛头指向中国和俄罗斯等国的主权财富基金。随着中国主权财富基金投资的不断多元化,其资金也将流入实体经济,从事对外直接投资,而西方某些国家对主权财富基金的抵触和由此带来的"金融保护主义"倾向已经不可避免地成为我国主权财富基金对外投资的政治风险来源。

---

① 例如,中国投资公司挂牌后的几笔投资,对私募基金黑石(Blackstone)IPO的投入账面损失25亿美元;斥资56亿美元购买摩根士丹利9.9%的可转换股权债券,中投此单交易的账面浮亏在30亿美元左右;由于雷曼兄弟倒闭,中投的赎回要求得不到兑现,54亿美元被"冻结";中投在全球的投资组合回报率为-2.1%。

② 美国的次贷危机所引发的全球金融危机使主权财富基金损失惨重,几家最大的主权财富基金都遭到了重创。韩国投资公司2008年账面损失达到400亿美元,损失率高达66.7%;新加坡淡马锡账面损失378亿美元,损失率为31.4%;挪威政府养老基金损失757亿美元,损失率约23.3%。阿布扎比投资局损失约1830亿美元,损失率约40%。德意志银行最新发布的研究报告显示,截至2009年6月5日,全球各主权财富基金所持资产总价值为3万亿美元,较2007年年底的3.6万亿美元缩水20%,主要原因在于其股票投资组合价值大幅下降。

5. 对"中国美元"的抵制与担忧

进入21世纪后中国企业对外投资已逐渐形成规模，从资金流出量上，我国已经成为全球第13大资本流出国。在我国外汇储备数额巨大并且还在快速增长的时期，中国企业对外投资的扩张速度不断加快，"中国美元"（2006年世界投资报告）在国际上的影响日益增长。如图2-7、图2-8所示，中国企业对外投资从1995~2000年平均22.1亿美元增长到2008年的521.5亿美元，提高23.6倍，占全球和发展中经济体的比例也从2000年前的0.3%和2.9%分别提高到2008年的2.8%和14.8%。而且这一比例在2009年还会有一个大幅度的提升。

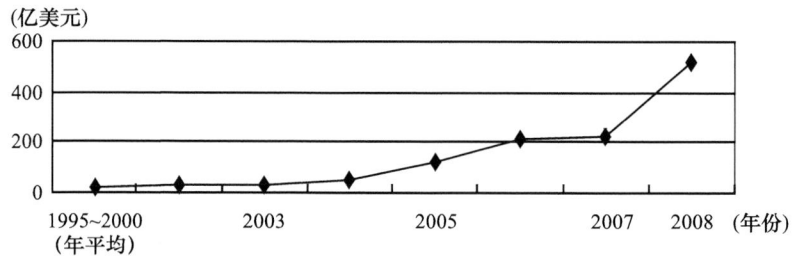

图2-7 中国对外投资流量增幅（1995~2008年）

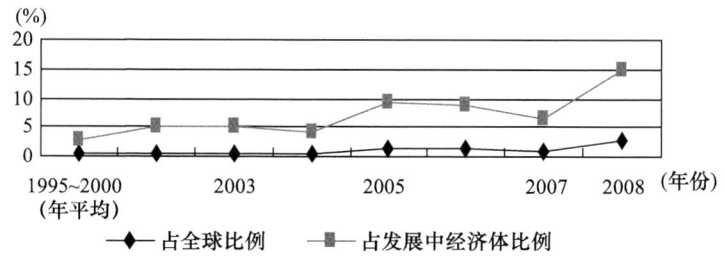

图2-8 1995~2008年中国外国直接投资流出量与占世界与发展中国家百分比

资料来源：《世界投资报告》（2008，2009）。

中国作为发展中国家中制造业发展最快的国家，对石油矿产资源的快速增长的需求推动了中国企业对外投资速度的增长，2003~2004年石油和天然气等自然资源的开采分别占我国对外投资总量的48.4%和32.7%。2005年我国在石油矿产方面的对外直接投资在经历了小幅的下降之后，2006年大幅度回升，从16.75亿美元上升到85.4亿美元，从2005年我国对外投资总额的13.7%上升到48.4%。

2009年，在金融危机使海外市场大幅收缩之际，中国企业却凭借丰厚的外汇储备加快速度迈向海外。据世界知名咨询公司麦肯锡的一项最新研究显示，2009年上半年，在全球跨境并购规模同比下降35%的情况下，中国企业的海外收购总额同比增加40%，仅次于德国，居世界第二位，仅仅是2009年我国能源巨头达成和正在谈判的项目金额就超过275亿美元。此次中国企业的海外扩张主要集中在资源领域，投资方式以并购为主，并购的区域涉及东南亚、北欧、北美、南美、中东、非洲，加上中亚、东欧等传统区域，世界主要产油地区都有中国企业的身影。2008年以来中国有实力的大型企业倾力投资于资源特别是与能源相关的领域，虽然借此金融危机发生之时我国企业可以在短期内控制大量的资源，但是投资过于集中于一个领域特别是十分敏感的资源领域，将可能招致对中国企业更多的抵触情绪，也不排除会出现其他类似力拓公司的行为，即借中国企业的资金渡过难关后，过河拆桥。一些发展中国家的政府，如南美一些资源丰富的国家，借用资源为政治砝码做文章者也不在少数，因此这些国家的政治风险都在提高。

中国企业咄咄逼人的扩张趋势已经成为世界各国关注的热点，这不仅是由于中国企业大踏步涉足历来竞争激烈的资源领域，而且还由于中国对外投资企业的所有权性质和背景。中国国有企业的背景触动了一些西方国家的反华神经，更为一些反华势力提供了口实。正如2006年中国海油收购美国尤尼克石油公司时马里兰大学的一位经济学教授指责说："中国人显然已经决定到美国投资。他们的目的是获取技术，扩大影响力并削弱反对他们的力量；他们是想腐蚀美国的政治制度。"

西方国家包括一些发展中国家（例如印度、韩国等）对国有企业背景的中国企业在该国的投资采取了不同的政策和态度，这些对中国企业海外投资构成了新的投资风险，或曰意识形态风险。目前中国企业在跨国兼并与收购过程中由于"所有权"问题是受害最多的国家。

三、对风险的控制与对策

金融危机将我国企业全面推上了对外投资的大舞台。面对21世纪以来特别是金融危机爆发以来国际直接投资领域出现的投资风险，我国企业在对外投资时一定要清楚地认识到对外投资的风险，特别是我国作为后来者与既得利益者之间的对抗在所难免。既然风险不可避免，就要有应对风险的平常心，做好准备。企业应当认真地分析风险的来源，采用更为智慧和理性的策略和方法将风险纳入可控制的范围,减少其带来的损失。

1. 以理论做指导

一些对于规避投资风险的传统理论对我国企业海外投资仍然具有指导意义,如企业投资的领域与地域应当多元化,以避免将所有鸡蛋放在一个篮子里带来的风险。主权财富基金的投资过多集中于银行证券等金融领域特别是在美国相关领域的投资,结果此次金融危机的爆发导致其产生重大损失。目前国际上一些著名的主权财富基金已经开始调整自己的投资策略,采取多样化和小额分散化的投资方式。我国的中投也在调整自己的投资策略,以取得更好的投资效益。

经济学理论在投资领域的应用对于规避风险也具有指导意义。例如,已经属于技术标准化产品的生产(劳动力成本决定产品成本)如果设在发达国家,其亏损的风险一般难以避免。发达国家是我国劳动力密集型产品的销售市场,而非生产地,因而投资应以建立零售渠道为宜,并通过当地的媒体建立自己的品牌。

2. 企业对外投资一定要与国内产业结构调整和升级相结合

要与国内结构调整和升级结合意味着海外投资不仅指向资源领域,更应当借此时机以收购和资产重组等方式获取我国产业升级所需的产品技术、管理技术以及其他敏感技术,加快我国产品生产的升级换代。从另一个角度讲,通过海外投资可以将我国企业设备更新所淘汰的技术与设备向海外转移,实现技术设备生命的延续与利用,同时也是规避贸易保护主义风险的途径。

在金融危机爆发后的贸易保护主义浪潮中,中国的廉价商品成为保护主义攻击的主要目标。据世界贸易组织秘书处最新发布(2009年5月7日)的数据显示,2008年全球新发起反倾销调查208起、反补贴调查14起,中国分别遭遇73起和10起,占总数的35%和71%。中国已连续14年成为遭遇反倾销调查最多的成员,连续3年成为遭遇反补贴调查最多的成员。我国在莫斯科切尔基佐沃市场销售廉价商品的商贩在该市场关闭事件中损失惨重,一些温州个体商贩在事件发生后开始在俄罗斯设厂生产取得良好效益,这一成功案例说明,劳动密集型产品通过在靠近销售市场的投资可以成为很好的规避贸易保护主义风险的方式。

3. 采取逐步渗入的方式

中国企业在进入东道国的方式上可以采取更为策略的做法,不要急于求成。特别是对我国国有企业背景敏感的国家和地区以及行业不急于采用兼并与收购等控股方式进入,可采用合作投资、合作经营和合作生产等方式,步步渗入,在自己的谈判力不断提高后再采用控股或独资方式。

4. 国有企业要有全局观

国有企业作为政府推行"走出去"国策的主要执行者,因而行政命令式的对外投资和为了政绩而对外投资是国有企业领导首先要考虑的风险因素。特别是不计投资效益,以拿下项目为目的投资只能给东道国及对中国企业对外投资的行为抱怀疑态度的人以口实。

5. 了解当地国情、民情

对外直接投资是一个长期的投资过程,企业领导必须做好打"持久战"而不是"游击战"的准备,这要求企业不得不长期与所在国打交道,因而必须认真重视和研究执政党、在野党、民间团体等各种利益团体的诉求,尽可能获得更多团体的支持,特别是当地百姓的支持。更多地履行企业的社会责任,特别是在一些比较落后的国家,更应当尊重当地的习俗与文化,避免以大国心态和强者的姿态出现。

6. 综观全局风险

在一个经济高度一体化的时代,一国的经济现象通过贸易、投资等渠道外溢,形成对全球经济的影响。因而企业不仅要关注本企业的投资小环境和微观层面的风险,更要分析观察整个国家的宏观经济形势变化和全球经济形势的变化以及由于微观风险上升为系统风险的可能性,观察包括本国与主要相关国家的政局稳定、主要经济体的金融与经济形势、石油和原材料价格的变动、全球恐怖主义发展动态、汇率浮动、贸易与金融保护主义等各方面在内的因素,使企业决策层能够及时发现风险来源并从容应对。

本文发表于《国际经济合作》,2010年第8期。

论中国企业对外投资的意识形态风险来源

中国企业自21世纪以来对外投资的扩张趋势已经成为世界各国关注的热点，这不仅是由于中国企业大踏步涉足历来竞争激烈的资源领域，而且还由于中国对外投资企业的所有权性质和背景。中国国有企业的背景触动了一些西方国家的反华神经，更为一些反华势力提供了口实，使中国企业对外投资时不仅要防范传统风险，同时还要注重意识形态风险的防范。意识形态风险的思想渊源除了西方国家传统上对社会主义体制的偏见与敌对外，对于中国的快速发展国际上一些反华势力还制造出针对性的舆论宣传，意在挑起对中国、中国产品和企业的敌对情绪，"中国威胁论"和"新殖民主义"是其中有代表性的论调。

一、"中国威胁论"

1. "中国威胁论"产生的历史

"中国威胁论"自20世纪90年代初期开始在国际社会广为流行，然而"中国威胁论"的产生并非是新的历史条件下"黄祸论"的翻版。事实上，"中国威胁论"产生于20世纪50年代，新中国成立之初，美国就曾炒作过"中国威胁论"，即所谓中国革命的胜利有可能在东南亚引起多米诺骨牌效应，从而对美国形成"红色威胁"。1950年，朝鲜战争爆发后，美国提出"遏制共产主义在亚洲蔓延"的口号，美国在联合国宣传"中国对邻国的威胁"，当中国人民志愿军入朝作战时，一些西方人惊呼："赫德的预言"实现了！此后，美国在中国周围建立了防"红色威胁"的包围圈，并在不同的场合散布"中国威胁论"，在中国平定西藏叛乱、中印边境冲突、中国原子弹爆炸、对越自卫反击战以及西沙自卫反击战等历次重大事件中，屡屡渲染中国的军事威胁。应当说"中国威胁论"的制造者和鼓吹者以西方国家为首,但是在中苏关系紧张的时候,苏联也兜售过"中国威胁论"。

20世纪50年代"中国威胁论"的大背景是美苏冷战,美国面临的主要是来自苏联的威胁。随着苏联的威胁在20世纪80年代后期逐渐消失,而中国经济、军事逐渐强大之后,"中国威胁论"于1992~1993年在美国等国卷土重来,鼓吹者从意识形态、社会制度乃至文明角度展开了对"中国威胁论"的具体论证,媒体也推波助澜,以致汹涌成潮。1990年,日本防卫大学副教授村井友秀贞在《诸君!》杂志上发表"论中国这个潜在的威胁"一文,是为"中国威胁论"始作俑者。1992年,美国外交政策研究所(FPRI)亚洲项目主任罗斯·芒罗(Ross H. Munro)在《政策研究》上发表"正在觉醒的巨龙:亚洲真正的威胁来自中国",吹响美国"中国威胁论"的第一声号角。1997年,第五次台海危机刚刚过去,美国报人理查德·伯恩斯坦(Richard Bernstein)和前述学者罗斯·芒罗出版的《即将到来的美中冲突》风行一时,成为"中国威胁论"的全面、代表性阐述。哈佛大学教授亨廷顿"文明的冲突与世界秩序的重建"的发表,一时间使"中国威胁论"风靡太平洋东岸。该文断言儒教文明与伊斯兰教文明的结合将是西方文明的天敌,具有极强的意识形态色彩,美国学者哈克特更是危言耸听,"在苏联解体后,一个新的邪恶帝国正在出现,它的名字叫中国"。此后,鼓吹"中国威胁论"成为常态,并且每过几年就泛滥一次。"中国威胁论"还通过媒体的渲染和联想,其影响也逐渐由西方发达国家向发展中国家蔓延,由政治和军事领域向经济领域扩散,由最初的军事、战略威胁论,演变出经济威胁论、计算机黑客威胁论、食品安全威胁论等变种——来自中国的威胁,似乎已经渗透到西方人生活的方方面面。

2. "中国威胁论"产生之原因剖析

"中国威胁论"的产生既有深刻的政治和军事背景,也有经济背景。

(1) 意识形态领域的对立与社会制度的不同。美国虽然自诩为民主国家,思想与言论自由,但它却始终视共产主义和社会主义思想为异端邪说,视社会主义制度的国家为"民主国家"的敌人,因此从政治、军事和经济等各方面对这些国家加以制约是其恒定的主题。在这种思想的指导下,中国作为仅存的一个社会主义大国,一直被当作与西方价值观对立的意识形态象征物,因而视中国为威胁也就是在必然之中。特别是在东欧剧变,苏联解体之后,中国非但没有步苏联的后尘,而且还取得了经济的快速发展,综合国力迅速增强。中国这个坚持社会主义制度的国家也能取得如此成就,显然是对西方模式的威胁。这一现象被《外交》主编扎卡利亚称为"非自由民主的崛起",并视之为对西方"自由民主"的挑战。

(2) 冷战思维模式的遗产。冷战格局是以美国和苏联为代表的两极世界，所有被卷入这一格局中的国家都被分为两大阵营。"两大集团之间的对抗即表现在全球性政治、军事及战略性对抗，更带有意识形态和制度交锋的强烈色彩，是关于双方各自制度孰优孰劣的竞争。"① 这种格局造成的一个思维模式就是国家之间的关系非敌即友，国际关系属于二元对立。且敌对的方面正在对本国的政治、文化、生活方式等构成巨大威胁，这种心态在西方尤其是在美国根深蒂固。苏联的解体使美国失去了一个明确的敌人，这使美国人感到无所适从，庞大的军事设备、高精尖端武器突然失去了指向，美国人感到前所未有的空虚和茫然，因而确定一个明确的对手似乎势在必行。1992 年国防部制定的《防御计划指南》说得很明白，打败苏联以后，"现在文明的战略必须集中于排除任何未来的全球性竞争者的出现"，那这个竞争者是谁呢？根据"中国威胁论"者的判断，最有可能的就是中国。美国霸权的倡导者，兰德公司资深研究员哈利勒扎德（Khalilzad）写道，中国"最有可能成为美国全球性对手候选人"，一方面中国经济正以世界上最快的速度增长，可望其经济实力不久后就会超过日本，并且在下一个世纪的 20 年内，其经济将会和美国一样强大；另一方面，中国正在加快其军事现代化建设。尽管中国在政治上仍面临改革，但在 21 世纪的上半叶，中国肯定会成为世界上一流的大国。

(3) 东西方文化与价值观的不同。中国文化历来宣扬"和谐"、"和而不同"，在对待敌人的武力进攻时则将"不战而屈人之兵"作为取胜的最高境界，因而中国人讲究包容，不喜欢对抗，特别是面对面的对抗更不符合中国人的价值观。而西方文化对人对事黑白分明，尤其是欧洲各国由于地理面积狭小和资源匮乏，竞争和开拓精神深深植根于西方文化中。因而西方文化以其视角审视中国的崛起时便认为中国的强大必然成为世界的威胁，最典型的代表人物就是亨廷顿，他在"文明冲突论"中写道"如果一个大国拥有强烈的文化优越感，或者对它曾有过的、由世界上其他国家所造成的历史遭遇心怀冤屈，那么它将很难与人为善，这种沙文主义和冤屈感，恰巧中国都有"。他将中国的文明看成西方文明的对立物，并且设想出一场在下世纪初发生在中国与西方世界间的"文明大战"。其实从深层次讲亨廷顿也代表了西方世界对西方文明衰落的恐惧，因而也是"中国威胁论"的文化起因。

(4) 中国作为世界经济大国的崛起。中国经济的崛起已经是一个不争的事实。世界银行的资料表明，2000 年按汇率法计算的中国国内生产总值是日本的 23.1%、德国的 57.8%、英国的 76.4%、法国的 84.0%，已经超过意大利，跃

---

① 陈兼. 60 年后再思考朝鲜战争的起源与历史影响［J］. 作家文摘，2010，6.

居世界第六位。然而在短短的 9 年间，中国的国内生产总值已经逼近日本①，2001 年，中国的国内生产总值不到美国的 1/10，而 2009 年中国国内生产总值已达美国的 1/3 强，成为世界上的第三大经济体。不少学者都在预测中国即将超过美国的时间，有人认为是 2020 年，也有人认为是 2025 年，总之，以目前中国的发展速度，特别是金融危机后中国经济的快速复苏使人们有充分的理由相信中国经济总量超过美国只是时间问题。日本《富士产经商报》近日汇总报道了美国发表的一份有关我国的报告，称我国的国内生产总值规模将在 20 世纪中叶达到美国的两倍，成长为超级大国。报告呼吁美国要尽快做好应对中国的力量（包括军事力量）的准备。

美国在第二次世界大战结束后国内生产总值占到世界总产值的 45%，它的国力优势，特别是苏联解体后美国一国独大的局面使美国坚定地认为它是世界的领导者，白宫发表的美国国家安全战略的第一个大标题就是，"为了更加安全、更加繁荣的明天，今天必须领导世界"。这就是美国的国家利益，任何对美国的利益和领导地位提出挑战的国家必定被视为是对美国的"威胁"。苏联的解体根本原因就在于其经济实力再也无法支撑它与美国的对抗。因此，当学者们公开讨论中国经济总量赶上美国的时刻表时，美国的政治家们绝不会对此视而不见。很多美国政策的制定者和评论者认为，中国经济持续增长已经对美国利益形成挑战，必须停止。加利福尼亚大学尔湾校区的彼特·纳瓦罗（Peter Navarro）是美国电台著名的分析员和评论员。他相信，中国"正在执行全球经济霸权的步骤"。在《即将到来的中国战争》中，纳瓦罗要求美国必须尽全力阻止这个国家前进的步伐。步骤包括展开对中国的直接经济对抗，还可以采用制裁和边境控制的办法，必要时甚至要采取军事行动

3. "中国威胁论"的其他翻版

（1）"中国能源威胁论"。2010 年 7 月 19 日《金融时报》援引美国《华尔街日报》的报道称，2009 年，中国各种能源消耗的总量，包括可再生能源，相当于 22.52 亿吨原油，比美国高出 4%。统计数字同时显示，中国每年人均能源消费量目前只相当于 1.5 吨原油，这是美国人均能源消耗量的 1/5，这个数字也远低于很多发达国家。国际能源署的国民经济专家法提赫·比罗尔（Fatih Birol）表示："这意味着能源历史的一个新时代到来。"这一报道似乎为几年前掀起的"中国能源威胁论"提供了证据。对此博鳌亚洲论坛前秘书长龙永图在首届中国能源战略国际论坛上一针见血地指出，中国的经济增长并不能对全球的能源供应造成威胁，制造"中国能源威胁论"是缘于西方一些人对中国崛起的恐惧。他

---

① 根据世界银行的最新统计，2009 年年末中国国内生产总值与日本的差距仅为 0.16 万亿美元，而 2010 年第二季度，中国国内生产总值总量已经超过日本。

说,近几年石油价格上涨的主要原因是中东等主要产油区形势不稳造成的,但西方国家却将主要原因归结为中国的能源需求所致。这些言论背后的根本原因还是西方一些人对于中国和亚洲崛起的恐惧。

(2)"中国经济责任论"。随着中国经济总量的不断增长,西方国家的舆论越来越多地谈论有关"中国的经济责任"问题,例如,1998年的亚洲金融危机和2008年的美国次贷危机中都听到对中国应承担相应责任的论调。特别是此次波及世界范围的由美国次贷危机引发的全球金融危机中,个别发达国家散布"中国经济责任论",将金融危机和世界经济复苏乏力归咎于中国,认为"当前世界经济中的任何问题都因中国而起",要求中国承担起世界经济失衡和"拯救全球经济"的责任。

对于所谓的"中国经济责任论",霍建国认为它有如下几个特征:第一,"中国经济责任论"是"中国经济威胁论"的翻版。长久以来,由于价值观和社会制度的差异,西方一直戴着有色眼镜看待中国,当中国经济遇到困难时,我们听到了"中国崩溃论";当中国经济发展取得成就时,又冒出了"中国威胁论"。此次西方通过制造"中国经济责任论"否认中国在促进世界经济复苏和增长中的积极作用,同时又把中国经济的快速增长视为全球经济失衡的主因,甚至将全球资源供应紧张都归为中国因素。这其实是与"中国经济威胁论"相互唱和。第二,对中国的指责花样翻新并趋于长期化。西方主要国家除反复热炒人民币汇率问题外,最近又抛出所谓"顺差国责任"、"债权国责任"、"储蓄国责任"、"能源消费大国责任"、"碳排放大国责任"等论调,并试图借助各种炒作,形成对中国不利的长期舆论氛围,给国际社会以"世界经济中的任何问题都因中国而起、世界经济形势能否好转取决于中国采取的措施"等印象。第三,拉拢诱使发展中国家共同对华施压。金融危机以来,发展中国家的经济表现普遍好于发达国家,发展中国家在全球经济的份额逐步扩大。西方利用中国与一些发展中国家经济上存在竞争的一面,将人民币汇率问题扩大化,推动一些发展中国家对华施压,企图使中国在国际经济中陷入被动局面,从而干扰中国自主发展的方向。

对于此次金融危机的根本原因早有公论。它是美国华尔街金融界的贪婪和监管失控,是过量的金融衍生品和投资银行在全球大肆操纵市场炒作期货获取高额利润的结果。其制度上的原因则是美国金融管理机构监管不到位和美国政府长期操纵美元,致使全球资产泡沫加剧。而世界经济衰退和失衡的根本原因是不公平的国际经济秩序和国际协调机构功能的缺失。

事实上在两次危机中国都做出了一个负责任大国所应承担的责任。例如,亚洲金融危机期间,中国坚持人民币不贬值,在地区经济复苏和抵御危机向全球蔓延的过程中发挥了关键性作用。中国在危机中对世界经济增长的贡献率达到

25%以上，成为世界经济增长的重要支撑点。此次国际金融危急中，中国在2009年全球货物贸易额下降23%、美国进口下降26%的情况下，中国进口降幅仅为11%。2010年上半年，中国进口维持在40%的增幅，为世界经济的复苏做出了实实在在的贡献。因而主要发达国家大肆渲染"中国经济责任论"无非是想转嫁危机，掩盖、模糊危机的真正原因，同时以此来要挟中国，使中国在能源开发、气候变化、人民币汇率等方面承担不符合自己国力的负担，达到按照西方规则"规范"中国发展道路，遏制中国的目的。

二、"新殖民主义论"

1. 问题的提出

自21世纪开启以来随着我国对外投资步伐的加快，其对非洲各国的投资额也在增加，特别是在石油矿产领域的投入增长迅速。然而中国对非洲的投资及其他经济行为导致大多西方媒体的高度关注，而这种"关注"也反映出它们的一种不健康心态，即中国的到来会损害西方国家的切身利益，尤其是石油利益，外交大臣竟然声称，"中国今天在非洲所做的，多数是150年前我们在非洲所做的"。不仅如此，有些媒体宣称，中国已非50年前无私帮助非洲抵抗"帝国主义"的那个中国，污蔑中国现在在非洲就是"赤裸裸的交易"。而且，有些媒体还总是有意将中国"走进非洲"与非洲的所谓"腐败"、"独裁"和"违反人权"等联系起来，丑化中国形象。英国《经济学家》周刊在2012年1月发表的一篇文章就形象地表达了这一观点："大约600年前，明朝的航海家到达这个大陆的东海岸，带回了一头长颈鹿以满足皇帝的好奇；今天，中国的船只在同样的航线定期航行，带回了石油、铁矿石和其他商品，以满足一个庞大的经济体发展的贪婪胃口。"事实上，西方媒体的这种观点也代表了某些西方政府官员的看法。英国外交大臣杰克·斯特劳访问尼日利亚时发表了一篇演讲，将中国与贫困、地区冲突、恐怖主义等一道列为非洲面临的十大挑战之一。很多西方媒体都在大肆炒作中国在非洲搞所谓"新殖民主义"。

2. 什么是新殖民主义

（1）殖民主义。殖民主义是少数帝国主义宗主国（以欧洲列强为代表）对大多数殖民地和附属国进行殖民压迫和金融扼制的世界体系。帝国主义传统的殖民政策主要采用武力征服、直接统治的方式，在对殖民地、附属国实行政治兼并的基础上进行经济掠夺。同时，帝国主义国家也采用经济手段掠夺和控制形式上独立的国家,对它们实行不带政治"兼并"的经济"兼并"。但这后一种殖民方式在帝国主义形成时期并不占统治地位。帝国主义国家主要通过前一种殖民方式抢占殖民地。到20世纪初,世界领土瓜分完毕,帝国主义殖民体系最终形成,各国垄断资本利用它们在殖民地、附属国的政治、经济特权,通过输出资本、掠夺原料、不等价交换和其他各种超经济手段,对这些国家的人民进行敲骨吸髓的剥削。第二次世界大战后,亚、非、拉地区民族解放运动进一步高涨,殖民地、附属国纷纷走上了独立的道路。1945～1980年,全世界共出现了90个新独立国家,旧的殖民体系土崩瓦解,一大批新兴的发展中国家作为独立的政治力量登上国际舞台。这一切都迫使帝国主义无法继续旧殖民政策,转而采取承认发展中国家的政治独立,主要通过加强经济渗透和剥削,实现不带政治"兼并"的经济"兼并"的新殖民主义政策。

(2)新殖民主义。对于新殖民主义的含义我国学者的观点在20世纪80年代初期以前基本一致。代表性的有仇启华的《现代垄断资本主义经济》和樊亢的《资本主义兴衰史》。樊亢指出:"新殖民主义是帝国主义在'二战'后旧殖民主义体系瓦解后,为维护其既得利益,对已经获得政治独立的发展中国家推行的一种新的剥削与掠夺形式。与旧殖民主义不同,新殖民主义的主要特点是,它表面上承认原殖民地、附属国人民的独立权利,而实际上却采取种种欺骗手段,从政治、经济和军事各方面,对已获得政治独立的国家实行控制和渗透,为它们争夺世界霸权和势力范围服务。它侧重于经济渗透和政治控制,但也不排斥进行军事渗透和侵略。"樊亢还阐述了"二战"后帝国主义掠夺方式的几种变化:加强国家资本输出,以"援助"为名为私人资本的扩张开路;跨国公司成为推行新殖民主义的重要工具;借助对现代科技的垄断控制掠夺发展中国家。

至20世纪90年代以后,由于国际形势和政治格局发生剧变,加之市场经济迅猛扩展,和平与发展渐成时代主题,学界对新殖民主义的认识出现了分化,但大部分学者仍然承认新殖民主义的存在,他们的基本观点与传统观点相近,但认识与研究的广度、深度均有了较大发展。例如,张顺洪等撰写的《英美新殖民主义》一书从若干角度对新殖民主义进行了评论。他们指出:新殖民主义是殖民主义在新历史条件下的延续。"二战"后,民族解放运动风起云涌,殖民帝国纷纷瓦解。在殖民撤退中,殖民主义者千方百计把老殖民主义向新殖民主义转化,企图对获得政治独立的国家继续进行控制、干涉与掠夺,保持新生国家对原宗主国的依附性,维持旧的国际不平等关系和国际经济旧秩序。老殖民主义的终结是广大殖民地半殖民地人民斗争力量日益强大的结果;而新殖民主义的存在和发展则是广大发展中国家的力量和世界进步力量尚不十分强大的结果。关于新殖民主义的统治形式他们认为,新殖民主义不是进行武力征服和直接的殖民统治,而是承认政治独立,采取各种方式尤其是掩蔽的方式进行间接支配,达到控制、干涉与掠夺落后国家和地区的目的,在一定情况下也会进行武力干涉。关于新殖民主义产生的原因。认为新殖民主义是由现代垄断资本主义本质决定的,是垄断资本主义对外关系的一种体现。垄断资本追逐高额利润,控制市场、原料和投资场所,要做到这些,就必须对已取得政治独立的广大发展中国家进行形形色色的控制。世界历史发展的不平衡也是新殖民主义的一个前提。"二战"后独立的原殖民地、半殖民地国家仍处于相对落后的地位,这就为昔日的殖民列强推行新殖民主义提供了条件。

许多非西方国家的民族主义者特别是一些原殖民地国家对新殖民主义的理解与中国较接近,典型的代表是加纳前总统恩克鲁玛。他认为,"二战"后,旧殖民体系受到沉重打击而无法维持,社会主义阵营日益壮大,为了使殖民主义适应西方失去政治霸权的新局面,西方列强采取种种手段(包括控制国际市场和操纵商品价格;高利率;"经济援助";"无形贸易";文化渗透等)加强对欠发达地区的控制。新殖民主义控制下的国家在理论上讲是独立的,但其经济制度、政治政策以及文化和意识形态等方面都受到外力的严重影响和支配,从而加大了这些国家与富国之间的差距。恩克鲁玛指出,新殖民主义不仅是一种制度和统治形式,也是一个历史发展阶段,它是"帝国主义最后的,也许是最危险的阶段。"

西方学者对新殖民主义问题也做了大量研究工作。在对新殖民主义的本质的认识上,许多学者与东方学者的观点是相通的。他们认为:新殖民主义是在旧殖民体系解体和非殖民化运动取得成功后,西方发达国家对非西方国家实行间接统治的一种方式(或者体系、制度等),是殖民主义在新时期的继续和发展。但他们的表述和侧重有所不同。例如,科林·利斯在《肯尼亚的欠发达:新殖民主义的政治经济学》中指出:新殖民主义本质上就是一个国家的人民大众受到外国资本,而非通过直接殖民统治的方式进行控制的一种体系。而斯塔夫里阿诺斯则说:"如果说殖民主义是一种凭借强权来直接进行统治的制度,那么新殖民主义就是一种让予政治独立来换取经济上的依附和剥削的间接统治制度。"

(3)"新殖民主义"实施的途径。推行"新殖民主义"的对外经济渗透和扩张,主要通过以下几种渠道进行:第一,资本输出。国家和私人资本输出是新殖民主义经济扩张的一个重要手段。第二次世界大战后,西方发达国家通过"援助"方式,向发展中国家大量输出国家资本,并附带苛刻的条件。如受援国必须购买援助国的商品,必须为援助国的私人资本输出提供优惠条件和安全保证,等等。第二,对外贸易。对外贸易是新殖民主义进行扩张活动的又一个重要手段。发展中国家对发达国家在贸易上有极大的依赖性。大多数发展中国家主要向发达国家出口农、矿产品和原料,又大多从发达国家进口工业制成品和粮食。发达国家的跨国公司控制着当今世界贸易的 2/3 左右,它们通过对国际市场的垄断,操纵世界市场价格,一般抬高工业制成品价格,压低初级产品价格,对发展中国家进行不等价交换的剥削。第三,科学技术垄断。垄断现代科学技术,也是发达国家进行新殖民主义扩张的一个重要手段。目前世界上大部分专利权和最新技术都被发达国家的跨国公司所垄断。世界上的技术转让 80% 是由西方发达国家供应的,其中美国约占 50%~55%。它们在同发展中国家进行技术交往时,总是把一些先进技术优先转让给本国跨国公司在当地的子公司,使之抢先占领当地市场。在向发展中国家转让已经扩散的技术时,不仅索取高额费用,且拒绝转让关键技术,还附有许多不合理的限制性商业惯例,以保持发展中国家在技术上以及生产和销售上对它们的从属地位。第四,金融垄断。发达国家的跨国银行利用自己在国际资本市场上的垄断地位,向发展中国家提供贷款,进行高利盘剥。并且利用发展中国家在外汇资金上对它们的依附关系,通过调整本国的货币政策以及其他各种外汇手段,损害发展中国家的利益。仅 1971 年和 1973 年美元两次贬值,就使发展中国家的美元储备损失 20 多亿美元。1980 年起,西方发达国家普遍实行高利率和高汇率政策,又使发展中国家偿还外债的利息急剧增加。这些跨国银行在发展中国家拥有巨大的金融力量,通过贷款、投资和外汇业务以及组织国际银行财团等活动,控制一些发展中国家的货币流通和信用体系,影响甚至操纵这些国家的经济生活和对内对外政策。例如,西方给非洲注入了大量的发展援助资金,并派遣专家为非洲国家设计发展道路。但是,正如它们自己经常强调的,这些援助资金是有条件的,即非洲国家必须按照西方开出的政治改革和经济发展的处方制定内外政策。

三、中国对非洲国家的投资

1. 从授之以鱼到授之以渔

中国对非洲的投资完全不同于西方发达国家的方式。总结起来讲,中国对非洲的投资经历了 3 个阶段。第一阶段是在 20 世纪 80 年代以前我国对非洲提供了大量无偿援助,主要是配合国际外交活动以对外援助的形式开展对外投资活动。1950~1958 年,我国先后向 90 多个国家和地区提供了经济援助,援助总额达 550 亿元,其中无偿援助 320 亿元,贷款 230 亿元。在 20 世纪 70 年代初期我国对外经济援助支出曾达到国家预算的 5.88%,其中 1973 年高达 6.92%。1978 年后经过调整控制了援外支出。这一时期的外援项目并非属于真正意义上的对外投资。我国的海外投资实际上是从我国实行改革开放路线以后逐渐发展起来的。第二阶段是从1983年以后，我国在对外提供经济技术援助规模日益扩大的基础上，采用了一些新的对外投资方式，使之更适合社会主义市场经济的规律。这一时期我国在"平等互利、讲求实效、形式多样、共同发展"对外经济合作4项原则的基础上，同一些亚、非、拉发展中国家开展援外与承包、合营相结合的多种合作形式。时任国务院总理朱镕基访问非洲后，中国对非洲的经济合作形式也从单一的援助到项目合资，随着非洲大陆越来越向世界打开大门以及中国与非洲经贸往来的蒸蒸日上，企业化的投资将有可能成为中国今后投资非洲的主要形式。中非之间的经贸合作成为"南南合作"的典范。不仅"授之以鱼"，还"授之以渔"，把企业发展的"钥匙"交给当地。目前中国在非洲设立的合资企业已超过600家。

2. 中非投资合作以互利共赢为目的

中非之间的投资合作建立在相互尊重、平等互利、共同发展的基础上，中方的投资不带任何政治附加条件，因此受到非洲国家的欢迎，这点从首次中非投资论坛的盛况就得到体现。在首届中非投资论坛上，非洲国家推出了10多个招商项目，其中包括来自喀麦隆的价值32亿美元的房地产开发项目，埃塞俄比亚总投资70.6万美元的家庭用具生产项目，坦桑尼亚总投资750万美元的禽肉加工项目，厄立特里亚总投资1070万美元的面粉厂项目。

中非之间的产业和贸易结构有着相当强的互补性。目前中国是制造业大国，在工业品制造方面拥有很大优势，而非洲在原料上拥有丰富资源。客观上的相互需求使双方在贸易和投资方面有着广阔的合作空间。

目前，中国将近30%的石油进口依靠非洲，大部分来自苏丹、安哥拉、刚果和尼日利亚等国。中国还在石油开采、铁路建设等基础设施建设方面对非洲国家，特别是发达国家认为是高风险的国家和地区进行了大量的投入，为当地开采和利用本国资源启动经济发展做出了贡献。例如，中国政府以优惠贷款的形式承诺向尼日利亚老化的铁路系统投资10亿美元，用于翻修、更新尼日利亚老化的铁路系统；中国北方电力工程公司在尼日利亚赢得一份价值1亿多美元的合约，将在尼日利亚中部两个城市之间，架设一条近300公里长的输电线。中国还计划在尼日利亚南部建造一个自由贸易区，商品货物可以顺畅地运往西非和中非。据估计，这项投资的金额达到70亿美元。这笔投资将巩固中国与泛撒哈拉沙漠以南非洲最大产油国之间的联系，以满足其蓬勃发展的经济对能源的需求。基础设施建设不仅让中国不断加强与产油国的经贸联系，还可稳定石油供应，加强当地的投资环境。

3. 中国是否在推行"新殖民主义"？

中国目前在非洲的所作所为与当年西方的殖民主义完全不是一个概念，这点就是一些西方媒体也不得不承认。比如，德国《经济周刊》明确表示"中国的崛起为非洲创造了融入国际贸易和全球化的历史机遇"。其中写道："中国……令非洲经济增长了5%以上，而且也将通货膨胀压缩到25年来的最低水平。在非洲历史上，以经济投资形式流入的资金首次超过了以发展援助形式流入的资金（许多人认为这是非洲历史的转折点）。""非洲有史以来首次掌握了自己的命运；而为这块大陆创造这一绝佳契机的正是中国人。"这篇报道还坦承："几十年来，石油跨国公司在安哥拉实现了辉煌的经营业绩，但并不关心这个国家的问题。"而中国虽然同样开发能源，却"也从农民、商贩和手艺人的身边经过，使他们终于可以去邻近省份的市场出售产品，并提供服务"，而且"中国人在尼日利亚人迹罕至的乍得盆地开发了油田，西方企业一直认为开发那里过于困难"。

对于中国在非洲的所作所为非洲人民最有发言权。非洲能力培养基金会执行秘书长、马里前总理苏马纳·萨科在接受新华社记者专访时驳斥了西方媒体所谓"中国要把非洲变成殖民地"的说法，指出非洲正在获益于与中国的紧密合作伙伴关系。

萨科说，西方国家说中国要对非洲搞殖民化的说法是"一个十足的谎言"，根本站不住脚。没有任何数据说明非洲在与中国的交往中失掉了什么，相反，非洲只有获益。他指出，西方媒体批评中国在非洲搞基础设施建设是在向非洲输送廉价劳动力，造成非洲人大量失业，但事实正好相反，中国人的投资为非洲大陆创造了大量就业机会。非洲大多数国家最近几年的经验是，政府凡有基础设施建设的国际招标，中国公司最有可能中标，因为它们更具有竞争力。自从中国开始在非洲投资和进行贸易以来，它们给非洲带来了价廉物美的商品，非洲国家可以根据自己公民的购买力从中国进口不同档次的商品。

大多数非洲国家已经注意到，中国尊重别国的主权，允许别的国家掌控自己的命运和经济政策，中国对把自己的一套东西强加给别人不感兴趣。事实表明，中国非常尊重非洲和非洲国家政府，中国通过正面鼓励来支持非洲，而不是用高压和惩罚的手段对待非洲。

萨科表示，20世纪60年代马里独立以后，中国帮助马里建立起第一家工厂。中国这样做不是为了剥削这个刚刚独立的国家，而是为了帮助它通过经济上的独立来巩固政治上的独立。这样的例子还有很多，其中包括著名的坦赞铁路。此外，中国还帮助非洲国家加强人力资源建设，为非洲国家培训了大批不同领域的专家。"中国过去一直是，现在是，将来依然是非洲的好朋友。"

本文发表于《中国企业对外投资风险论》，中国金融出版社，2012年。

"一带一路"背景下中国对中亚五国直接投资的风险比较研究
——利用 F-AHP 模型的分析

一、导论与研究方法

2013 年 9 月，习近平主席出访中亚，在纳扎尔巴耶夫大学的演讲中提出共建"丝绸之路经济带"的伟大设想，而后又在 10 月出访东南亚国家时提出了构建"21 世纪海上丝绸之路"的宏伟蓝图。2015 年 3 月，商务部等部委联合发布了《推动共建丝绸之路经济带和 21 世纪海上丝绸之路的愿景与行动》，系统描绘了"一带一路"的路线图。"一带一路"战略符合沿线国家的共同需求，在经济全球化与区域化并存的大背景下，有助于实现沿线国家的优势互补，并为国家间的共享开放发展提供了相应的平台[①]。

中亚五国是"一带一路"线路上一组重要的国家，自 2005 年以来，中国在中亚地区的投资不断增长，其重要地位逐渐凸显。特别是当中国在经济高速发展过程中出现了巨大的能源缺口时，中亚五国所拥有的储量丰富的油气矿产等能源资源成为中国与中亚五国投资合作的重要基础。数据显示，中国对中亚五国的直接投资流量逐年增长，到 2014 年总额已达到 136.6 亿美元，在总流量中的比重为 11.1%，而直接投资存量到 2014 年达到 100.9 亿美元（见表 2-5）。目前，中国已经成为中亚最大的贸易伙伴，是中亚国家油气资源的最大购买者，因此提升中国在中亚地区投资的安全性和成功率，有助于中国的能源安全与区域的和平稳定。

---

① 国家发展改革委、外交部、商务部联合发布：《推动共建丝绸之路经济带和 21 世纪海上丝绸之路的愿景与行动》，2015 年 3 月 28 日。

表 2-5　2005~2014 年中国对中亚五国直接投资存量　单位：百万美元

年份	哈萨克斯坦	吉尔吉斯斯坦	塔吉克斯坦	土库曼斯坦	乌兹别克斯坦	五国合计
2005	245.24	45.06	22.79	0.20	11.98	325.27
2006	276.24	124.76	30.28	0.16	14.97	446.41
2007	609.93	139.75	98.99	1.42	30.82	880.91
2008	1402.30	146.81	227.17	88.13	77.64	1942.05
2009	1516.21	283.72	162.79	207.97	85.22	2255.91
2010	1590.54	394.32	191.63	658.48	83.0	2917.97
2011	2858.45	525.05	216.74	276.48	156.47	4033.19
2012	6251.39	662.19	476.12	287.77	146.18	7823.65
2013	6956.69	885.28	599.41	253.23	197.82	8892.43
2014	7541.07	984.19	728.96	447.60	392.09	10093.91

资料来源：根据《中国对外直接投资统计公报》（2005~2014）汇总。

由表 2-5 可知，中国对中亚五国的直接投资呈现逐渐上涨的趋势，随着"一带一路"战略思想的制定和实施，中国对地处"一带一路"中线的中亚五国的直接投资必然会加速持续增长。与此同时，中亚国家复杂的政治结构，对外资进入的种种限制政策，以及宗教、法律等因素带来的风险并没有因为中国的"一带一路"战略的实施而得到改善，尤其受宗教极端组织、东突等问题的影响，在这个区域的投资风险事实上还有所增加。

在风险面前，中国企业还没有树立足够的风险防范意识，部分海外经营的公司内部治理结构不合理，投资决策前的风险评估也不到位，可能会出现决策偏差。有鉴于此，本文希望通过对中国在中亚五国直接投资的风险比较研究，对正在扩大对外投资、开拓海外市场的中国企业提供一个值得参考的研究成果。

本文采用的研究方法是模糊综合层次评价法（F-AHP），该方法是将一些边界不清、不定量的因素定量化并进行综合分析的一种方法，是以模糊数学为基础发展而来的。它通过层次分析法将各层级要素的权重和其相对于整体的权重计算出来，而后借鉴权威报告和专家意见利用模糊分析法为各要素赋值，最后计算整体的风险级别。

在本文的模型构建过程中，为了数据的精确性，采用层次分析法求取各层要素的权重。依据对各个国家政治、经济、法律、文化等各个方面投资环境的调研得出相应的评价，数据的取得主要依靠商务部和世界投资报告，因此是权威的、可信。以调研事实为依据，根据大量实证研究结果并且征询专家的意见进行评估，通过对目标市场的相互对比，得出相应的风险评级，为中国企业在中亚五国进行投资提供可行性建议。本文选取的分析对象是"一带一路"中线上的国家——中亚五国，即哈萨克斯坦、土库曼斯坦、塔吉克斯坦、吉尔吉斯斯坦和乌兹别克斯坦。

二、中国对中亚五国直接投资风险来源分析

鉴别和确定风险来源是进行风险评估的第一个环节，只有明确风险的来龙去脉才能有的放矢地采取相应的对策。对中亚五国的风险来源评估主要从政治风险、经济风险、文化风险、法律风险和"一带一路"背景下的新风险等几个方面进行。

1. 政治风险

政治风险是指由于东道国政局动荡以及政策的变更给外国投资企业带来的损失和偏离预期收入的可能性。政治风险一般不宜预测，但一旦出现损失很大。它主要包括政治制度风险、政策变更风险、政府干预风险、投资壁垒风险、外部政治风险、意识形态风险等。在投资环境的要素组成中，政治环境居于首要地位。"一带一路"战略的顺利实施与沿线国家的国内政局发展有着不可分割的关系。众所周知中亚五国在领导人交接、民主政治转型以及民族冲突等方面面临多重矛盾，因此分析五国的政治风险对于中国企业"走出去"极为重要。

（1）政治制度风险。在中亚五国中，除吉尔吉斯斯坦实行议会共和制外，其余四国均是总统共和制。哈萨克斯坦总统任期七年，但自从建国伊始，总统一直由努尔苏丹·纳扎尔巴耶夫担任，并且2007年该国宪法规定现任总统可以不受次数限制，连选连任。所以尽管哈萨克斯坦形式上属于三权分立，实质则是以纳扎尔巴耶夫为核心的强人政治。土库曼斯坦建立了名义上的三权分立的总统共和制，但前总统尼亚佐夫占据总统位置近20年，并宣布自己为土库曼斯坦终身总统，国内充斥浓厚的个人崇拜。继任总统别尔德穆哈梅多夫在洗清了尼亚佐夫旧部之后也开始推行个人崇拜，因而强人政治和个人崇拜是土库曼斯坦政治体制的重要特点。乌兹别克斯坦的政局由总统牢牢掌握，议会只起到橡皮图章的作用。塔吉克斯坦总统由全民选举产生，每届任期七年，但目前的总统由拉赫蒙从1992年连任至今。吉尔吉斯斯坦总统每届任期五年，不得连任，从2005年库尔曼别克·巴基耶夫开始较好地执行了这一规定，但有两次非正常更迭造成了社会

动荡，经济下滑。

由上述情况可知，在政体风险方面，相比而言吉尔吉斯斯坦的风险较低，政治民主程度高于其余四国，但是权力过渡的平稳性有待提升。其余四国中"强人政治"的特点较为明显，土库曼斯坦更是个人崇拜严重，总统权力没有适当的限制和约束，透明度较低，难以确切明了其对待外资的态度。

（2）政策变更风险。在五国中，哈萨克斯坦的纳扎尔巴耶夫年岁已高，其接班人问题成为哈政局最不稳定因素，而被外界视为其接班人的纳扎尔巴耶娃在政治能力和执政观念上尚存在不确定因素，且立场较为亲美。乌兹别克斯坦的卡里莫夫现年78岁，接班人问题同样成为乌兹别克斯坦政局的最大变数，乌兹别克斯坦国内局势表现出强烈的地域集团博弈特征，各集团之间的激烈竞争引起国内政局的严重动荡，若卡里莫夫去世后没有强有力的接班人，乌兹别克斯坦很可能成为中亚的南斯拉夫。对于吉尔吉斯斯坦来说阿塔姆巴耶夫2011年就任至今已满五年，面临换届问题。

以上三国均存在领导人更迭带来的政局动荡和政策持续性不确定的风险，这将会直接影响到投资者在此的商业利益。而塔吉克斯坦和土库曼斯坦的领导人正是年富力强，因为没有换届的问题，政策在一定时期内会保持相对的稳定。

（3）政府干预风险。在哈萨克斯坦，外资银行的资本份额不得超过国内银行总资本额的25%，企业在准备转让矿产开发权或出卖股份时，哈萨克斯坦能源部有权拒绝发放许可证，国家可优先购买其所转让的开发权或股份。

在土库曼斯坦的承包市场中，外国公司中标当地工程须经总统批准，否则合同无效。土库曼斯坦的招投标方式不完全与国际惯例接轨而由各行业招标委员会确定，随意性较大。现行法律不允许外方在合资企业中控股。

乌兹别克斯坦计划经济色彩浓厚，在经济生活中较大程度上仍保持行政干预手段，相关部门对减免税的政策解读和执行标准不一。

吉尔吉斯斯坦在引进外资方面持积极态度，但却一直缺乏相应的优惠政策，现有政策也落实不力，在这方面政府的主观性占很大比例。

塔吉克斯坦2007年颁布的《投资法》中取消了对塔方员工不得少于70%的限制，但在实际执行过程中政府通过投资协议等形式强行规定更高的塔方员工雇用比例。

上述五国中政府在投资方面的各种干预有通过法律形式明确规定的，也有隐性存在的，当然隐性的风险更大，因此在政府干预风险当中，土库曼斯坦和乌兹别克斯坦的风险比较大，塔吉克斯坦主要集中在用工方面，风险相对较小。

（4）投资壁垒风险。投资壁垒风险从政府政策角度包括市场准入和用工限制等方面。首先是市场准入风险（见表2-6）。

表 2-6 中亚五国市场准入风险比较

国家	市场准入条件
哈萨克斯坦	凡在哈萨克斯坦境内承建当地工程项目的外国企业必须具有国外工程项目承包执照；外国投资者可以以合资形式进入哈萨克斯坦建筑业市场，但是持股比例不得超过49%；外国投资者持有经营城际和国际电信干网的合资企业股份不能超过49%；外资银行资本份额不能超过国内所有银行资本额的25%；外国企业只能租用哈萨克斯坦土地，但租期不得超过10年；在哈萨克斯坦开采石油、天然气及地下矿产资源的外资企业必须与哈萨克斯坦政府签订地下资源使用合同，且国家有权优先购买转让的股份
土库曼斯坦	通过许可证制度管理禁止或限制行业，对矿产资源开采、加工行业、纺织行业、基础设施建设、旅游业等鼓励进入；外国居民、法人等在土库曼斯坦只能租赁土地，且必须经土库曼斯坦总统批准，不允许外资获得农业耕地和林地的承包经营权；外国公司中标当地工程须经总统批准，否则合同无效
乌兹别克斯坦	能源及重点矿产品等领域的外资股份所占比例不得超过50%，航空、铁路等领域完全由国家垄断；外国投资者在出资购得乌兹别克斯坦企业的同时还必须做出投资承诺，即在一定的期限内保证投入承诺的资金或先进的工艺设备；不允许外资获得农业耕地和林地的承包经营权；对承包项目工程的外国公司有详细规定
吉尔吉斯斯坦	对外国投资者无行业限制，可通过全资收购或部分参股的形式对吉尔吉斯斯坦企业进行并购；除民用住宅外，承包其他显著项目实行许可制度；外国承包商在吉尔吉斯斯坦承包军工项目须由两国政府签订备忘录，由指定公司执行
塔吉克斯坦	博彩业属于禁止进入行业，对限制行业实行许可证制度，鼓励进入能源领域，基础设施建设和农业及农产品加工等领域；企业并购资产总额超过400万索莫尼须获得塔吉克斯坦反垄断局同意；外国投资者可以在一定期限内租用土地，最长不超过50年；欢迎对农业投资，没有附加特殊条件，对林业投资合作不太重视，没有相关规定。外商承包工程需持有许可证，工程建设和验收参照塔吉克斯坦标准，目前没有法律规定不可承揽的工程，但对炸药爆破的管理极其严格，手续烦琐

资料来源：中华人民共和国商务部，《对外投资合作国别（地区）指南》（2015年版）。

通过表 2-6 可知，中亚五国均从禁止、限制、鼓励等方面对外资进入领域进行了规定，除此之外还有关于持股比例和其他附带条件的约束。综上所述，吉尔吉斯斯坦在市场准入方面无行业限制，对投资形式也可全资或参股，风险最小，哈萨克斯坦和土库曼斯坦则有政府主观性在其中起作用，缺乏稳定性，风险较大，乌兹别克斯坦和塔吉克斯坦在行业限制方面规定比较明确，且附带相关条件，风险等级居中。

对中亚五国在劳务与签证风险因素的比较如表2-7所示。

表2-7 中亚五国劳务与签证风险比较

国家	劳务与签证政策
哈萨克斯坦	哈萨克斯坦对外国劳务人员实行严格的工作许可制度，获取签证手续烦琐十分困难，对其数量实行总量控制、按州发放，2015年规定，引进劳务的配额不超过哈萨克斯坦劳动力人口的0.7%，但此配额不适用于欧亚经济联盟成员国公民。申请劳务许可的员工年龄不得低于23岁，男不得高于63岁，女不得高于58岁
土库曼斯坦	土库曼斯坦在雇佣劳工方面采取土库曼斯坦居民优先补缺原则，发放劳动许可的比例是外国雇工数量不超过员工人数的30%，许可证的有效期为一年，顺延期限一般不超过一年，不可转让。外国公民与本国公民在劳动关系方面权利义务相同。资方无权随意解雇当地员工，一旦违规将拒发劳动许可
乌兹别克斯坦	乌兹别克劳动部门在为外国员工办理劳动许可时，生产型企业有效期为一年，贸易类企业等一般只办理半年，且全国只有首都塔什干可办理；外方员工比例与当地员工比例由1:4提高到1:7，在实际执行时比例更为苛刻，且普通工人比较困难，签证办理的周期长，费用也较高。办理劳动许可后才可办理签证和居留
吉尔吉斯斯坦	只有获得招收外国劳动力许可证的企业才可雇用外籍劳务。在吉尔吉斯斯坦工作的外国人必须持有工作许可证。因为岗位有限，获得许可证的主要是高级技术人才，且大多伴随项目进行。企业外籍领导人、外国专家的工作许可证有效期为一年，并允许逐年延期，工作人员总有效期不得超过两年，个体企业主不得超过三年
塔吉克斯坦	2014年以来，塔吉克斯坦对外国工作人员比例进行限制，基本达到2:8的用工比例，发放签证和劳动许可方面的尺度也较为严格。对引进专业技术性人才比较积极

资料来源：中华人民共和国商务部，《对外投资合作国别（地区）指南》（2015年版）。

综上所述，五国对外国员工的劳务许可和签证均有严格限制，且用工比例在不断缩小，在签证办理方面程序都较为烦琐，费用较高，因此中国企业进入五国投资时，在雇用员工方面应详细研究当地的用工比例和许可证费用及签证费用，在不违规的前提下做到成本最小化，同时对于技术程度不高的岗位可尽量雇用当地员工，一方面减少企业成本，一方面增加当地就业机会，提升企业形象。

（5）外部政治风险。衡量外部政治风险的一个全球性指标是全球治理指标（WGI），它包括六个维度：表达与问责、政治稳定与无暴力程度、政府效能、腐败控制、法治、监管质量，涵盖了世界215个经济体。其中政治稳定与无暴力程度指标测量人们对政府稳定、政府暴力或恐怖主义等事务的感知（见表2-8）。

由表2-8可知，在五国中，乌兹别克斯坦和中亚邻国的关系较紧张。塔吉克斯坦因为水资源问题和乌兹别克斯坦之间的冲突不断，严重影响了两国之间的货物运输，且在2014年与吉尔吉斯斯坦发生过边境冲突。两国在外部风险方面等级较高，其余国家风险较小。在政治稳定性一项上，土库曼斯坦的指标排名比较平稳，且居于五国之首；哈萨克斯坦排名在经历上升之后，自2010年以来不断下滑，不稳定因素增强，但其稳定性仍高于其余三国；乌兹别克斯坦的指标排名逐年改善，其稳定性在五国中居于中间水平；而吉尔吉斯斯坦和塔吉克斯坦由于边界冲突等因素，政治不稳定程度较高，外部风险较强。

表2-8 中亚五国政治稳定与无暴力程度指标比较 单位：%

年份	国别指标 哈萨克斯坦	土库曼斯坦	乌兹别克斯坦	吉尔吉斯斯坦	塔吉克斯坦
2005	52.40	48.08	3.85	16.35	10.10
2006	52.88	38.46	6.73	11.54	11.06
2007	66.83	52.40	9.62	17.31	22.60
2008	66.99	62.68	12.92	26.32	19.14
2009	72.04	61.61	17.54	24.64	16.11
2010	61.79	54.25	23.11	15.57	17.45
2011	36.32	54.25	27.26	16.04	16.98
2012	36.02	59.24	29.38	18.96	13.74
2013	34.60	53.55	26.54	18.96	14.22
2014	47.57	48.54	36.41	19.90	23.30

注：百分数表示的是在总指标所覆盖的所有国家中该国的等级排名，0代表最低等级，100代表最高等级。

资料来源：世界银行。

（6）意识形态风险。中国是世界上较少的仍在坚持社会主义制度的国家，在进行大规模对外直接投资的企业中国有企业占据了较高的比例，因而在西方国家，中国企业所进行的跨国兼并和收购活动往往由于"所有权"的问题遭受比较大的风险，因而构成意识形态风险。

2. 经济风险

经济风险对于企业投资者来说是一种较为显性的风险。造成经济风险的因素有多种，包括宏观经济风险、外汇风险、税收风险等。以下按照风险种类分别介绍一下五个国家在这方面的风险因素：

（1）宏观经济风险。宏观经济风险是一国的经济总体状况中的不确定性带来的风险，主要包括国内生产总值增长速度、失业率、通胀率以及外债规模等（见表2-9）。

表2-9 中亚五国GDP增长率比较（2005~2015年） 单位：%

GDP增长率\国别\年份	哈萨克斯坦	土库曼斯坦	乌兹别克斯坦	吉尔吉斯斯坦	塔吉克斯坦
2005	9.7	13.0	7.0	0.95	6.7
2006	10.7	11.0	7.3	5.0	7.0
2007	8.9	11.1	9.5	8.8	7.8
2008	3.3	14.7	9.4	6.0	7.9
2009	1.2	6.1	8.1	2.9	3.8
2010	7.0	9.2	8.5	-1.4	6.5
2011	7.5	14.7	8.3	5.7	7.4
2012	5.0	11.1	8.2	-0.9	7.5
2013	6.0	10.2	8.0	10.5	7.4
2014	4.3	10.3	8.1	3.6	7.7
2015	1.2	6.7	8.0	3.5	6.0

资料来源：2005~2014年数据：世界银行；2015年数据：中华人民共和国商务部。

由表2-9可知，中亚五国正处于经济快速发展时期，但2015年受国际市场大宗商品价格下跌以及俄罗斯汇率波动等因素的影响，除乌兹别克斯坦保持较稳定的状态外，其他四国经济增长率均出现不同幅度的下降。综合近10年的增长率数据可知，哈萨克斯坦在2008年以前，经济增长率保持在9%左右，之后受经济危机的影响，哈萨克斯坦经济增速放缓，2010~2011年经济出现较强复苏局面，但2011年之后，经济增速呈现下降趋势，特别是2015年受能源价格下跌影响，增长率下降至只有1.2%。土库曼斯坦经济呈现高速增长的态势，除受2009年受经济危机影响外，其增长率均保持在10%以上。乌兹别克斯坦经济增长比较平稳，近10年来均保持在8%左右。吉尔吉斯斯坦的经济波动幅度较大，2005年由于受阿斯卡·阿卡耶夫倒台及"郁金香革命"的影响，吉尔吉斯斯坦经济增长低于1%，之后经济呈现缓慢恢复，但2010年和2012年由于政权更迭经济再次受到严重影响,国内生产总值呈负增长。塔吉克斯坦的经济增长一直比较稳定,除受 2009 年经济危机影响外,国内生产总值增长率均保持在 7% 左右。

表 2-10　中亚五国失业率比较　　　　　　　　单位:%

年份\失业率\国别	哈萨克斯坦	土库曼斯坦	乌兹别克斯坦	吉尔吉斯斯坦	塔吉克斯坦
2005	8.1	11.1	10.9	8.1	11.8
2006	7.8	11.0	11.0	8.3	11.8
2007	7.3	11.0	11.0	8.2	11.7
2008	6.6	11.1	11.0	8.2	11.3
2009	6.6	10.8	11.0	8.4	11.5
2010	5.8	10.9	10.9	8.6	11.6
2011	5.4	11.0	10.9	8.5	11.4
2012	5.3	10.8	10.8	8.4	11.1
2013	5.2	10.7	10.8	8.3	11.2
2014	5.0	10.5	10.6	8.1	10.9

资料来源:世界银行。

由表 2-10 可知,中亚五国的失业率普遍较高。哈萨克斯坦近年来由于政策采取有力措施解决就业问题,失业率呈不断下降趋势,特别是在经济增长速度下降的背景下,失业率还能保持较低水平实为不易。土库曼斯坦、乌兹别克斯坦和塔吉克斯坦的失业率则 10 年来持续保持在两位数以上。吉尔吉斯斯坦的失业率略低于其他三国,稳定在 8% 的水平。综上所述,由于中亚五国在就业方面承受的压力较大,因此五国在外来务工方面的政策均比较严格,而由于就业问题可能引发的外资企业和本地员工之间的摩擦成为可能的风险。

表 2-11　中亚五国通货膨胀率比较　　　　　　　单位:%

年份\通货膨胀率\国别	哈萨克斯坦	土库曼斯坦	乌兹别克斯坦	吉尔吉斯斯坦	塔吉克斯坦
2013	4.8	5.8*	6.8	4.0	3.7
2014	7.4	6.0*	6.1	10.5	7.4
2015	13.8	—	5.6	3.4	5.1

注:带有 * 的土库曼斯坦数据来自世界银行,http://data.worldbank.org.cn/.
资料来源:中华人民共和国商务部。

由表 2-11 可知，2013~2015 年五国的通胀水平除个别国家在个别年代超过两位数外，基本在可控的范畴。就具体国家来看，乌兹别克斯坦的通胀率呈现下降趋势，而哈萨克斯坦则出现连续较大幅度的上升，特别是在经济增长速度下降情况下，两位数的通胀率有可能将该国拉入滞胀的边缘。吉尔吉斯斯坦和塔吉克斯坦的通胀率在 2014 年涨幅较大，土库曼斯坦德通胀率在 2013~2014 年呈现小幅上升趋势。

表 2-12　中亚五国外债规模及占 GDP 比重比较　　单位：亿美元,%

年份	哈萨克斯坦 外债	哈萨克斯坦 占比	土库曼斯坦 外债	土库曼斯坦 占比	乌兹别克斯坦 外债	乌兹别克斯坦 占比	吉尔吉斯斯坦 外债	吉尔吉斯斯坦 占比	塔吉克斯坦 外债	塔吉克斯坦 占比
2013	1480	67.2	—		96.4	17	31.6	43.75	21.6	25.4
2014	1570	74	2.47	0.55*	94	15	34.4	46.4	21.2	23

注：带有 * 的土库曼斯坦数据来自世界银行，http://data.worldbank.org.cn/。

资料来源：中华人民共和国商务部。

由表 2-12 的 2013~2014 年数据可知，除哈萨克斯坦外其余四国的外债规模都保持在国际公认的 60% 的警戒线内。吉尔吉斯斯坦比较接近占国内生产总值总额 60% 的红线，外债规模较大，塔吉克斯坦离其 60% 的红线还有较大空间。总之，五国中除哈萨克斯坦外债规模较大，存在一定的风险外，其余四国外债规模均在可控范畴。

结合上述四组数据可以发现，在经济增长方面，土库曼斯坦的经济增速最快且比较稳定，乌兹别克斯坦次之，塔吉克斯坦再次，哈萨克斯坦排名最低，且速度在不断放缓，吉尔吉斯斯坦呈现大幅波动。在失业率方面，土库曼斯坦、乌兹别克斯坦和塔吉克斯坦失业率较高，吉尔吉斯斯坦维持在 8% 左右，哈萨克斯坦在不断下降。在通货膨胀方面，哈萨克斯坦呈现上升趋势，其余四国小幅波动。在外债方面，哈萨克斯坦的外债占比较高，风险最大。

（2）税收风险。对投资方来说，税收风险指东道国的税目多少以及税率高低的风险，税负较轻的国家有利于投资。哈萨克斯坦于 2009 年开始执行新税法，其中提高了超额利润税，石油天然气出口收益税取代出口税，销售额越高，税率越高；而浮动税率制距新税法颁布尚不到两年就被取消。因此，哈萨克斯坦在税收方面的政策稳定性较差，税法更改频繁，这使中国在哈萨克斯坦的投资和大型工程建设受到较大影响。

土库曼斯坦在《外国投资法》中对外国投资者给予了税收优惠，但从实际情况来看，其税负十分沉重，不但要向政府缴纳 30%~40% 的利润，还要应付各个地方部门的层层盘剥。

乌兹别克斯坦在投资税收方面采取的主要税收政策包括：①乌兹别克斯坦从2005年开始对石油、凝析油、天然气分别征收35%、32%、58%的高额资源开采税。②外资企业利润从乌兹别克斯坦汇出时需缴纳10%的所得税。

根据2013年世界银行的《营商环境报告》，吉尔吉斯斯坦对投资者的保护指数在独联体排名第二位，世界排名第三位，但征税指数排名较差，世界排名第168位。

塔吉克斯坦在2013年新的《税务法典》中修改了之前税目品种繁多，税率较高的规定，更加透明公正，税率制定也较为合理。

本文选取典型税率——企业所得税和增值税来进行比较（见表2-13）。

表2-13 中亚五国企业所得税和增值税税率比较　　　　单位:%

税目 \ 国别	哈萨克斯坦	土库曼斯坦	乌兹别克斯坦	吉尔吉斯斯坦	塔吉克斯坦
本国企业所得税	20	8	7.5	10	15
外国企业所得税	20	20和15	优惠政策	10	优惠政策
增值税	12	15	20	12	18

资料来源：中华人民共和国商务部。

在企业所得税方面，哈萨克斯坦和吉尔吉斯斯坦给予外国企业国民待遇，土库曼斯坦对于在土库曼斯坦长期经营场所获得的利润收入和其他渠道获得的收入分别征收20%和15%的所得税，乌兹别克斯坦和塔吉克斯坦则依据不同情况给予外国企业不同的优惠政策。在增值税方面，乌兹别克斯坦的税率最高，哈萨克斯坦和吉尔吉斯斯坦的税率相同，土库曼斯坦和塔吉克斯坦的税率居中。

在中亚五国中哈萨克斯坦的税率稳定性差，税法更改频繁，风险较高；土库曼斯坦的企业税负比较沉重，风险等级居中；乌兹别克斯坦的企业税负中等，但资源税较高，且利润汇出也需缴税，风险也较高；吉尔吉斯斯坦的税负最轻，但征税指数差，风险较高；塔吉克斯坦的税负在税制改革后风险较小。

（3）外汇风险。外汇风险又叫汇率风险，是指企业在对外投资活动中由于各国间汇率变动而带来的风险。汇率波动过于频繁或波动幅度过大都会给投资者带来损失，中亚五国外汇风险比较如表2-14所示。

综合以上描述，可知中亚五国中，在汇率波动方面均呈现贬值状态，而在外汇管制方面，吉尔吉斯斯坦的外汇风险最小，而乌兹别克斯坦的风险最高，中国企业在进行投资决策时，汇率波动和外汇管制政策是不得不提前考虑的重要因素。

表2-14 中亚五国外汇风险比较

汇率 国家	汇率变动（50%）	外汇管制（50%）
哈萨克斯坦	2015年8月20日起取消了汇率波动区间限制，波动幅度较大，较不稳定	2007年7月1日起，外汇管制制度执行欧洲国家标准，取消外汇业务许可制度，实行通报制度。《反洗钱法》规定凡超过一万美元的银行业务都将进行监管
土库曼斯坦	近5年来保持稳定，2015年1月1日起汇率下跌	在土库曼斯坦注册的外国公司可以开设账户，但不可提取大额现金。2015年1月15日起，调低了可携带出境的美元数量
乌兹别克斯坦	最近3年一直在贬值	实行较严格的外汇管制，近两年虽改善，但在购汇和汇出方面仍存在困难。利润汇出需缴纳10%的所得税，并且实行"强制结汇"制度
吉尔吉斯斯坦	受外部环境影响，2014年贬值幅度较大	《外汇交易法》规定本国公民和外国居民均可自由携带或自由汇入汇出自由兑换的货币，只需履行相关程序，没有金额限制。可以利用电子支付方式进行国际汇款
塔吉克斯坦	金融危机后不断贬值，2012年稍有稳定，受俄罗斯汇率大幅波动的影响，又出现贬值态势	《投资法》规定，投资者有权在塔吉克斯坦开立本币和外币账户，并将合法所得利润自由汇入汇出，无须缴纳特别税金，但携带3000美元以上现金出入境需申报

资料来源：中华人民共和国商务部，《对外投资合作国别（地区）指南》（2015年版）。

3. 文化风险

在政治风险和经济风险之外，企业在进行国际直接投资时往往容易忽视一个极其重要的风险因素——文化风险。文化包括一个国家的语言文字、风俗习惯、宗教信仰等，是一种软环境。价值取向的差异导致行为方式的多样，在同一个公司内部，文化差异会引起种种摩擦，这在一定程度上影响了公司的管理效益。

下面从民族、语言、宗教、教育、风俗五个方面对中亚五国的社会文化环境进行简要介绍（见表2-15）。

表2-15 中亚五国的社会文化环境

国别 文化	哈萨克斯坦	土库曼斯坦	乌兹别克斯坦	吉尔吉斯斯坦	塔吉克斯坦
民族	125个民族（哈萨克族占64.6%）	120多个民族（土库曼族占94.7%）	134个民族（乌兹别克族占78.8%）	84个民族（吉尔吉斯族占71%）	120个民族（塔吉克族占80%）

续表

国别\文化	哈萨克斯坦	土库曼斯坦	乌兹别克斯坦	吉尔吉斯斯坦	塔吉克斯坦
宗教	伊斯兰教、东正教	伊斯兰教、东正教	伊斯兰教、东正教	伊斯兰教、东正教、天主教	伊斯兰教占80%
语言	哈萨克语、俄语	土库曼语、俄语	乌兹别克语、俄语	吉尔吉斯语、俄语	塔吉克语、俄语、乌兹别克语
教育	成年人识字率为99.7%，中小学义务教育	中小学及高等教育均免费	中小学免费教育，高等教育收费	延续苏联的免费义务教育体系	延续苏联的免费义务教育体系
风俗	饮食：食肉饮酪；婚姻：部落外联姻；丧葬：土葬；能歌善舞	重视传统节日；婚礼一般定在周末；宴会上从不打断对方说话	饮食：牛羊肉，奶制品，手抓饭，手工制作的小帽和棉袍是贵重礼物；能歌善舞	饮食：牛奶和肉类；注重饮食规矩，否则会受到社会舆论谴责	穿着：官员和商人着正装，着民族服装一般是山区人。饮食：牧区：奶制品和面食；农区：面食。居住：砖瓦房。社交：重宗教，重礼节，崇尚鹰和白色，喜欢绿色，厌弃黑色和左手服务

由表2-15可知，中亚五国均是多民族、多宗教的国家，各民族之间的语言和文化风俗均有细微差异，而且易引发民族矛盾和冲突，而宗教习惯和忌讳对于不熟悉的人来说是一大难题。中亚五国在文化风险方面的差异没有太过明显的大小之分，但却是每一个进入中亚五国的企业都必须重视的问题。

4. 法律风险

曲新久教授对法律风险的定义是指由于违犯了国家法律、法规或者规章制度而承担的法律责任或制裁的风险。对于企业来说，就是因外部法律环境发生变化，他人或自身违法违约而带来不利后果的风险。中国企业进入中亚国家进行直接投资，可能会因为对东道国法律缺乏细致了解或产生误解，母国相关法律不健全，跨国经营的产权争议等原因而产生相应的法律风险。

（1）对东道国法律不了解或误解。中国企业在国外进行直接投资时经常会因为对当地法律的不了解或误解而造成经济损失，这是企业遭遇法律风险的最主要原因。

哈萨克斯坦的法律法规中与投资合作相关的大概有10部之多，包括《投资法》、《海关事务法》、《关于雇主向哈引进外国劳动力许可的限额确定、发放条件和程序的条例》、《办理外汇的业务条例》、《对直接投资项目的国家优惠办法》、《外资纳税优惠条例》、《外资收购上市公司条例》等。土库曼斯坦与投资合作相关的法律有《对外经济活动法》、《外国投资法》、《企业经营活动法》、《土库曼企业法》、《土库曼股份公司法》、《外国租赁法》。乌兹别克斯坦与投资合作相关的法规包括《投资法》、《对外经济活动法》、《外国投资法》、《产品成分法》、《租赁法》、《外国投资者权益保障和保护措施法》。吉尔吉斯斯坦的相关法律有《投资法》、《自由经济区法》、《土地法》、《税法》、《海关法》、《股份公司法》、《私有化法》、《许可制度法》、《劳动法》等。塔吉克斯坦与之相关的法律包括《外国投资法》、《企业法》、《劳动管理法》、《对外经济活动法》、《投资法》等。

但是企业在中亚五国进行直接投资时，除了了解与投资相关的《投资法》、《外汇管理法》等之外还需要详细研究与企业经营管理有关的《土地法》、《劳动法》、《环境保护法》、《知识产权保护法》等方面的内容，同时详细了解中国和五国之间签署的《双边投资保护协定》、《避免双重征税协定》等，并且聘用精通投资相关法律的当地律师作为公司的法律顾问，减少对相关法律法规政策的误解。

（2）国内关于对外直接投资的立法不完善。企业的对外直接投资法律风险除了东道国之外，还有中国自身的风险。一方面，目前我国在对外投资合作与管理方面的立法尚不完善，指定的相关政策建议尚且停留在部门规章层面，没有一部统一的《对外投资法》来进行综合管理，而且部门与部门之间由于多头管理、职能交叉等原因容易形成政策间的冲突，使得对外投资政策在执行过程中的不确定因素增长，这与我国飞速发展的对外投资活动极不相称。同时，我国目前关于对外投资的规定主要针对法人机构。"十八大"以来，我国不断鼓励个人投资者积极参与海外投资，进一步拓宽"走出去"的范围，但对个人投资者在海外投资的用汇、备案及其所需的支持服务等也需要将之进行相应调整后纳入法律条文。

另一方面，我国和中亚五国之间虽已签署多项有关投资合作方面的协定，但框架性协定比较多，缺乏具体的细则，有的内容已然"陈旧"，签署时间主要集中于20世纪90年代末和21世纪初期，已明显落后于中国目前大规模海外投资的现状，因此亟待修改和完善。

2015年1月19日《中华人民共和国外国投资法（草案征求意见稿）》已正式发布，为落实"十八大"与十八届三中全会精神，推动中国企业走出去，促进、规范和保护中国对外投资，我国应迅速将《对外投资法》的起草工作纳入日程，启动《对外投资法》立法工作。加快中国对外投资立法，这既是推进"一带一路"战略促进中国企业"走出去"的客观要求，也是顺利实施"一带一路"战略的根本保障。

（3）东道国执法风险。在外资企业解决争议与纠纷方面，哈萨克斯坦规定，在哈萨克斯坦发生的商务纠纷解决适用于哈萨克斯坦的法律法规，但如果其法律与投资国缔结或参加的国际公约相冲突则适用于国际公约。土库曼斯坦规定，因实施外国投资而产生的争议通过双方协商、谈判或土库曼最高法院审理解决。乌兹别克斯坦规定，在乌兹别克斯坦发生的纠纷可先由双方协商解决，协商未果后提交经济法院仲裁解决，双方可根据约定选择仲裁诉讼国家。吉尔吉斯斯坦规定，法律纠纷适用吉尔吉斯斯坦法律法规，可以要求国际仲裁。塔吉克斯坦规定，如发生商务纠纷可以根据双边国际条约，企业间合同和塔吉克斯坦相关法律，通过司法途径解决。

但在实施过程中，各国均有问题出现。土库曼斯坦经常以总统令、政策规定等调整外商投资活动，甚至以损害本国利益为由随意修改或不履行合同，司法仲裁体系运行不公，行政执法透明度低，且没有第三方的仲裁法院。塔吉克斯坦法律的落实有待提高，很多情况下，企业需要请政府帮忙协调解决，同时塔吉克斯坦司法独立，行政部门无法左右司法部门判断，而行政部门的错误决定造成的损失通常要企业"埋单"。中亚五国法治指标比较如表2-16所示。

表2-16 中亚五国法治指标比较　　　　　　　单位：%

年份 \ 指标国别	哈萨克斯坦	土库曼斯坦	乌兹别克斯坦	吉尔吉斯斯坦	塔吉克斯坦
2005	24.88	3.35	6.70	12.92	12.27
2006	28.66	2.39	6.22	7.66	11.96
2007	21.53	3.83	11.00	7.66	9.09
2008	24.52	6.25	12.5	7.21	8.65
2009	32.70	4.27	6.34	6.16	10.90
2010	32.70	4.27	5.21	8.06	11.85
2011	32.39	4.23	4.68	9.39	11.27
2012	30.81	5.21	7.58	12.32	10.90
2013	30.33	6.34	11.37	12.80	9.95
2014	34.13	7.21	12.02	15.87	11.38

注：百分数表示的是在总指标所覆盖的所有国家中该国的等级排名，0代表最低等级，100代表最高等级。

资料来源：世界银行。

在全球治理指标中，法治指标测量的是社会成员对社会规则的信心与遵守规则程度，特别是法律执行水平及发生暴力和犯罪的可行性。中亚五国法治指标的排名均不高，法律风险均比较大，其中哈萨克斯坦的指标排名在五国中居首位，其次是吉尔吉斯斯坦、乌兹别克斯坦和塔吉克斯坦，土库曼斯坦的指标排名最低。

在"透明国际"发布的 2014 年全球清廉指数排名的第 175 位国家中哈萨克斯坦名列第 126 位，吉尔吉斯斯坦位于第 136 位，塔吉克斯坦位列第 152 位，乌兹别克斯坦排名第 166 位，土库曼斯坦排名第 169 位。上述数据表明中亚五国在行政和执法部门的腐败现象均比较严重，这对中国企业依靠法律途径来解决投资过程中的争议与纠纷带来了更大的风险。

5. "一带一路"背景下的新风险

除以上所分析的风险因素外，作为"一带一路"沿线国家，中亚五国还有各自由于历史、地缘政治等原因形成的特殊风险因素，对此中国企业也需要了解。

（1）国家利益冲突风险。从历史根源来讲，"丝绸之路"的兴衰与奥斯曼帝国密切相关，而中亚五国在"二战"时期属于苏联，独立之后大多是独联体的成员国。因此中国发起的"一带一路"战略在中亚地区很可能受到俄罗斯的阻挠。2015 年 1 月 1 日，欧亚经济联盟正式投入运营，中亚五国中哈萨克斯坦、吉尔吉斯斯坦是成员国之一。因此"一带一路"战略面临与俄中亚战略的竞争，中亚五国面对不同发展战略的优先排序对于中国企业实施直接投资之后能否顺利进行影响重大。

（2）长期投资和违约的风险。"一带一路"战略实施之初，中国对中亚五国的直接投资主要集中在基础设施建设方面，这就意味着投资周期长、资金需求大。在企业资金无法满足需求的情况下，需要政府的砥砺相助，因此亚投行、丝路基金和国家开发银行的投资就成为主要融资来源。一方面，在人民币单边升值预期消失和央行加快开放资本账户的背景下，政府究竟能将多少外汇储备投入进去还是个未知数；另一方面，中亚五国的整体投资环境不太理想，中国企业的投资回报率不容乐观，中国将面临更大的违约风险。

（3）企业博弈的风险。中国的市场经济中"跟风"现象依然比较严重，当一个新的政策或项目出现时，会一窝蜂地重复上马。在"一带一路"战略提出后，各省市政府与企业都表现出了极大的热情，激烈竞争不可避免，特别是在国外项目的争夺上，"跟风"现象更为明显。从长远来看，这种恶性竞争对中国企业的发展极为不利。

三、中国对中亚五国对外直接投资风险的实证分析

根据上文对中亚五国风险来源的分析,本部分将利用 F - AHP 对五国的投资风险进行实证分析。

1. 建立风险因素层次集合

实证分析的第一步是建立风险因素层次集合,按照风险来源选取风险评价因素。

(1) 政治风险因素选择。内部风险:选取政体结构、民族宗教问题和社会治安3个指标;外部风险:选取外交关系和周边安全两个指标。

(2) 经济风险因素选择。宏观经济环境:国内生产总值总量、人均值和增速、失业率、通货膨胀率;税收风险:选取税率一个指标;外汇风险:选取汇率波动和外汇管制两个指标。

(3) 投资风险因素选择。市场准入风险:选取市场准入条件一个指标;劳务与劳工政策风险:选取政策限制一个指标。

(4) 竞争风险。竞争态势;中国企业竞争前景。

(5) 其他风险因素选择。

对外直接投资的风险层级结构如图 2 - 9 所示。

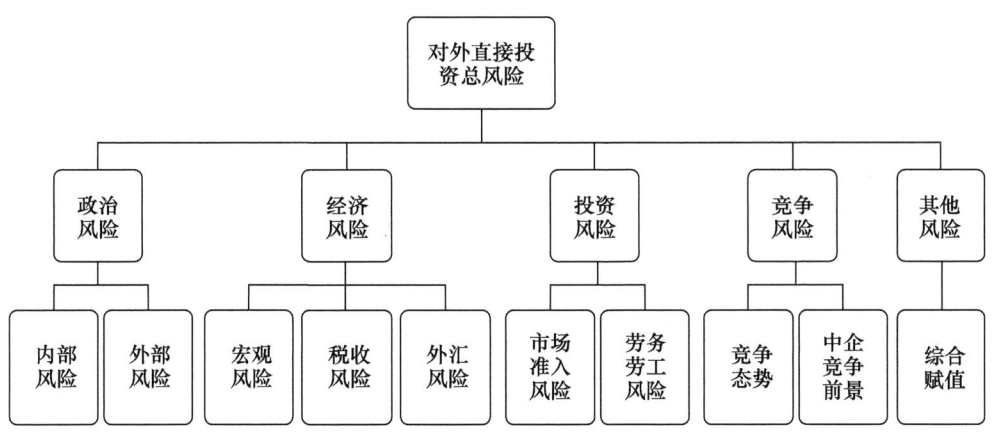

图 2 - 9 对外直接投资的风险层级结构

2. 建立风险评价因素的评价集

本文将风险程度划分为 5 个等级,建立风险模糊评价等级:

$V = \{v, v, v, v, v_5\}$,从 v 到 v_5 的风险等级分别为"高"、"较高"、"中等"、"较低"、"低"。本文中风险指标权重全部由 yaahp（Yet Another AHP）软件生成。

（1）政治风险。政治风险包括内部风险和外部风险。

1）内部风险。第一，利用 AHP 层次分析法确定 3 个指标的相对权重。本文用 A_1、A_2、A_3 来分别代表政体结构、民族宗教及社会治安 3 个指标，其权重比较如表 2-17 所示。

表 2-17 内部风险指标权重

指标	A_1	A_2	A_3
A_1	1	1/3	1/6
A_2	3	1	1/2
A_3	6	2	1

因此，由表 2-17 可知其判断矩阵为：$A = \begin{Bmatrix} 1 & 1/3 & 1/6 \\ 3 & 1 & 1/2 \\ 6 & 2 & 1 \end{Bmatrix}$，求得其最大特征值 $\lambda_{max} = 3$，对应的特征向量 $W = (0.1 \quad 0.3 \quad 0.6)$，计算其一致性指标 $CI = \lambda - n/n - 1 = 0 \leq 0.1$，具有一致性。因此，政体结构、民族宗教和社会治安 3 个指标的相对权重分为 0.1，0.3，0.6。

第二，通过分析中亚五国的 3 个指标，并根据风险评价集进行赋值（见表 2-18、表 2-19、表 2-20、表 2-21、表 2-22、表 2-23 和表 2-24）。

表 2-18 中亚五国的政体及领导人更迭比较

国家	政体	领导人更迭	赋值
哈萨克斯坦	总统制共和国	1991 年至今：纳扎尔巴耶夫	4
土库曼斯坦	总统共和制	1991~2006 年：尼亚佐夫 2006 年至今：别尔德穆哈梅多夫	3
乌兹别克斯坦	总统共和制	1991 年至今：卡里莫夫	4
吉尔吉斯斯坦	议会共和制	1990~2005 年：阿斯卡尔·阿卡耶夫 2005~2010 年：库尔曼别克·巴基耶夫 2010~2011 年：萝扎·奥通巴耶娃 2011 年至今：阿塔姆巴耶夫	4
塔吉克斯坦	总统共和制	1992 年至今：埃莫马利·拉赫蒙	3

资料来源：中国外交部网站。

表2-19 中亚五国民族宗教问题比较

国家	民族	宗教	赋值
哈萨克斯坦	哈萨克族占64.6%，俄罗斯族占22.3%，乌兹别克族占3%，乌克兰族占1.9%，维吾尔族占1.4%，鞑靼族占1.2%，日耳曼族占1.1%，其他民族占4.5%，共125个民族	69%的人口信仰伊斯兰教，30%的人口信仰东正教，其他各少数民族分别信仰各自民族的传统宗教	3
土库曼斯坦	土库曼族占94.7%，乌兹别克族占2%，俄罗斯族占1.8%，其余1.5%由哈萨克族、亚美尼亚族、阿塞拜疆族等120多个民族构成	绝大多数居民信仰伊斯兰教，俄罗斯族和亚美尼亚族信仰东正教	2
乌兹别克斯坦	共有134个民族，乌兹别克族占78.8%，塔吉克族占4.9%，俄罗斯族占4.4%，哈萨克族占3.9%，卡拉卡尔帕克族占2.2%，鞑靼族占1.1%，吉尔吉斯族占1%，朝鲜族占0.7%，此外还有土库曼、乌克兰、土耳其等族	90%以上居民信仰伊斯兰教，其余信仰东正教	3
吉尔吉斯斯坦	共有84个民族，吉尔吉斯族占71%，乌兹别克族占14.3%，俄罗斯族占7.8%，东干族占1.1%，维吾尔族占0.9%，塔吉克族占0.9%，哈萨克族占0.6%，乌克兰族占0.4%，其余为朝鲜、土耳其等族	70%以上居民信仰伊斯兰教，部分信仰东正教和天主教	3
塔吉克斯坦	有120个民族，塔吉克族占80%	80%以上居民信仰伊斯兰教，其余居民信仰基督教、犹太教、巴哈伊教、东正教等	3

资料来源：中国商务部网站。

表2-20 哈萨克斯坦近期发生的恐怖袭击及排华事件

时间	事件	损失
2015年7月8日	哈萨克斯坦东部阿克托盖市一个项目工地发生哈中工人恶性群殴事件	145人参与斗殴，65人被送往医院，无人死亡
2012年5月30日	哈萨克斯坦边防哨所发生火灾	15名官兵遇难
2011年11月12日	塔拉兹发生恐怖袭击事件	7人死亡，包括5名警察
2011年10月31日	哈萨克斯坦西部阿特劳市先后发生两起爆炸事件	系"哈里发战士"所为，无人伤亡
2010年1月30日	哈萨克斯坦数百人反华游行示威，抗议政府与中国关系越来越密切，要求保护国有土地	

资料来源：中华网、新华网、国际在线、凤凰网。

表2-21 土库曼斯坦近年来的排华事件和恐怖袭击事件

时间	事件	损失
2008年9月14日	一伙武装分子在阿什哈巴德与警方发生了激烈的枪战	枪战中有人员伤亡,但土库曼斯坦外交部没有透露详细情况

资料来源:凤凰网。

表2-22 乌兹别克斯坦近年来的排华事件和恐怖袭击事件

时间	事件	损失
2009年5月26日	安集延州发生的恐怖袭击事件	1名警察身亡
2005年5月	不明身份武装人员释放2000多名囚犯,袭击并占领政府大楼	9人丧生,34人受伤
2004年3月	28日夜间和29日,塔什干和布哈拉州发生5起恐怖事件,30日,政府军与伊斯兰武装分子展开激战	19人死亡、26人受伤,30日的激战造成20名恐怖嫌疑人和3名警察死亡

资料来源:新华网、新浪网、人民网。

表2-23 吉尔吉斯斯坦近年来的排华事件和恐怖袭击事件

时间	事件	损失
2015年10月23日	吉尔吉斯斯坦国家安全部门在22日的一项特别行动中,抓获了最后1名越狱在逃的恐怖主义分子	1名警察受伤,1名快速反应部队的军人牺牲,2名平民遇害
2014年1月23日	击毙11名武装分子	1名猎场负责人死亡
2013年1月8日	库尔沙布村,中国建筑工人与当地居民发生百余人的大规模斗殴	18名中国公民受伤,数名当地居民和5名警员受伤
2012年10月25日	紫金矿业工人与吉尔吉斯斯坦居民发生大规模斗殴	2名当地人受伤
2011年10月10日	吉尔吉斯斯坦安全部门在南部奥什市成功挫败了企图制造恐怖袭击的事件	抓获10名恐怖组织——伊斯兰圣战组织成员
2010年6月12日	吉尔吉斯斯坦南部奥什地区发生大规模骚乱	283人死亡,2238人受伤,中国大规模紧急撤侨
2003年3月27日	恐怖分子炸弹袭击了一辆从吉尔吉斯斯坦开往新疆喀什的长途客车	19名中国人死亡

续表

时间	事件	损失
2002年6月29日	恐怖分子杀害中国驻吉尔吉斯斯坦大使馆一等秘书王建平	1名中国政府官员死亡
2000年5月	1名新疆商人遭到境外"东突"组织绑架,他们还纵火烧毁了比什凯克中国商品市场。5月25日中国赴吉尔吉斯处理绑架、纵火案的工作组遭恐怖分子袭击	工作组1人丧生、2人受伤

资料来源:腾讯新闻、凤凰网、网易新闻、新华网、搜狐财经、人民网、军情观察。

表2-24 塔吉克斯坦近年来的排华事件和恐怖袭击事件

时间	事件	损失
2015年9月4日	一伙恐怖分子袭击了瓦赫达特市的内务部办公室、首都杜尚别的一个警察局以及杜尚别机场	导致8名警员丧生,另有5人受伤
2012年7月24日	塔吉克斯坦政府军和反政府武装在东南部城市霍罗格交火	42人在枪战中身亡
2010年9月19日	塔吉克斯坦国防部的一个车队在首都杜尚别以东185公里的地区遭到了武装恐怖分子的袭击	23名官兵死亡
2010年9月	53名恐怖分子在塔吉克斯坦北部城市苦盏对一处警方建筑物发动汽车炸弹袭击	2名军官死亡、25名警察受伤

资料来源:光明网、网易新闻、凤凰网、新华网。

综合上述资料和数据,五个国家的社会治安风险赋值如表2-25所示。

表2-25 中亚五国社会治安风险赋值

国家	哈萨克斯坦	土库曼斯坦	乌兹别克斯坦	吉尔吉斯斯坦	塔吉克斯坦
赋值	3	1	2	4	3

由此可计算五个国家的内部风险赋值大小,如表2-26所示。

表 2-26 中亚五国内部风险赋值

风险赋值\国家	政体结构（10%）	民族宗教（30%）	社会治安（60%）	加权总风险
哈萨克斯坦	4	3	3	3.1
土库曼斯坦	3	2	1	1.5
乌兹别克斯坦	4	3	2	2.5
吉尔吉斯斯坦	4	3	4	3.7
塔吉克斯坦	3	3	3	3

2）外部风险。第一，确定两个指标的相对权重（见表2-27）。

表 2-27 外部风险指标权重比较

指标	A_1	A_2	W	CI
A_1	1	0.67	0.4	0.024≤0.1
A_2	1.5	1	0.6	

第二，对五个国家进行比较（见表2-28）。

表 2-28 中亚五国外部风险比较

外部风险\国家	外交政策	赋值	周边关系	赋值
哈萨克斯坦	哈萨克斯坦奉行以巩固独立和主权为核心的"全方位务实平衡外交"，优先发展同俄、中、美、亚的关系，全面拓展同周边邻国和发展中大国的合作	1	哈萨克斯坦比较重视和俄罗斯、中国、中亚、美国、欧盟以及伊斯兰国家的外交关系，同时也在不断加强同亚太及拉美国家的交往	1
土库曼斯坦	奉行永久中立外交政策。别尔德穆哈梅多夫总统就任后，在永久中立基础上实行开放政策，提出"以发展促和平"理念，努力平衡同俄、美、欧、中等各大力量关系，积极参与国际和地区事务	1	土俄关系稳步发展，同土耳其关系密切，与美国交往日渐增多，和欧洲国家继续发展，积极与中国进行合作	1
乌兹别克斯坦	奉行平衡外交政策，以周边国家和大国为重点，视维护国家安全和争取外部经济援助为首要任务	1	对俄罗斯关系为外交优先方向。重视发展与美国关系，近年来乌美关系有所缓和。与中亚邻国关系复杂	4

续表

国家 \ 外部风险	外交政策	赋值	周边关系	赋值
吉尔吉斯斯坦	奉行平衡、务实的外交政策	1	将俄罗斯视为重要的战略伙伴和安全依托,坚持俄罗斯、美国平衡的外交战略。重视与欧盟各国的交往。视对华关系为外交优先发展方向之一。目前正与美国陷入外交风波	3
塔吉克斯坦	奉行大国平衡外交政策,视俄、美、中关系为外交发展优先方向	1	视俄罗斯为重要战略伙伴。重视地区合作,与其他4国保持较为密切的关系。与美国交往日益频繁。发展对华关系是塔吉克斯坦外交优先方向。与乌兹别克斯坦有水资源和领土的冲突,与吉尔吉斯斯坦2014年发生过边境冲突	4

资料来源:外交部网站。

综上所述,五个国家的外部风险赋值如表2-29所示。

表2-29 中亚五国的外部风险赋值

国家 \ 风险赋值	外交政策（40%）	周边关系（60%）	加权总风险
哈萨克斯坦	1	1	1
土库曼斯坦	1	1	1
乌兹别克斯坦	1	4	2.8
吉尔吉斯斯坦	1	3	2.2
塔吉克斯坦	1	4	2.8

(2)经济风险。经济风险包括宏观经济状况、税收风险和外汇风险。
1)宏观经济状况。第一,确定三个指标的相对权重(见表2-30)。
第二,对五个国家的宏观经济指标进行比较(见表2-31)。

表 2-30 宏观经济风险指标权重比较

指标	A_1	A_2	A_3	W	CI
A_1	1	1.7	2.4	0.5	
A_2	0.6	1	1.5	0.3	$0.038 \leqslant 0.1$
A_3	0.4	0.7	1	0.2	

表 2-31 五国 2014 年宏观经济状况比较

国家 \ 宏观经济	GDP 总值、人均值与增长率（亿美元、美元、%，50%）	赋值	通货膨胀率（%，30%）	赋值	失业率（%，20%）	赋值	总风险值
哈萨克斯坦	2122122764.3	1	7.4	3	5.0	2	1.8
土库曼斯坦	460657210.3	2	5.9*	2	10.5*	5	2.6
乌兹别克斯坦	62619878.1	2	6.1	3	10.6*	5	2.9
吉尔吉斯斯坦	7413273.6	4	10.5	4	2.4	1	3.4
塔吉克斯坦	92.411006.7	3	7.4	3	2.5	1	2.6

注：带有 * 的数据来源于世界银行。
资料来源：中华人民共和国商务部，《对外投资合作国别（地区）指南》。

2）税收风险。对中亚五国的税率进行比较，赋值见表 2-32：

表 2-32 中亚五国的税负赋值

国家	哈萨克斯坦	土库曼斯坦	乌兹别克斯坦	吉尔吉斯斯坦	塔吉克斯坦
赋值	3	3	2	1	3

3）外汇风险。第一，确定汇率波动和外汇管制两个指标的相对权重（见表 2-33）。

表 2-33 外汇风险指标相对权重比较

指标	A_1	A_2	W	CI
A_1	1	1	0.5	$0 \leqslant 0.1$
A_2	1	1	0.5	

第二，中亚五国的汇率变动和外汇管制政策内容参见表 2-14 外汇风险分析，对五国的汇率变动和外汇管制政策进行比较赋值（见表 2-34）。

表2-34 中亚五国外汇风险赋值

国家 赋值	哈萨克斯坦	土库曼斯坦	乌兹别克斯坦	吉尔吉斯斯坦	塔吉克斯坦
汇率波动	3	2	3	4	4
外汇管制	2	3	5	1	2
总赋值	2.5	2.5	4	2.5	3

（3）投资风险。中亚五国在市场准入制度和劳务与劳工政策方面的具体规定参考表2-6和表2-7。根据上述描述，赋值如表2-35和表2-36所示。

表2-35 中亚五国市场准入风险赋值

国家	哈萨克斯坦	土库曼斯坦	乌兹别克斯坦	吉尔吉斯斯坦	塔吉克斯坦
赋值	3	4	4	1	2

表2-36 中亚五国劳务与劳工政策风险比较

国家	哈萨克斯坦	土库曼斯坦	乌兹别克斯坦	吉尔吉斯斯坦	塔吉克斯坦
赋值	2	2	4	3	3

（4）竞争风险。竞争风险包括竞争态势和中国企业竞争前景两个指标。

1）竞争态势。竞争态势比较如表2-37所示。

表2-37 中亚五国竞争态势比较

国家	竞争态势	风险赋值
哈萨克斯坦	哈萨克斯坦承包工程市场竞争比较激烈，本国企业在市场中占主体地位，竞争力较强，并且他们对本国的商业政策和法律法规较外国来说更为熟悉	2
土库曼斯坦	土库曼斯坦对外国企业准入的门槛和要求较高，鼓励有实力、具有行业优势、讲信誉的企业在本土发展，对于一般的外国企业则限制较多。处于经济转型期的土库曼斯坦不断加快私有化进程，市场竞争也日趋激烈	4
乌兹别克斯坦	乌兹别克斯坦国际接轨程度较低，计划经济的色彩比较浓重，但在不断提高私有经济的地位，调汇问题阻碍了外资的大量进入	5
吉尔吉斯斯坦	吉尔吉斯斯坦经济自由度较高，市场准入条件比较宽松，因此吸引了较多的外国投资，而且其作为自由贸易港和加工区的独特优势成为各国竞相投资的区域	2

续表

国家	竞争态势	风险赋值
塔吉克斯坦	塔吉克斯坦采取一系列措施优化投资环境，其承包工程市场竞争较激烈，众多本土企业和外国企业参与到工程建设的各个领域	3

资料来源：中国服务贸易指南网。

2）中国企业竞争前景。中国企业竞争前景比较如表2-38所示。

表2-38 中国企业在中亚五国的竞争前景比较

国家	中国企业竞争前景	风险赋值
哈萨克斯坦	哈萨克斯坦承包工程市场的竞争比较激烈，中国企业在进入市场较晚的情况下，依靠质优价廉的优势快速发展，仍有较大发展空间	2
土库曼斯坦	一直以来，中国企业参与到土库曼斯坦多个领域的投资，中国是土库曼斯坦最大的贸易伙伴。中国企业和土库曼斯坦在石油、天然气领域有着广阔的合作前景，同时有着较强国际竞争力的中国重型机械企业在土库曼斯坦大力改善交通等基础设施的当下有着较大的市场潜力	2
乌兹别克斯坦	中国企业进入乌兹别克斯坦的时间较早，在工程承包方面合作比较顺利，主要集中在电子通信和电子工业等领域。中国企业业务领域广、成本低、效率高、政策支持等优势有利于在乌兹别克斯坦市场的开拓。目前乌兹别克斯坦比较注重基础设施和制造业的发展，这给我国企业提供了更多的发展机会	3
吉尔吉斯斯坦	中国是吉尔吉斯斯坦最大的投资国之一，中吉在矿产品和工业品等领域有较强的互补性，市场合作前景广阔。吉尔吉斯斯坦作为中国资源开发和产业转移的接续地，中国企业在吉尔吉斯斯坦的市场潜力较大	1
塔吉克斯坦	中国企业在塔吉克斯坦的规模总量偏小，但近年来发展势头良好，而且随着"一带一路"战略的实施，有进一步提升的空间，市场潜力较大。中国企业工作效率高、成本低、信誉好的优势会为其赢得更多的发展机会	3

（5）其他风险。其他风险分析如表2-39所示。

表 2-39 其他风险

国家	其他风险	赋值
哈萨克斯坦	通过《地下资源与地下资源利用法》、《哈萨克斯坦含量法》等法律法规，哈萨克斯坦加强了在战略资源和重点能源矿产资源领域的控制力以及对外企的管控程度	2
土库曼斯坦	通信业发展水平较低，传媒监管严格，社会经济统计数据严格保密；存在拖欠外国公司工程款的现象；金融外汇市场未对外开放，易受到国家政策的影响	3
乌兹别克斯坦	各部门对减免税政策的执行和解读标准不一，企业因无法准确理解和执行，增加了其运营成本和风险；在经济生活中行政干预手段仍然大量存在，容易出现权力寻租现象	5
吉尔吉斯斯坦	吉尔吉斯斯坦的腐败现象虽已有所改善但痼疾较深，短时间内难以有明显成效；商业诈骗现象存在，容易利用新进企业急于打开市场的心理	4
塔吉克斯坦	塔吉克斯坦与邻国水资源问题的争端，对中国企业的运输造成影响。执法部门存在腐败现象；对吸引外资政策的执行力不稳定	3

3. 用层次分析法 AHP 模型确定各层风险因素的权重

对各单位风险因素进行风险排序如表 2-40、表 2-41、表 2-42、表 2-43 和表 2-44 所示。

表 2-40 总风险排序

指标	A_1	A_2	A_3	A_4	A_5	W	CI
A_1	1	2.25	4.5	9	9	0.54	
A_2	0.44	1	2	4	4	0.24	
A_3	0.22	0.5	1	2	2	0.12	$0.026 \leq 0.1$
A_4	0.11	0.25	0.5	1	1	0.05	
A_5	0.11	0.24	0.5	1	1	0.05	

表 2-41 政治风险排序

指标	A_1	A_2	W	CI
A_1	1	9	0.9	
A_2	0.1	137	0.1	$0.012 \leq 0.1$

表 2-42 经济风险排序

指标	A_1	A_2	A_3	W	CI
A_1	1	1.33	1.33	0.4	
A_2	0.75	1	1	0.3	$0.023 \leq 0.1$
A_3	0.75	1	1	0.3	

表 2-43 投资风险排序

指标	A_1	A_2	W	CI
A_1	1	2.33	0.7	$0.032 \leq 0.1$
A_2	0.43	1	0.3	

表 2-44 竞争风险排序

指标	A_1	A_2	W	CI
A_1	1	1.5	0.6	$0.021 \leq 0.1$
A_2	0.37	1	0.4	

4. 对总风险因素进行风险排序

对外投资的风险体系是完全独立的结构,因此总风险排序和单层风险排序相同。中国对中亚五国的投资风险评价分别如图 2-10、图 2-11、图 2-12、图 2-13 和图 2-14 所示:

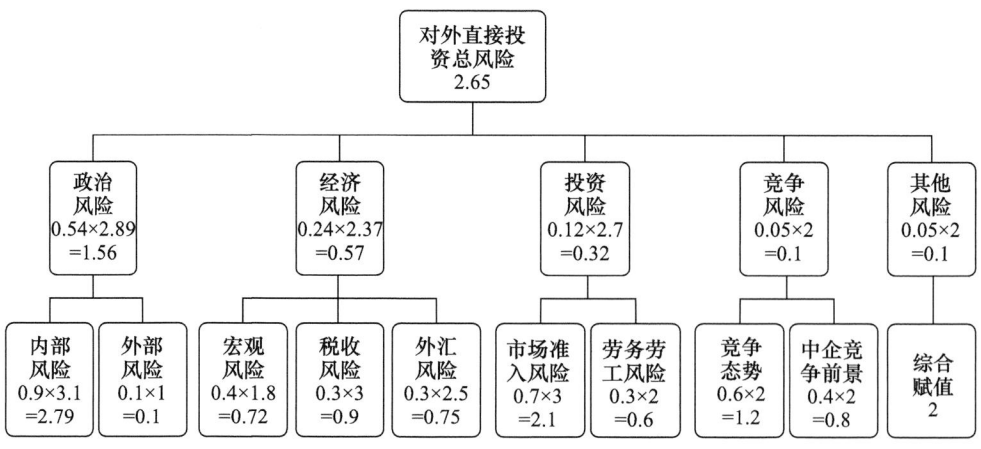

图 2-10 中国对哈萨克斯坦直接投资的风险层级结构

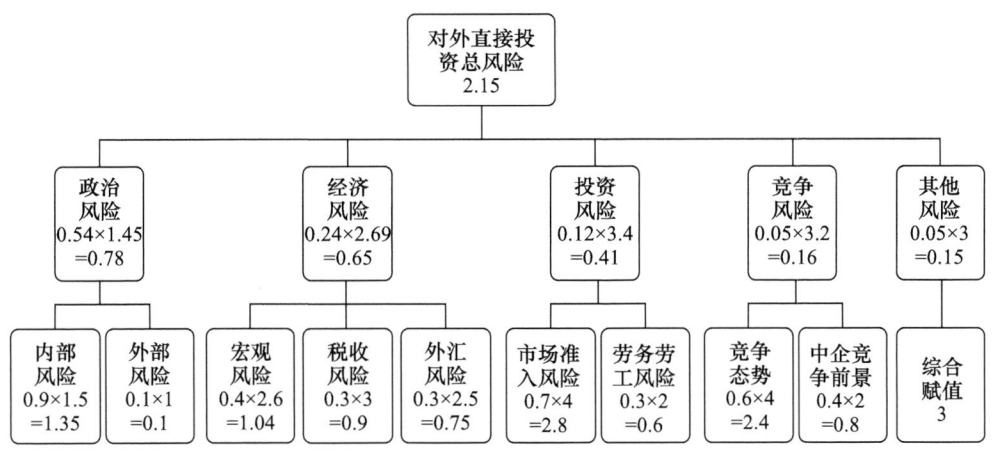

图2-11 中国对土库曼斯坦直接投资的风险层级结构

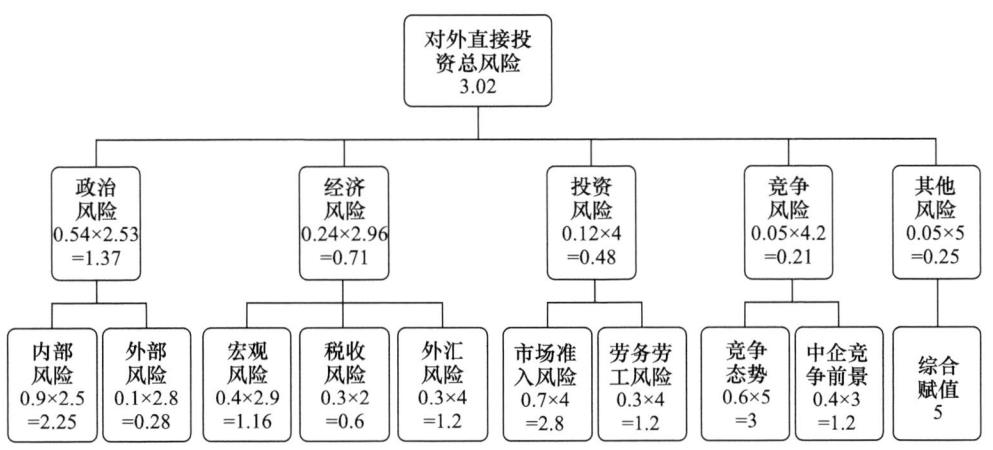

图2-12 中国对乌兹别克斯坦直接投资的风险层级结构

另外,对上述中亚五国的直接投资的层次总排序的一致性指标 CI≤0.1,因此上述评估是有效的。同时为了更加清晰地解读五国的风险结构,下面进行列表呈现(见表2-45)。

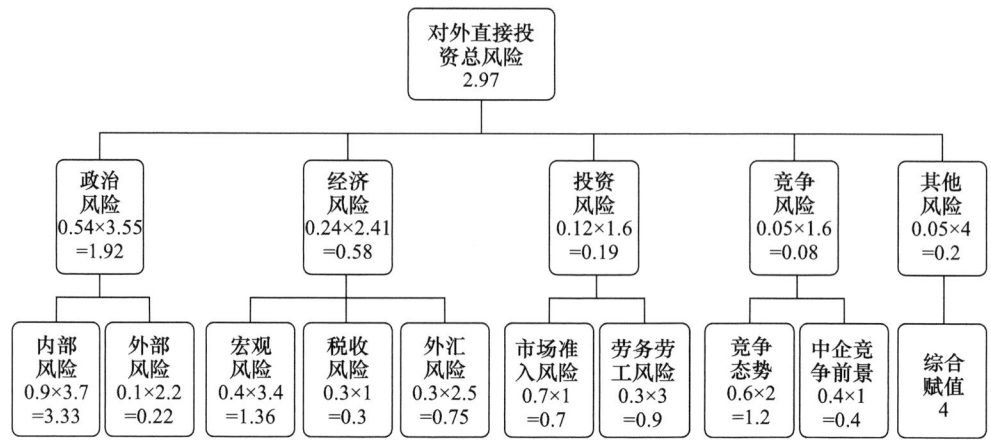

图 2-13 中国对吉尔吉斯斯坦直接投资的风险层级结构

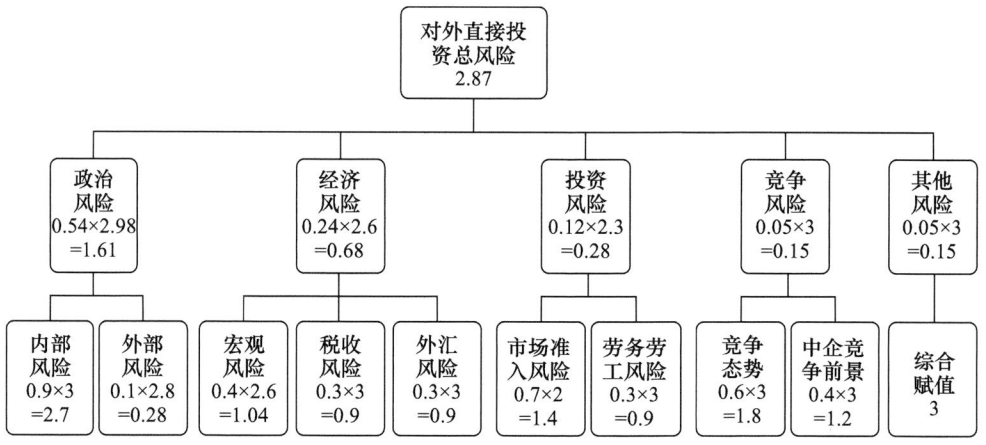

图 2-14 中国对塔吉克斯坦直接投资的风险层级结构

表 2-45 中国对中亚五国直接投资的风险比较（按照风险层级结构列表）

风险 国家	总风险	政治风险	经济风险	投资风险	竞争风险	其他风险
哈萨克斯坦	2.65	1.56	0.57	0.32	0.1	0.1
土库曼斯坦	2.15	0.78	0.65	0.41	0.16	0.15
乌兹别克斯坦	3.01	1.37	0.71	0.48	0.21	0.25
吉尔吉斯斯坦	2.97	1.92	0.58	0.19	0.08	0.2
塔吉克斯坦	2.84	1.61	0.68	0.28	0.15	0.15

四、中亚五国风险层级结构分析

由表 2-45 可知，在中亚五国中，乌兹别克斯坦的总风险值最高，吉尔吉斯斯坦、塔吉克斯坦和哈萨克斯坦的风险值依次降低，土库曼斯坦风险值最低。

在各个细分层级中，吉尔吉斯斯坦的政治风险最高，究其原因主要是吉尔吉斯斯坦近年来因政权更迭而引起的两次政局动荡和恐怖袭击事件频发造成社会治安不稳，因此中国企业在进入之前要做好政局动荡、政策变更和安全方面的预防措施。在经济风险中，乌兹别克斯坦的经济风险最高，乌兹别克斯坦在强制结售汇制度等方面若不做出相应的调整，将会继续阻碍外国投资的进入；对于风险位于第二的塔吉克斯坦来说经济整体水平较低且具有较高的通货膨胀，虽然新税制改革后税率降低但相比于吉尔吉斯斯坦依然较高。投资风险方面依然是乌兹别克斯坦风险值最高，乌兹别克斯坦对外资的市场准入限制比较严格，外资在乌兹别克斯坦活动的领域有限，同时较高的签证费和烦琐的许可证审批流程将大批外国工作者拒之门外，当然同时阻挡的还有先进的技术和经验。吉尔吉斯斯坦在市场准入方面的宽松要求和比较优惠的投资政策则有利于外资的进入。五国的竞争风险均较低，相比于进行投资的外国企业来说，五国的本国企业在生产技术、管理水平等方面均处于较低的水平，但要进入的中国企业同样不能小视本土企业的影响力，寻求合作，积极融入方是正途。在其他风险中，乌兹别克斯坦的风险值依然最高，相比于其他四国来说乌兹别克斯坦的政治干预给企业发展带来很大的不确定性，对于企业来说没有明确的政策规定，很难做出长远的发展规划。

如果从实际发生的中国企业对中亚五国的投资情况看，中国在中亚五国的投资存量大小排序依次是哈萨克斯坦、吉尔吉斯斯坦、塔吉克斯坦、土库曼斯坦和乌兹别克斯坦。与本文风险等级相比较：乌兹别克斯坦风险等级最高，中企近年来对其投资也相对较少；吉尔吉斯斯坦风险等级仅次于乌兹别克斯坦，但中国对其投资在五国中排名第二位；塔吉克斯坦的风险等级和投资排名均位列第三，比较符合中国的投资现状；哈萨克斯坦风险等级排名第四位，中企对其投资最多，也较为符合目前投资现状；土库曼斯坦风险等级最低，其投资额排名第四位，但2014年中国对土库曼斯坦的直接投资流量在五国中排名第一位，中国正在不断加大对土库曼斯坦的直接投资（见图 2-15）。

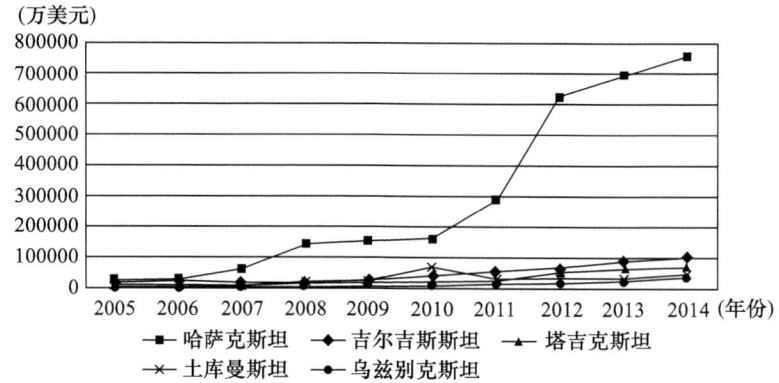

图 2-15 中国对中亚五国直接投资存量变化

资料来源：《中国对外直接投资统计公报》（2005~2014 年）。

综上所述，五国在各个细分风险中各有长短，中国企业在实际投资中的情况大体上与本文结论相符。在"一带一路"的战略背景下，中国企业进行投资区域选择时既要考虑投资回报与机遇，同时更要做好风险防范，在充分利用政府的优惠政策同时结合各个国家的特殊情况选择最佳投资区域，并且及时做出相关预案，尽可能地规避和防范风险。

五、中国对中亚五国直接投资风险的防范与管理

由上述分析可知，中国企业"走出去"会面临诸多"水土不服"的问题，相比国内而言，陌生的政治、经济和文化环境下负面效应会成倍放大，因此，在国家大力推进"一带一路"战略的有利背景下中国企业进行对外直接投资时，应该进行有效的风险防控，而有效地规避和防范风险需要系统性的风险防范机制的建立，这离不开政府和企业的双重努力。本文从宏观和微观两个方面对中国企业在中亚五国的风险防控机制建立进行具体分析。

1. 宏观层面的对外直接投资风险防控机制

（1）营造良好的宏观环境。企业对外直接投资是否顺畅离不开本国与东道国之间的和谐交往。中国政府历来重视与周边国家的外交关系发展，中国与中亚五国均建立了战略伙伴关系，并加强同五国政府之间的访问交流，交往频繁，政治互信度不断提升。但中亚五国北邻俄罗斯，西邻伊拉克、阿富汗等地区，美国、俄罗斯势力在此角逐激烈，因此五国在政治经济合作的战略选择上更加注重

平衡大国关系。哈萨克斯坦和乌兹别克斯坦的政治接班人问题和哈萨克斯坦、吉尔吉斯斯坦两国的对华抵触情绪均在很大程度上影响着中国企业在此的良性发展。

在"一带一路"的战略背景下,中国应通过"一带一路"的建设,积极与中亚五国建立更为密切的经贸投资合作关系,针对五国在能源和矿产资源等方面优势,有针对性地展开合作,遵守各种多边投资保护机制,避免双重征税,不断推进人民币国际化进程,着力推动人民币和中亚五国货币的直接兑换,减少企业换汇损失,同时积极推动亚投行和丝路基金的建设,解决企业在对外直接投资中的融资难问题,进一步优化企业在中亚五国直接投资的宏观环境,为中国企业大步"走出去"提供坚实可靠的后盾。

(2) 建立完备的政策体系。中国的对外直接投资起步于改革开放之初,中国政府从2004年颁布的《国务院关于投资体制改革的决定》开始,便开始了投资体制的转型努力,不断在简化审批程序、放宽外汇管制、加强财税金融体系支持、建立境外经贸合作区等方面完善对外直接投资的政策法规,但很多法规仍处在"意见"、"暂行规定"等阶段,缺乏系统性、长期性和稳定性。此外,中国目前关于对外直接投资存在多头管理现象,企业对外直接投资的审批需要经过商务部、发改委、外管局、国资委、进出口银行等多个部门,大大降低了效率,而且在金融体系方面尚未颁布系统的金融支持政策,大多零散分布在各种文件之中,而且在海外投资保险方面存在立法"真空",海外企业的保险主要由中国出口信用保险公司负责,缺乏更加商业化的运作。

种种政策和法律的欠缺亟待政府进行完善。因此在中国企业跃跃欲试、纷纷"走出去"的当下,政府应尽快进行对外投资方面的单独立法和相关金融、保险等法律法规的完善,压缩对外直接投资的管理部门,进一步简化审批程序。同时加强对"走出去"的中国企业和员工的监管,例如,在中亚五国投资的企业中存在中国员工和当地居民斗殴的现象。要让中国企业认识到在五国的投资是商业行为,并不存在"施恩"、"援助"等,中方管理层和员工应摆正心态,平等对待各国企业员工,同时尽快熟悉当地的文化,尽早融入当地居民的生活中。

(3) 提供完善的信息支持。企业在进行对外直接投资时需要耗费大量的人力、物力、财力去进行先期的调研,而信息的获取是个共同的难题,尤其是中亚五国对各类商业信息和统计数据都较少开放,这在一定程度上增大了中国企业进行风险预判和评估的难度。而对于政府尤其是商务部来说,在境外投资管理等方面的数据获取相对企业来说较为便宜,可信度高且比较完备,因此可以在政府引导支持下,建立一个市场化的境外投资中介服务部门,为企业获取信息提供一个正规化、系统化的平台,降低企业在风险防范方面的成本。

事实上商务部在其官网上有一个名为"走出去"的平台，上面有关于对外投资合作的国别地区指南等相关报告，对投资国在政治、经济、文化、贸易、投资等方面有比较全面的呈现，但一年更新一次，远未满足企业对信息的大规模需求，因此可建立一个更为灵活性的市场化的平台，能够分区域地及时发布相关政策、数据等信息，让企业能够及时掌握东道国的动态，免于消息迟滞带来的决策失误，降低企业在对外投资过程中的政策风险。

2. 微观层面的对外直接投资风险防控机制

在微观层面，本文将中国企业在中亚五国直接投资面临的风险分为外源性风险和内生性风险，并分别提出相应的防范措施。

（1）外源性风险防控措施。外源性风险主要指的是宏观层面和行业层面的风险，其风险防控包括政治风险防控、经济风险防控和文化风险防控等。

1）政治风险防控策略。中亚五国的政治风险在其总风险中的占比均为最高。中亚五国的"强人"政治给想要进入的外国投资者增加了一定的难度。因此，首先，除了中国政府在宏观层面加强同五国之间的来往交流外，企业也应通过实地考察或专家咨询等方式，对即将投资的东道国从政治体制、政策法规、社会治安等方面进行翔实的调查，并做好相应的政治局势风险评估。其次，为了最大限度地减少投资损失，企业应对投资区域进行慎重选择，中亚五国虽是"一带一路"的必经之地，国家在政策等方面也有相应的优惠措施，但若其政治局势严峻，恐怖主义加大对中亚地区的渗透时可采取审慎态度，待时局有所控制后再增加投资规模和人员派往。最后，由于近年来中国企业对五国大规模的投资以及经贸等密切往来，中国外派的部分员工素质并不高，与当地居民有过冲突和摩擦，因此企业应加强在东道国的公关策略，树立良好的企业形象，尽量减少员工之间的摩擦，同时在投资形式上可以根据实际情况进行适量选择，在保证投资利润的基础上可以尽量采取合资的形式，降低投资风险，也减少资产被收归国有的可能性。

2）经济风险防控策略。中亚五国的经济发展程度略有差别，但总体比较落后。首先，中国企业应对东道国和我国的经济差距进行分析，在投资中采取和东道国经济水平相适应的投资方案。其次，五国加快了私有化步伐，但国有化程度仍较高，尤其是乌兹别克斯坦的计划经济色彩仍比较浓厚，企业在进行投资时应进行细致的经济外向型和市场自由度分析，尽可能选取自由度更高的国家进行投资，并做好规避风险的预案。再次，五国有关市场准入的政策限定是中国企业对外投资必须仔细研究的部分。五国的市场准入各有不同，企业应进行细致分析，避开禁止进入和限制较多的行业，同时研究相关行业的法律法规政策，尤其是针对能源、矿产资源行业的。最后，对金融外汇市场的分析也必不可少。目前，人民币尚且不能和中亚国家货币进行自由兑换,而五国的汇率在不断贬值,企业投资应万分注意汇率的影响,如采用外汇掉期保值、套期保值等方法规避汇率风险。目前五国虽然允许外资企业在本国设立账户,但对携带出境的现金和银行转账等外汇流出行为却有不同程度的严格监管,企业在进行投资时应注意数额方面的限制,尽可能避开规定严苛的区域。

3)文化风险防控策略。中亚五国均是宗教信仰盛行的国家,宗教文化渗透到生活的各个方面。中国企业在进行投资时首先应尊重各国的风俗习惯和宗教习惯,减少因文化差异带来的经营风险。在组织管理和市场营销方面采取本土化策略,积极融入当地的文化生活。其次,中国企业应对东道国的教育水平和劳动力状况进行深入研究,扩大雇用东道国员工的数量,降低因劳工问题而引起的纠纷和风险。最后,企业应积极在生态保护和社会公益方面履行社会责任,树立良好的公众形象,为投资的顺利保驾护航。

(2)内生性风险防控策略。内生性风险主要来自于企业层面,包括治理风险、管理风险等方面。

1)治理风险防控策略。目前我国进行大规模对外直接投资的企业主要是国有企业,而基于我国的社会制度形态,许多国家对于国企在海外的投资均持审慎甚至警惕的态度,面临较大的阻力和投资压力。因此企业首先可在对外投资中通过鼓励非国有资本、民营资本、境外资本等投向国有企业以及企业间相互持股等方式降低海外企业的国有资本持股比例,提高公司股权的多元化程度。其次加快国有企业的现代企业制度建立,加大政企分离的力度,加大企业投资决策的市场化程度,提高投资效率和决策的科学性。

2)管理风险防控策略。中国企业进行对外投资势必面临员工的多元化,因此在进行管理决策方面首先应充分尊重东道国的文化,减少文化冲突,建立和谐包容的企业文化。其次,通过外部招聘和内部培养等方式进行企业人才的国际化管理,提高员工的专业素质和综合素养。最后,企业在选择母国员工外派东道国时应审慎待之,除了员工的专业技能外,多加注重其语言、人际关系等方面的能力,选择有国际化经验的管理层组建高效的高管团队。

本文完成于 2016 年 4 月,第二作者:朱迎。

下篇

中国企业对外投资的国际化与国别比较研究

　　中国企业对外投资在金额、规模和领域不断扩展的同时，其跨国公司进入世界500强的数量也在快速增长。随着越来越多的中国企业进入世界跨国公司第一梯队行列，中国跨国公司的国际化程度，特别是与世界一流企业相比较成为学术界关注的一个问题。对此国内有一些论文做出阐述，但由于缺少数据支持，研究成果主要是从度量企业国际化的方法上做文章。笔者的论文"中国企业跨国度的国际比较——基于 TNI 和 GSI 指数的研究"应用国际公认的衡量方法第一次使用计量方法将中国进入世界500强的企业分别与发达国家和发展中国家中最大的跨国企业进行了对比研究，对中国企业的国际化程度、在世界直接投资领域的地位和竞争优势等做出了客观可信的评价。

　　出于同样的目的，即客观地认识中国跨国企业在国际直接投资领域的地位与作用，笔者将中国企业的对外投资与同为世界人口大国的印度企业比较，得出一些十分有意义的结论，研究成果获得国际同行的认可，*Internationalization of Chinese Enterprise: Assessment and Comparison* 获得国际学术会议论文 CPCI – SSH 检索。与印度教授合作的论文 *Chinese Outward Foreign Investment in South Asia: A Case of India* 也在加拿大著名期刊上发表。论文"中东欧国家吸引外资优劣势分析"研究了原来的社会主义国家在经济体制改革后吸引外资的情况，成为较早的研究该地区吸引国际直接投资情况的成果。本部分研究主题共收录成果5篇。

中国企业跨国度的国际比较
——基于 TNI 与 GSI 指数的研究

一、企业国际化及其度量

国际化的企业数量是衡量一个国家在世界经济舞台上的实力与影响力的重要标志。企业对世界经济的控制力与影响力与企业的国际化程度有直接的关系，因为真正意义上的跨国企业以全球化的企业文化为导向，以全球市场为目标，以实现全球配置资源为手段，通过全球化发展战略的实施，最终达到控制和影响世界经济发展的目的。因而每年《财富》杂志发布的世界 500 强跨国公司名单成为人们关注的热点。2012 年《财富》杂志公布的最新排名中，中国企业荣登榜单者已经接近 15%，达到 68 家（包括港、澳、台企业）。世界 500 强跨国公司中中国企业数量的不断增加无疑是我国企业实力增加的重要标志，然而在数量不断增加的表象下，中国企业全球化程度及其与其他全球化企业相比对全球经济的控制力与影响力如何，需要深入探讨与研究。

在国内外相关研究领域，建立衡量企业国际化程度指标体系的成果比较丰硕，一些代表性成果都在国际上产生了重要影响，如美国学者丹尼尔·沙利文（Daniel Sullivan）提出的五维度衡量标准，即国际化程度（DOI）＝外国销售占总销售的比例（FSTS）＋外国资产占总资产的比例（FATA）＋海外子公司占全部子公司的比例（OSTS）＋高级管理人员的国际经验（TMIE）＋海外经营的心理离散程度（PDIO）；芬兰学者韦尔奇和罗斯坦内（Welch, Luostarinen）提出设计的国际化进程六纬度测度模型，即企业运作方式、销售对象、目标市场、人力资源、组织结构、财务资源。国内一些学者基于中国企业的情况也提出了一些衡量方法，如崔影慧等提出的三维指标体系，包括内向国际化程度、外向国际化程度和全球一体化程度。当然在指标体系研究方面最有影响的当属联合国贸易和发展会议（UNCTAD）在《2000世界投资报告——跨国并购与发展》中提出的衡量跨国公司国际化程度的跨国指数（TNI），即 TNI =（国外资产/总资产 + 国外销售额/总销售额 + 国外雇员数/雇员总数）÷3×100%。联合国贸易和发展会议每年一度的世界投资报告中都以这个跨国指数为衡量指标提出发达国家和发展中国家100强的国际化程度。可喜的是中国企业家网也于2012年发布了中国100家跨国公司的跨国指数排行榜，即《2011中国100大跨国公司及跨国指数》。这些排行榜对于研究中国企业国际化程度提供了很好的数据支持。

为了衡量并确定中国跨国企业的国际化程度，特别是进入世界500强、代表中国企业最强实力的企业对世界经济的控制力与影响力，本文将首先运用联合国贸易和发展会议的跨国指数对中国进入世界500强的非金融类跨国企业的国际化程度做出判断并与世界其他同类国家的企业做对比研究，然后本文将用GSI指数对进入世界500强的中国金融企业的国际化程度与其他国际金融企业进行对比研究，以期更为全面地判断中国企业的国际化程度。

二、中国企业跨国指数综合分析与国际比较

1. 企业排行榜与数据来源

本文研究所选取的企业一是以总部位于中国大陆的企业为主要研究对象；二是以可获得计算跨国指数数据的公司为研究对象，因而在进入世界500强排名的68家中国跨国企业中本文选取了33家公司进行国际化比较研究。由于国内外对跨国公司的排名依据不同，本文采用国际上影响较大的《福布斯》排名榜，即采用营业额总额排名榜。此外在数据选取上，为了使计算更具真实性和权威性，本文更多地采用相关公司发布的企业报告和该企业的网站提供的数据，同时参考了联合国贸发会议世界投资报告以及中国企业家网《2011中国100大跨国公司及跨国指数》的数据。

2. 总跨国指数的比较（非金融类）

总跨国指数显示的是跨国企业的综合国际化水平，因此中国33家企业的总跨国指数平均值基本说明了中国企业的整体国际化水平。表3-1的计算显示，2010年中国33家进入世界500强跨国企业的总跨国指数平均值为14.81%，这与《2011中国100大跨国公司及跨国指数》平均13.37%的结果接近。中国企业不超过15%的跨国水平与国际水平相比情况如何，据联合国贸易和发展会议

《2011世界投资报告》提供的发展中国家与转型国家以及世界100强中的94家发达国家企业的跨国指数显示,发展中国家与转型国家的平均跨国指数为54.8%(不包括中国大陆企业),发达国家94家的平均跨国指数为65.8%。在中国33家企业中达到发展中国家平均水平的只有中国中化1家,而达到发达国家水平的公司为零。由此可见从总的跨国指数水平看,中国企业的平均国际化程度处于很低的水平(见表3-1)。

表3-1 进入世界500强中国大陆企业的跨国指数(2010年,共33家) 单位:%

世界500强排名	公司名称	国外资产/总资产	国外销售/总销售	国外雇员/总雇员	总跨国指数
5	中石化	35.19	24.51	5.8	21.83
6	中石油	19.77	42.85	5.09	22.57
87	中国移动	2.95	1.49	1.66	1.91
105	中铁建股份	9.0	7.0	10.0	8.67(2009年)
147	中国建筑工程	43.93	8.34	4.57	18.95
151	上汽集团股份	1.76	0.62	0.32	0.9
162	中国海洋石油	29.47	38.96	2.07	23.5
168	中国中化	70.19	76.46	14.68	53.78
197	中国交通建设	14.54	12.31	2.11	9.65
211	宝钢集团	2.64	10.66	0.31	4.54
220	中信集团	14.28	42.66	33.87	30.27
221	中国电信	1.27	0.78	0.09	0.71
226	中国南方工业(中国兵器装备)	2.13	7.49	0.54	3.39
228	中国五矿	0.13	0.16	0.13	13.6(2009年)
275	华能集团	5.53	6.87	0.2	4.2
292	神华集团	1.24	2.68	0.15	1.35
296	中国冶金科工	9.70	8.65	2.44	6.93
310	中国航空	2.36	—	1	1.95
325	首钢	17.05	—	2	8.12
330	中国铝业公司	31.93	3.12	0.12	11.72
351	华为技术有限公司	41.45	65.02	19.75	42.07
353	中国中钢集团	24.52	23.05	10.34	19.3
365	中粮集团有限公司	8.4	8.47	0.92	5.94
366	江苏沙钢集团	8.9	—	1.64	4.83

中国企业对外直接投资理论与实践研究

续表

世界500强排名	公司名称	国外资产/总资产	国外销售/总销售	国外雇员/总雇员	总跨国指数
370	中国联通	7.68	0.53	0.1	2.77
374	中国大唐集团	1.19	0.74	0.15	0.7
398	中国远洋运输	65.77	77.42	5.88	49.7
407	中国电子信息	31.45	64.82	32.78	43.02
429	中国铁路物资	5.62	1.21	0.16	2.33
430	中国航空油料	21.15	33.44	0.73	18.44
449	联想集团	52.47	44.18	23.10	39.9（2009年）
474	中国化工集团	9.37	12.91	2.41	8.32
484	中国建筑材料集团	0.62	7.52	0.71	2.95

注：中铁建股份、中国五矿和联想集团为2009年数据。汇率采用《中国统计年鉴》（2011）美元兑人民币汇率的年平均价100美元/676.95人民币计算。

资料来源：《2011世界投资报告》、财富中文网《2011年世界500强排行榜》、中国企业家网《2011中国100大跨国公司及跨国指数》、各公司2011年年度报告、各公司2011年财务报告和社会责任报告等。

3. 分项跨国指数的比较与分析

如果进一步分析3个分项指标的情况，则可以得出每项指标对总跨国指数的贡献和影响，从而看到我国企业与其他发达国家和发展中国家相比在哪个分项指标上处于更为劣势地位。如果将企业的国际化程度按照国际化发展的规律分为3个阶段，即商品国际化、资本国际化和生产要素国际化，那么第一项指标，即企业商品走出国门参与国际竞争，是企业国际化的初级阶段，第二项指标是企业资本参与国际竞争，而第三项指标则是国际直接投资所体现的本土化及其与当地经济、社会等的融入程度。

比较跨国指数中的3项指数（见表3-2），可以得出以下结论：首先中国大陆企业的各项指数都低于发展中与转型国家和发达国家。在3项指数中中国大陆企业的第一项指数的平均值最高，为21.16%，但只相当于发展中与转型国家的36%，发达国家的31%；第二项指标只相当于另两组国家的33%和27%；中国大陆企业的第三项指数最低，只有5.63%，只相当于另外两组国家的12%和10%，第三项指标成为中国大陆企业国际化低下的重要原因。由此可见中国大陆企业更多的是靠商品的竞争力进入世界500强，因为如果按照国外销售额排名，中国大陆企业有3家进入前100强，分别排名第5、第6和第87，但是如果按照国外资产排名，中国大陆企业只有1家进入世界100强，即中信，排名第62。目前还没有按照国外雇员数排名的榜单。如果有，从绝对量上讲，我国企业有7家国外雇员数超过万人的企业，但是相对于庞大的总雇员数，这些企业在这一项的跨国指数仍然较低。进入国外资产排名前100位的一些发达国家的国外雇员数低于我国许多企业，但是其国外资本额却大大超过中国大陆企业，可见其人均资本占有率极高，说明这些企业是资本与技术密集型的企业。

跨国指数与企业发展实力有直接的关系，经济实力越强的国家，跨国企业数量越多，跨国程度越高。仅以美英两国为例，在2011年联合国贸发会议发表的世界100强跨国企业总TNI排行榜中，美英两国分别是20家和14家；国外资产排行榜名单中美英两国分别是22家和15家。同样的两个排行榜中，全部发展中国家与转型国家（包括中国大陆企业）都只有7家。从这两个排行榜的排名看，我国企业国际化程度同整个发展中与转型国家的情况类似。目前按照国外营业额排行榜，我国企业进入世界500强数量增加较快，表明我国企业开始快速进入国际化阶段，但目前整体国际化水平仍处于国际化的初级阶段，即产品国际化阶段。

表3-2　中国大陆企业、发展中与转型国家和发达国家的TNI指数比较（2010年）

TNI平均值（%） 企业	国外销售/总销售	国外资产/总资产	国外雇员/总雇员	总跨国指数
中国大陆企业33家	21.16	18	5.63	14.81
发展中与转型国家91家	60.2	54.5	49.6	54.8
发达国家94家	69.2	67.2	60.9	65.8

资料来源：同表3-1。

三、分行业跨国指数的比较

进行分行业跨国指数比较的目的是研究与其他发展中国家和发达国家相比中国进入世界500强的企业在三大产业部门中的哪个产业部门的企业最多，跨国度最高；其结果不仅可以揭示中国企业在某一产业的国际化程度，而且可以说明企业生产的聚集度和该产业在世界同行业中的总体发展水平。如表3-3所示是我国33家企业的产业分布以及发展中国家与转型国家100强中的91家（去掉中国大陆企业）和世界100强中的发达国家94家TNI指数情况。

表3-3 分部门企业 TNI 指数（中国大陆33家企业、发展中与转型国家91家、发达国家94家） 单位：%

行业 TNI平均 企业	采矿业	制造业	建筑业	电力煤气及水生产与供应	交通运输、仓储、邮政	信息、计算机、软件	批发零售	商业与其他消费服务	多元化
中国大陆企业	1.35 (1)	12.35 (17)	11.05 (4)	2.45 (2)	49.7 (1)	12.15 (5)	10.39 (2)	—	30.27 (1)
发展中与转型国家	48.2 (1)	54 (51)	51.2 (3)	52.5 (2)	47.6 (2)	51.49 (11)	85.6 (3)	57 (10)	54.7 (8)
发达国家	79.1 (5)	65.8 (56)	63.6 (2)	63.8 (12)	67.1 (3)	67.1 (7)	42.2 (5)	84 (2)	73.6 (2)

注：(1) 产业分类采用 UNCTAD 使用的美国标准产业分类法。
　　(2) 表中括号内数字为进入该分类的企业数量。
资料来源：同表3-1。

1. 第二产业部门国际化比较

按照三大产业部门分类，所有进入排行榜的企业都分布在第二和第三产业部门。表3-3中前4项分类为第二产业部门，后5项为第三产业部门。中国大陆进入世界500强排行榜的33家企业有24家分布在第二产业部门，占总额的73%，其中制造业有17家，占第二产业总额的71%；另外9家分布在第三产业。发展中与转型国家有57家分布在第二产业，占总额的62.6%，其中制造业占第二产业的89.5%，其余34家在第三产业。发达国家有75家分布在第二产业，占总额的79.8%，其中制造业占第二产业的74.7%，其余19家分布在第三产业。从企业数量上看无论是发展中国家与转型国家，还是发达国家，第二产业的企业聚集度都高于第三产业（不包括金融领域），其中又以制造业的聚集度最高。然而从国际化程度上看，发达国家第二产业的国际化程度高于第三产业，而发展中国家与转型国家以及中国大陆企业第二产业国际化程度都低于第三产业。在第二产业中发达国家在采矿业的高国际化程度（79.1%）同发展中与转型国家较低的国际化程度（48.2%），特别是同中国大陆企业非常低下的国际化程度（1.35%）形成鲜明对照。

以上的结果证实了以下几点：第一，制造业是国际化较为容易实现的产业，由于有形产品生产的可分割性，企业可以最大化地利用国际分工的比较优势实现资源的全球配置。第二，发达国家第二产业的高国际化程度是其长期以来实行生产国际化的真实体现，特别是在经济全球化时代，发达国家采用国际化发展战略，将本国失去比较优势的产品生产转移到国外，在全球配置生产资源，以实现成本最小化和利润最大化的目的。第三，采矿业以及制造业中的炼油业都是高风险与高资本和技术投入行业，要有很高的规模化生产程度与配套生产和加工能力。这些特点使得有实力的大型企业才有能力进入这些领域，因而发达国家（有9家公司）在这个领域聚集较多的企业，并取得较高的国际化程度是必然的。事实上炼油业所具有的高投入、高风险、高规模的特点同样聚集了一批发展中国家的大型企业，但总的来说在制造业中发达国家跨国公司所进入的领域与发展中国家存在结构上的差异，发达国家大型跨国企业分布在更多的产业领域，主要集中在以高技术和高投入为特征的行业，如制药、车辆与零部件、电器电子设备和航空等；而发展中国家大型跨国企业主要集中在资源密集型和一般消费产品如金属与金属产品、电器电子设备、其他消费品制造业等技术含量较高的行业。

中国企业在第二产业部门的4个分行业中的国际化程度不仅大大低于发达国家，也大大低于发展中国家与转型国家。特别是在采矿业与电力煤气及水生产与供应两个行业的国际化程度更为低下，不仅产业集聚度低下，而且国际化程度也十分低下，分别为1.35%和2.45%，而这些企业之所以能够进入世界500强得益于较高的海外销售额的绝对值较高。然而与发达国家企业类似的是中国大陆炼油业企业（4家）的平均国际化程度高于制造业的平均水平，达到21.6%，但是与其他组群国家不同的是我国炼油企业在国外雇员/总雇员指标上显著低于其他指标，仅为3.4%。在中国炼油企业不断推进国外资本运作，大手笔收购国外资源企业和加大能源投资力度的背景下，这一现象产生的原因有可能是：第一，中国几家炼油企业作为垄断大型国有企业国内雇员庞大，随着国内各项业务的不断萎缩，国外业务的增长，保持企业就业成为国有企业不得不考虑的问题，因此将国外市场作为解决国内就业问题的场所成为一个选择；第二，这些企业的国际化与本土化意识还需要加强，特别是企业社会责任感需要加强。作为真正意义上的国际化企业，增加当地雇员除了经济原因如成本考虑外还有政治与社会原因，同时也是为企业规避政治风险，实现可持续发展着想。

2. 第三产业部门国际化比较

在第三产业部门的产业分类中，中国大陆与其他两组国家的情况虽然各异，但普遍在信息、计算机与软件领域的产业聚集度最高。发达国家在信息、计算机与软件领域的聚集度最高，但在多元化经营与其他服务领域的国际化程度最高，而发展中与转型国家则在多元化与其他服务领域的聚集度最高，而在批发零售领域的国际化程度最高。中国大陆企业除交通运输、仓储和邮政TNI指数高于发展中与转型国家外，其余三个产业都低于另外两组国家，但是与第二产业相比第三产业部门的总体国际化程度与另外两组国家的差距在缩小。中国大陆企业在信息、计算机与软件领域的国际化程度虽然都低于另外两组国家，但却是产业聚集度最高的领域，有 5 家企业进入 500 强，是第三产业部门中进入 500 强最多的产业。

从以上的结果可以得出以下结论，第一，信息、计算机与软件产业之所以能够共同成为发达国家和发展中国家聚集度最高的产业首先说明世界经济已经进入了信息化时代。该产业是 20 世纪 80 年代以来首先从发达国家发展起来的新兴产业，随着技术的不断成熟，新兴市场国家也通过技术转让与技术再创新等方式获得了产业发展的机会，庞大的市场需求和产品的差异化发展需要各类服务商为不同层次的消费者提供服务，因此在这个领域不仅聚集了发达国家的企业也造就了一批发展中国家的大型企业。同时该产业的高国际化程度也说明该产业是服务业中最早也是最容易实现国际分工、实现服务外包的一个产业，发达国家企业出于同样的降低成本的原因将本国附加值较低的部分外包到发展中国家，使该产业在发展中国家得以迅速成长。中国企业有 5 家进入世界 500 强不仅得益于中国改革开放的时机与信息化时代的到来，也得益于国外先进技术的外溢使中国企业有了跨越式发展的机会，使这个领域成为中国企业与国际巨头同台竞技的舞台。

第二，批发零售业是发达国家 TNI 低于 50% 的唯一一个产业。从进入世界 100 强的 5 家零售商的情况看，它们的国外销售额占总销售额的比重都较低，如沃尔玛只有 26.1%，另外 1 家日本企业——三菱集团的此项指标只有 18.5%，法国家乐福是唯一 TNI 超过 50% 的企业，达到 64.8%。形成对照的是发展中国家与转型国家组这个产业的综合跨国指数大大高于发达国家，成为唯一一个 TNI 指数高于发达国家的产业。然而进入这个产业的 3 家企业全部来自于中国香港地区，导致这个结果的一个可能是国内市场规模对于该产业的国际化程度有较大影响。中国大陆企业进入批发零售产业的两家企业的综合跨国指数只有 10.39%，低于中国大陆三大产业部门的其他产业的国际化程度，这进一步说明了批发零售业的本国市场规模对该产业的国际化水平确实有重要影响。

四、国际化与地理分布指数（GSI）

如果一个真正意义上的全球化企业的衡量标准是它对全球资源的控制能力和影响力，那么 TNI 指数中所设定的三个指标在衡量企业的控制力和影响力方面有一些不足。例如，一个企业可以在少数几个国家拥有大量的资产，而且企业的国外资产也可以是企业对外的金融投资或间接投资额。而国外销售额可以是产品从国内销往国外的数量，主要针对的是企业产品对国际市场的影响力，因此这两项指标有时即使很高也不能真正反映企业对全球资源的配置能力和对经济的控制力。第三项指标,即国外雇员数量,衡量的是企业本地化的程度和对当地经济的融入程度,但也可能出现在少数几个国家雇用大量当地员工的情况。从这个角度上讲一个企业在多少个国家和地区配置了多少家分公司会更有效地体现企业的国际化程度。

事实上联合国贸发会议在衡量金融机构的国际化水平时提出了地理分布指数(GSI),并应用该指数提出了世界50强金融机构的地理分布指数排行榜①。表3-4是2010年按国别计算的世界50强金融机构的GSI指数情况。

表3-4 世界50强金融机构地理分布指数(2010年)

GSI \ 国别	美国	英国	法国	德国	日本	瑞士	加拿大	澳大利亚	其他欧盟国家
金融机构数	8	7	6	5	5	4	3	1	11
平均GSI	43.4	44	54	47	33.6	52.8	41.6	37.8	44.58

注:①其他欧盟国家包括意大利(3)、西班牙(2)、荷兰(2)、比利时(2)和瑞典(2)。②表中分支机构指多数控股。

资料来源:根据《2011世界投资报告》整理。

表3-4的结果说明了一个不争的事实,即发达国家特别是欧美国家是国际金融领域的绝对统治者,发展中与转型国家在这个排行榜中没有一家企业。从地理分布指数看,法国与瑞士的国际化程度最高,其平均GSI指数都超过了50。从单个银行看,美国花旗银行的GSI指数最高,达到73.9,在77个国家设有664家分支机构。但从总体国际化程度上看法国最强,因为在GSI排名前十的金融机构中,法国占有三席,其次是意大利,占有两席。

中国的中国银行、工商银行、农业银行、建设银行四大国有商业银行在2008年爆发的全球金融危机中获得长足发展。按照全球最具权威的英国《银行家》世界1000家银行排行榜,2011年如果按照盈利状况排名中国工商银行、中国建设银行、中国银行成为全球排名前三的三家银行,是当年最能赚钱的银行。如果按照一级资本排名,这三家银行也分别位列第6、第8和第9,中国农业银行位列第14。然而从金融国际化的角度衡量中国的五大最具实力的商业银行,则可以看到中国银行与发达国家银行在国际化方面却存在巨大差距,因为在用GSI指数衡量的50家银行排名中,中国没有一家进入前50名。如表3-5所示是我国

---

① 地理分布指数(GSI)为国际化指数与东道国数量的乘积的平方根,国际化指数 I.I. = 境外附属机构数目/附属机构总数。

五大国有商业银行的 GSI 指数，该表显示即使是国际化程度最高的中国银行的 GSI 指数也只有 12.88，而中国农业银行只有 0.2。世界 50 家排行榜中 GSI 指数最低的日本东京海上控股株式会社也要达到 12。与花旗银行相比，中国银行的国外分支机构虽然已经达到 586 家，但所分布的国家与地区数量却不到花旗银行的一半。其他几家国有银行的国外机构数量和东道国数量与其庞大的国内分支机构相比更是微不足道，这足以说明中国代表性的商业银行的业务依然是以国内市场为主。

表 3-5　中国 5 大国有银行的 GSI 指数

银行 \ GSI	总机构数	国外机构数	东道国和地区	GSI
中国工商银行	12722	222	29	7.12
中国建设银行	13581	14	12	1.1
中国农业银行	23461	4	2	0.2
中国银行	10951	586	31	12.88
中国交通银行	2637	13	10	2.2

资料来源：各银行网站、年度报告。

中国其他进入世界 500 强的金融企业还有中国人寿保险公司、中国人民保险（集团）股份有限公司、中国平安保险（集团）股份有限公司和中国太平洋保险（集团）股份有限公司。但是除中国人保在海外 4~5 个国家和地区设有分支机构和办事处外，其他保险公司基本上是以中国香港为基地从事海外业务，而其他国际化数据则无从获取。因而可以说中国金融企业的国际化程度不仅低于发达国家，而且也低于中国非金融类企业。事实上，走出去的中国金融企业其主要服务对象仍然是以国内企业为主，这一状况与中国金融企业整体发展水平有直接关系，毕竟我国金融企业的发展历程还十分短暂。我国金融企业低下的国际化程度只能说明其在世界金融领域的影响力还十分有限，然而作为当今世界经济大国在金融领域如果无法确立自己的地位与影响力则很难成为真正意义上的经济大国。

五、结论

从以上对中国与发达国家和发展中国家与转型国家跨国企业国际化的分析可

以得出如下结论:

第一,进入世界500强的中国大陆企业的国际化水平(平均14.81%)不仅与世界100强的发达国家(65.8%)相比处于低水平,即使同发展中国家与转型国家100强(54.8%)相比也处于低水平,总体来说中国大陆企业仍处于国际化的初级阶段,即商品国际化阶段。如果将跨国企业分为国际化企业和全球化企业①,则中国大陆企业还未进入全球化企业发展阶段。

第二,从产业聚集度及其国际化程度看,发达国家无论在第二产业部门还是第三产业部门(除批发零售业外)的国际化程度都高于发展中国家与转型国家,但第二产业部门的国际化程度高于第三产业部门。发展中国家与转型国家以及中国大陆企业由于仍处在工业化进程中,因而第二产业的国际化程度低于发达国家是必然的,中国与其他一些发展中国家的大型跨国企业即使达到较高的国际化水平,如资源类型的跨国企业也主要是为本国制造业服务。

第三,从各分类产业看,信息、计算机与软件产业是中国大陆企业和发达国家、发展中与转型国家在产业聚集度和国际化水平两方面最为接近的一个产业;而采矿业与电力煤气及水生产与供应产业是中国大陆企业与其他两组国家差距最大的产业。

第四,国际金融领域的统治者是发达国家,发展中国家与转型国家在国际金融领域仍处于初级发展阶段,基本没有话语权。中国金融企业中的银行业只有个别企业达到了较低的国际化程度,绝大多数金融企业仍处于国际化的初级阶段,主要是为"走出去"的中国企业提供服务。

本文发表于《国际经济合作》,2012年第8期,第二作者:王莹。

---

① 国际化企业是指将本企业的商品市场向国外延伸;全球化企业是指在全球配置资源,不仅是商品市场的国际延伸,而且是生产要素市场的国际延伸。

服务业对外直接投资
——中国与印度的比较

印度是仅次于中国的世界第二大发展中国家。随着印度经济的崛起，人们越来越多地将注意力放在中印这两个未来的世界经济巨人的发展上，其原因在于两个大国的崛起必将对全球的资源分配、经济重心以及实力均衡产生巨大影响。特别是20世纪90年代后期，中印两国政府都开始积极推行对外投资战略，在世界范围内掀起了一股亚洲风潮。中国和印度作为发展中国家对外投资的后起之秀有不俗的表现，且两国企业对外投资又都各有特色，这些不同点不仅是投资额和投资领域的不同，而是从更深层次反映了两国的经济实力、产业结构变化和经济发展水平与方向，因为说到底对外直接投资是一国经济变量外溢的结果。研究比较中印两国跨国公司国际直接投资可以从一个侧面更好地了解中印的经济结构和未来的发展，同时也会对我国的经济发展和对外投资有所启示。

一、中印两国企业对外投资特点的比较

印度从1991年开始推行对外开放政策，有记录可查的对外投资数据始于1994年，因此印度对外投资的总量还大大落后于中国。从对外直接投资存量来看，截至2004年，中国对外投资总额为447.8亿美元，在发展中国家对外投资排行榜中名列第五；而印度仅为66亿美元，居发展中国家排行榜第14位。从总量上讲中国是印度的6.78倍。在中印两国对外投资总存量中，对服务业（非金融类）的投资中国占对外投资的75%；而印度的对外直接投资主要进入制造业，对服务业的投资占印度对外投资的40.7%。

中印两国在服务领域的直接投资从投资目的地、投资领域以及投资进入方式上都有各自的特点。这些特点反映了两国对外投资结构、投资目的与国内产业关

联的不同。下面从3个方面对中印两国在服务领域对外直接投资的特点做一比较。

1. 中印两国投资目的国的比较

根据我国商务部和印度财政部的数据，1976~2002年，中国对外投资金额的45.6%流入中国香港和中国澳门，20%进入发达国家，其余进入其他发展中国家。在此后的两年中，流入欧洲、北美和大洋洲等发达国家的比例不断下降，从2003年的8.4%下降到2004年的7.5%。从地域的选择上中国的对外投资遵循企业对外投资的一般规律，即从自己的近邻开始，逐步向其他国家扩张。从选择的投资国的类型看，中国的投资符合中国作为发展中国家的地位，在发达国家的投资以贸易和商业服务类型为主，而在制造业的投资主要是利用自己在劳动密集型技术上的比较优势在发展中国家进行生产。资源主导型是中国选择投资的目的国的另一重要特征，投资目的国既有发达国家又有发展中国家，例如，2003石油和天然气等自然资源的开采占我国对外投资总量的48.4%，2004年占总量的32.7%。

印度从1996~2003年对外投资的最大目的国是美国，占总额的18.8%，发达国家占投资总额的30%左右，其余70%进入发展中国家。中印两国在投资目的国选择上的不同主要是由于投资行业的差异造成的。从20世纪90年代后期开始，印度在服务产业领域的投资增长带来投资地域结构的变化，投资目的国由原来主要集中在新加坡、泰国、斯里兰卡和马来西亚等近邻的发展中国家向发达国家转移，特别是在英国、美国、德国等国的服务领域的投资大幅度增长。印度15家最大的IT软件和服务公司都在国外进行了投资，而且主要分布在发达国家，例如，2002~2003年，印度最大的15家信息服务公司中就有11家在美国投资，有6家在英国投资，5家在德国投资，7家分别在日本、新加坡、比利时、澳大利亚、加拿大、瑞典、冰岛、荷兰和瑞士等国投资。

2. 中印两国对外投资在服务领域行业上的比较

中印两国在服务领域的投资从行业划分上也体现出鲜明的特性。截至2004年，中国对外投资总额显示，非金融类服务业的投资中占前3位的行业是商业服务业（36.7%），批发零售业（17.5%）和交通运输仓储业（10.2%），这3部分占全部投资总额的64.4%。而信息传输业、计算机服务和软件业占2.6%，其他服务业占2.4%（见表3-6）。中国企业在与贸易相关的服务部门的高比例投资至少说明两点，第一，我国在服务业的投资仍以传统的业务为主，其目的主要还是为国内商品的销售服务。这种投资格局完全符合我国作为制造业生产大国和商品出口大国的地位，是为我国外向型经济发展战略服务，因而中国企业对外投资的主要动机是占领当地的销售市场，是国内市场的外延。第二，我国对外投资的比例也说明许多企业对外直接投资的发展仍处于企业国际化过程中的初级阶段,因为一个国内企业向国际化发展的一般过程是先建立办事处,之后是建立海外销售部,形成销售网络;第三阶段才开始建立自己的生产点,随后是建立国际化的财务系统和形成自己的企业文化。

表3-6 中国企业对外直接投资的行业分布(截至2004年) 单位:亿美元

制造业	采矿业	商业服务	批发零售	运输仓储	信息软件	其他服务	其他	总额
45.4	59.5	164	78.4	45.8	11.6	10.9	32.4	447.8
10%	13.3%	36.7%	17.5%	10.2%	2.6%	2.4%	7.2%	100%

资料来源:中国商务部网站。

印度企业对外直接投资的行业分布显示印度在非金融类服务业的投资占投资总额的40.7%,其中贸易投资占4.6%,其余大部分投资主要集中在信息服务和软件服务业上。印度服务业领域最大的7家跨国公司的主业全部是数据处理服务、软件服务、计算机程序服务等,排名第一的企业资产达6亿美元,其国外资产达到1.3亿美元,雇员上万人。这样的投资结构说明印度企业在服务业的投资分布集中于现代服务业(见表3-7),形成了鲜明的以信息服务业为主导的投资格局。

表3-7 印度企业对外直接投资行业分布(1999~2003年) 单位:亿美元,%

制造业		非金融服务		贸易		其他		总额
金额	百分比	金额	百分比	金额	百分比	金额	百分比	85.19
46.79	54.9	30.76	36.1	3.93	4.6	3.7	4.3	100

资料来源:UNCTAD。

3. 中印两国在服务业直接投资的进入方式上的比较

当今国际直接投资进入方式的主要特点是以跨国并购为主,以绿地投资为辅;跨国并购领域在20世纪90年代以前主要集中在第一产业和第二产业,20世纪90年代后期向第三产业转移。第三产业的跨国并购主要发生在3个行业:电信,占到并购总额的一半左右;银行,占1/3左右;商品零售业,占1/4到1/5左右。中国企业以跨国并购的方式进行投资的重点是第一产业,也就是以获取资源为目标的并购,占总存量的66%;而在服务领域的并购还不占主流,只占对外投资总存量的14%。例如,中国网通收购美国亚洲环球电讯公司、山东宏智广告集团收购美国EPT、东方通信公司收购美国易路通电信公司等。

与中国形成对照的是印度企业的并购行为主要发生在第三产业。1996～2003年，印度企业海外并购总数达到242起，其中第二产业的并购占总数的48%，第三产业的并购占总数的49.6%。进入21世纪以后，印度企业在服务领域的跨国并购大幅度增长，2000～2003年的3年间共有182起跨国并购交易，而发生在服务领域的跨国并购占这一时期总数的54%。印度企业在服务领域的并购主要发生在电信软件业，并购对象以美国和英国的企业为主。例如，1996～1999年，印度的跨国并购共有60起，在英美两国的并购有12起，占该时期的20%；2000～2003年在英美两国的并购交易上升到64起，占该时期并购总交易量的35.2%。

从中印两国跨国并购的数量、领域和国家的比较可以看出中国企业跨国并购的主要动机是获取战略性资源，用来弥补国内资源要素的缺口，维持国内制造业对工业原材料不断增长的需求。而印度在服务业的跨国并购无论从内容到形式都更符合当今国际直接投资的主流，具有了发达国家跨国公司的特征，表明印度企业在服务业领域的所有权优势在不断增长，而且资金实力也在逐渐提高。例如，印度知名的信息与咨询公司——Satyam公司将其全球营销网络拓展到45个国家，在美国、英国、新加坡、马来西亚、中国、日本和澳大利亚都开设了研发中心，国际用户增加到300多家，服务范围涉及自动化、银行金融服务、保险与保健服务等。

中印两国在服务业领域对外投资特点的不同实质上是本国国内产业结构、技术优势、要素禀赋等的外溢行为，因此为了更好地了解中印两国在服务业领域对外投资的行为，还需要进一步分析形成两国对外投资竞争力来源的国内因素

二、中印两国国内产业格局和竞争力与服务业对外投资的关系

1. 中印两国国际竞争力的产业格局

由于对外直接投资是国内劳动分工和生产要素的外溢行为，因而中印两国在经济结构上的不同可以很好地解释两国在服务领域对外投资的特点和竞争力的来源。中印两国在经济发展模式上采用了完全不同的模式，因而导致两国的国内产业结构有很大的差异。中国自改革开放以来市场经济和计划经济并存的二元经济结构一直是其主要特色。以市场经济运作规律调节行业发展，企业按照比较优势原则，充分利用丰富的劳动力要素资源发展工业生产，取得了以劳动密集型技术

为主的轻工业制造业行业的快速发展；在重工业领域，国有企业依靠政府对资源配置的影响也得到了快速的发展，整体第二产业以高于印度两倍的速度发展，使中国的经济结构中制造业所占的比重在1984～2004年的20年间一直保持在35%以上，第二产业的比重2004年接近53%，而中国第三产业比重却一直比较低，未超过35%。相比较而言，印度的制造业大大落后于中国，其在经济结构中的比重一直在16%左右徘徊，表明印度的工业化进程仍处在前期阶段。然而印度的服务业却在20年间有了很大的增长，2004年达到51.8%（见表3-8）。可以说中国的经济增长以工业发展为主要带动力量，而印度的经济则是以服务业为发展基础，中印两国在产业结构上的不同是两国企业对外投资时竞争力产生的重要基础。

表3-8 中印两国经济结构的比较（1984～2004年） 单位：%

年份 数据比较 产业	1984		1994		2003		2004	
	中国	印度	中国	印度	中国	印度	中国	印度
第一产业	32.0	35.2	20.2	30.4	14.6	22.8	15.2	21.2
第二产业	43.4	26.2	47.8	27.1	52.2	26.4	52.9	27.0
制造业	35.5	16.4	34.4	16.9	36.7	15.6	37.3	16.1
第三产业	24.7	38.7	31.9	42.5	33.2	50.7	31.9	51.8

资料来源：联合国人类发展报告。

2. 改革开放的时机与产业发展的关系

中国自20世纪70年代末开始经济改革后，按照赫克歇尔—俄林的要素禀赋理论以劳动力资源优势为基础发展起来的制造业中的轻工业部门，在逻辑和时机上恰到好处地承接了一些发达国家和新兴工业化国家及地区，特别是中国香港和中国台湾传递的劳动密集型技术，迅速地发展起来，并形成了强大的国际竞争力，例如，中国的纺织服装业和家电业等。而当中国企业以直接投资的方式参与国际经济活动时，这些企业也成为率先走出国门的企业。印度的经济改革较中国落后了十几年，始于20世纪90年代初，加之国内基础设施落后，工业化基础薄弱等因素，因此错过了20世纪七八十年代国际产业结构大调整和新的国际分工引发的劳动密集型技术转移的时机。然而印度却具有发展服务业得天独厚的条件，例如，作为官方语言的英语、发达的精英教育体制和远高于中国的受过高等教育的人才储备等。这些要素禀赋条件使印度在改革开放之初适时地赶上了信息产业的发展，并使其优势得到充分的发挥和利用。1991～2004年，印度软件业的年均增长率达到46%，从业者超过50万人。印度IT产业的迅速发展为其服务业的发展提供了坚实的产业基础,例如,印度仅信息服务业的产值约占印度国内生产总值的7%。基于信息产业发展起来的服务业优势同时也成为印度企业对外投资时竞争力的重要来源。

3. 引进外资与产业技术的发展

中印两国作为发展中国家,其国内产业的发展和技术进步在很大程度上需要依靠引进国外的知识和技术,而引入知识和技术的主要途径是通过技术进口和外国投资。因此服务贸易进口量和服务产业吸引外资的情况不仅说明一个国家的开放度和利用外资的水平,还表明该国通过学习国外的先进技术并与本国的创新能力相结合后使本国产业能够达到的技术水平和竞争实力。中国为了迅速地实现工业化,提高制造业的竞争力,长期以来吸引外国直接投资的重点在生产制造领域,第二产业吸引外资平均在70%以上,而服务领域的外资比重不但没有增长,反而有所下降。根据世界投资报告的统计,1995~1999年外资在中国服务领域的投资占全部外资的36.1%,而2000~2003年服务领域外资比例下降到平均21.3%。在流入服务领域的外资中,也以传统的服务领域如房地产(17.6%)和批发零售餐饮业(2.85%)为主。由于中国服务产业在国民经济中的比例较小,开放度较低,与外资合作的领域有限,因此外资的投入小;反之,中国服务业也无法通过引进外资将国外先进的技术和管理知识介绍到中国,并通过引入竞争来促进服务业的发展,这也是造成中国服务业相对于制造业比较落后的一个原因,进而也是我国企业在服务业领域对外投资相对落后的一个原因。

印度在吸引外资的总量上虽然与中国的差距巨大,然而在印度有限的外国直接投资中,20世纪90年代上半期服务领域吸引外资占10.5%,20世纪90年代下半期提高到28.3%,2003年则达到46%。外资投入的领域主要集中在软件(13%)、IT服务(20%)、金融服务(5%)、汽车(5%)、电力(3%)等其他技术上较复杂的资本密集型产品。而劳动密集型制造业如纺织、食品加工业等则基本不在外资投资的范畴。外资在印度服务领域的投入大大地促进了该产业的技术水平、管理水平和创新能力。信息技术强国——美国利用印度廉价的高技术含量的劳动力使其成为美国软件业发展的加工厂,之后又成为其软件开发基地和研发所,而印度企业在此过程中实现了从量变到质变的飞跃。印度企业在承接国外技术的同时发展起自己的有形的和无形的资产及管理技术,这些资产成为印度企业对外投资时与当地企业竞争并获得成功的资本和竞争优势来源。

4. 从产业优势到国际竞争优势

中印两国在各自产业上的优势转化成其参与国际竞争的优势,这一优势首先通过国际贸易方式体现出来。中国在以劳动密集型技术为主的制造业上的优势使中国成为世界第四大出口商,2004年其出口总值大约是印度出口总值的8倍,有

"世界工厂"之称。中国服务贸易的出口总量也高于印度，但是差距要小得多，是印度的 1.8 倍。然而如果将进口因素也考虑进来，综合考察两国的服务贸易竞争力，印度在服务贸易竞争力上则胜中国一筹。这点从计算两国的贸易竞争指数、显性比较优势指数和竞争优势指数 3 个指数中可以看出。从 3 项指数的比较来看，印度的贸易竞争指数和竞争优势指数在过去的 10 年间逐渐赶上并超过中国，而显性比较优势指数则一直高于中国，可见印度在服务贸易的国际竞争力上的确强于中国，是目前发展中国家中极少数超过中国的国家（见表 3-9）。

表 3-9 中印两国服务贸易竞争力 3 项指数的比较（1994~2004 年）

指数类别 年份	贸易竞争指数		显性比较优势指数		竞争优势指数	
	中国	印度	中国	印度	中国	印度
1994	0.018	-0.14	0.6158	1.0046	-0.0138	-0.2022
1996	-0.042	-0.21	0.6267	0.9320	-0.1169	-0.2724
1998	-0.051	-0.12	0.5854	1.2655	-0.2441	-0.0315
2000	-0.084	-0.07	0.5781	1.5670	-0.1853	0.0127
2002	-0.079	0.009	0.5487	1.6318	-0.1635	0.1112
2004	-0.084	-0.086	0.4734	1.5656	-0.1284	0.0386

资料来源：WTO 国际贸易统计数据。

中国在服务贸易领域的竞争力主要来自传统的资源密集型和劳动密集型产业，如旅游业和交通运输业，这两项所占的比例一直在 60% 以上，而与信息技术服务相关联的信息服务和电脑信息服务从 2001 年到 2004 年，出口总额平均只有 14.3 亿美元，占服务贸易出口的平均 3% 左右。印度的服务出口主要是以信息服务为主，例如，印度的软件和办公支持服务的出口额 2003 年分别为 89 亿美元和 36 亿美元，两项合计突破 100 亿美元大关，达到 125 亿美元，占当年印度服务贸易出口的 64.4%，占据国际市场大约 16% 的份额，出口国家达到 140 个。印度企业在服务贸易领域所具有的竞争优势使其进一步转化成对外投资的所有权优势，加上印度企业不断积累的资本实力，构成印度企业对外投资的强大动力。

印度企业在服务贸易出口上所表现出的竞争力进一步说明印度在参与国际经济活动时的竞争力来源与对外直接投资是一脉相承的，都来自国内与信息产业相关的部门，是其信息技术和管理技术通过商品和资本的跨国界流动产生的外溢行为。印度由信息产业及相关服务业的发展到出口贸易产品再到对外直接投资，它的企业经过多年的机构调整和技术改革，终于拥有了走向国际市场的实力。印度企业所走的是一条依靠高技术低价格的劳动力发展高技术含量产业的道路，因此与发达国家高技术高成本的劳动力相比，印度的信息产业和服务业拥有了更强的竞争力。因此尽管一些国家如美国政府采取了一些限制服务外包的措施，但是印度仍然以世界上软件技术优良和最具竞争力国家的实力获得了大量发达国家的信息服务业务。目前全球500强企业中有185家公司把部分业务外包给印度的信息技术公司，有135家使用的是印度开发的软件。

三、结论与启示

中印两国企业在服务业的对外投资方面各有特色，这些特色是中印两国国内产业结构和竞争力在国际舞台上的再现。中国企业在服务领域的投资分布突出了服务业在中国经济中的服务和从属地位，服务业对外投资的目的主要是为中国制造业的海外延伸和货物出口大国的角色服务，是为中国生产企业对外投资"打头站"，建立"桥头堡"，是一种市场驱动型的投资，因此中国服务业的对外投资对中国产业结构的升级和调整作用有限。印度服务产业的对外投资目的除了获取市场和为本国企业服务外，另外一个重要目的在于通过获取与信息产业有关的专利技术、网络域名知识和品牌来提升产业价值链，由此来促进国内产业结构的升级，这也是它们在服务业领域大量采用收购与兼并手段的重要原因。因此印度企业在服务业的对外投资与国内的产业结构联系更紧密，代表着一种结构性变化。

我国政府在进入21世纪后将鼓励企业"走出去"作为国家的一个重要战略，并且颁布了一系列鼓励政策，取得了重大的成效。但是印度企业在服务领域，特别是在信息技术服务领域的投资业绩也给我国的经济发展和对外投资提供了一定的启示。我国的产业发展走的是工业化国家走过的道路，即从第一产业向第二产业再向第三产发展。在发展制造业中走出口导向型发展道路。目前我国的第二产业比重大于第三产业，仍然是工业主导型的经济形态。然而印度的发展却并未经历从第二产业再向第三产业发展这样的一个过程，而是提前进入服务经济社会形态。中国发展方式的一个重要成果是使大多数人民的生活水平迅速提高，国力迅速增强，同时代价也是有目共睹的，即资源的过度消耗和环境的严重破坏，这些对中国经济的可持续性发展提出了挑战。

印度的发展方式使贫富差距拉大，贫困人口的状况没有显著改善，特别是它的各项人类发展指数如贫困人口比例、生命期望值、婴儿死亡率、幼儿营养不良率以及成人识字率等都落后于中国。但是由于印度大力发展第三产业，大大降低了工业给资源和环境带来的破坏，因此印度的环境指数和资源的保护状况都优于中国。服务业具有显著的低资源消耗、高环境质量和较低且平稳的发展速度的特点。中国在面临资源与环境不断恶化的情况下,应当将发展服务业作为促进经济发展的一个重要方式,通过有选择、有重点地发展某些现代服务业产业,实现我国经济增长模式的转变,同时培养新的国际贸易和对外投资的国际竞争力增长点。在此,印度在服务业的发展经验为我们提供了一个良好的借鉴。

本文发表于《国际经济合作》,2006年第6期,本文第二作者:刘雯。

中东欧国家吸引外资优劣势分析

一、中东欧国家吸引外资状况

本文所指的中东欧国家主要包括保加利亚、克罗地亚、捷克、爱沙尼亚、匈牙利、拉脱维亚、立陶宛、波兰、罗马尼亚、斯洛伐克、斯洛文尼亚和乌克兰等国,它们在从计划经济向市场经济转轨的过程中,一直将吸引外商直接投资作为一项重要的措施来贯彻。20 世纪 80 年代末 90 年代初,随着东欧的剧变和苏联的解体,中东欧地区国家的政治和经济体制都发生了剧烈变化,从单一政党迅速转变为多党制和议会制,与此同时以建立私有制为基础的经济改革也纷纷开始。中东欧国家采取的一系列适应市场经济的改革措施从经济体制上为吸引外商直接投资创造了条件,使外商直接投资在 20 世纪 90 年代有了较大的增长,特别是从 20 世纪 90 年代中期以后保持持续增长的势头(见表 3-10)。

表 3-10 外商直接投资年均流入量　　　单位:亿美元

国别 \ 年份 FDI流入	1985~1995	1997	1998	1999	2000
中东欧国家	32	192	210	232	254
东南亚、东亚、南亚	298	985	860	962	1373
拉丁美洲和加勒比	153	712	832	1103	862
发展中国家	507	1874	1884	2220	2402
世界	1083	4779	6925	10750	12708

资料来源:联合国贸发会议《2011 世界投资报告》。

从表 3-10 中可以看出，中东欧国家直接投资流入量从 20 世纪 90 年代中期前的年均 32 亿美元增加到 2000 年的 254 亿美元，是 20 世纪 90 年代中期前的近 8 倍。尽管有这样的增长幅度，但与中国和东亚以及拉美国家相比，中东欧国家引资总量仍处于较低的水平。根据世界投资报告的统计，20 世纪 90 年代后半期到 2000 年国际直接投资有了大幅度的增长，到 2000 年国际直接投资创下了近 1.3 万亿美元的最高纪录。在整个 20 世纪 90 年代（1991～2000 年）有平均 28% 的直接投资流向发展中国家，东亚、东南亚和南亚地区吸引了平均 13% 的直接投资，而拉美和加勒比地区吸引了平均 10.6% 的直接投资，而中东欧国家只占 2.5%。

从吸引外商直接投资的区位因素分析，中东欧国家拥有许多其他发展中国家不具备的区位优势，如高素质低成本的劳动力资源，通往欧盟大市场的方便渠道等，然而它何以未能吸引更多的外商直接投资？下文试图用这一地区的主要宏观经济指标做一分析。

二、宏观经济形势尚不尽如人意

1. 经济增长乏力，长期处于低迷状态

中东欧国家在实行大规模的经济改革后急需大量的资金来完成经济结构的改造和促进经济的发展，然而在这个地区普遍采用的激进式的改革方法所带来的震荡使各国的政治和经济形势的稳定性受到普遍的威胁。在确定投资风险的决策中，国际投资者首先要确定的是一国的政治和经济形势是否稳定，一般说来政治风险较高的国家和地区经济风险也较高。中东欧国家在 20 世纪 90 年代初期普遍面临着苏联解体后潜在的政府变动和经济体制改革是否能持久的不确定因素；从经济形势上看激进的私有化措施、全面开放的物价、贸易自由化所引入的国外竞争使这个地区的国家经济发展急剧萎缩，失业人数剧增，通货膨胀严重，人民生活水平急剧下降。少数国家如波兰、捷克、匈牙利等在 1992～1993 年开始复苏，而大部分中东欧国家到 1994 年后经济才开始有所好转并实现实质性增长，个别国家如乌克兰直到 2000 年才遏制住经济发展下降的局面，实现恢复性增长。然而即便在 20 世纪 90 年代后半期一些国家由于受周边国家政治经济形势动荡的影响和本国经济改革遗留问题的困扰，经济也不断出现负增长。中东欧国家经济增长的大幅度下降，如在 20 世纪 90 年代初在某些国家出现的增长前景不稳定局面使投资者对投资回报的预期不抱乐观态度，因而抑制了投资者在这一地区投资的积极性（见表 3-11）。

从中东欧国家的经济增长的变化和外商直接投资流入的情况看,两者之间存在着正相关关系。这个地区外资流入的快速增长是在20世纪90年代后半期经济形势普遍好转后才带来的局面。从这个地区单个国家来看也是如此。从表3-11中可以看出增长速度最先恢复的国家是波兰、捷克和匈牙利三国,而与此同时这三国的外商直接投资的流入量也增长最快,1993~2000年的外资累计流入量分别占这个地区外商直接投资流入总量的30.76%、19.77%和17.99%,列第一位、第二位和第三位。

表3-11 中东欧国家GDP变化（实际年增长率,1990~2000年） 单位:%

国家\GDP变化\年份	1990	1991	1992	1993	1994	1995	1996	1997	1998	1999	2000	1990~2000总计
保加利亚	-9.1	-11.7	-7.3	-1.5	1.8	2.9	-10.1	-7.0	3.5	2.4	5.0	-23.01
克罗地亚	-7.1	-21.1	-11.7	-8.0	5.9	6.8	5.9	6.8	2.5	0.4	3.5	-13.45
捷克	-1.2	-11.5	-3.3	0.1	2.2	5.9	4.8	-1.0	-2.2	-0.2	3.1	-1.68
爱沙尼亚	-8.1	-13.6	-14.2	-8.5	-2.0	4.3	3.9	10.6	4.7	-1.1	6.4	-12.70
匈牙利	-3.5	-11.9	-3.1	-0.6	2.9	1.5	1.3	4.6	4.9	4.5	5.3	8.09
拉托维亚	-3.5	-10.4	-34.9	-15.0	0.8	-1.0	3.3	8.6	3.9	0.1	NA	-38.71
立陶宛	-6.9	-5.7	-21.3	-16.2	-9.8	3.3	4.7	7.3	5.1	-4.2	2.9	-31.58
波兰	-11.6	-7.0	2.6	3.8	5.2	7.0	6.0	6.8	4.8	4.1	4.1	43.61
罗马尼亚	-5.6	-12.9	-8.8	1.5	3.9	7.1	3.9	-6.9	-5.4	-3.2	1.6	-18.24
斯洛伐克	-2.5	-14.6	-6.5	-3.7	4.9	6.7	6.2	6.2	4.4	1.9	2.2	5.03
斯洛文尼亚	-4.7	-8.9	-5.5	2.8	5.3	4.3	3.5	4.6	3.8	4.9	4.7	19.85
乌克兰	13.0	-8.7	-9.9	-14.2	-22.9	-12.2	-10.0	-3.2	-1.7	-0.4	6.0	-59.99

注：NA 为不祥的意思。
资料来源：欧洲复兴开发银行,国家投资简介2001,中欧商业期刊。

2. 长期受高通货膨胀困扰

通货膨胀率指标是决定外商直接投资流入量的又一个宏观经济因素。在计划经济体制下,由于政府取代市场人为地控制价格的变动和资源的配置,因此价格变动无法客观地反映实际的供需变化情况,而中东欧国家在物价改革前人们的日常生活用品的价格定位大大低于市场价格的水平。当经济改革要求政府退出并由市场根据供需的变化来调节价格时,一个不可避免的结果就是大幅度的通货膨胀和货币贬值。对于投资者来说高通胀和不可预见的货币贬值会使投资者以东道国货币代表的高额利润在以本币衡量时化为乌有。事实上即便是小幅度的可预见的东道国货币贬值都会挫伤投资者的积极性。而高通胀和货币贬值恰恰是中东欧国家在经济转轨初期普遍面临的最主要问题。

从表3-12可以看出几乎所有国家在20世纪90年代上半期都经历了两位数甚至是4位数的通货膨胀率，而至少有7个国家在20世纪90年代后半期仍然保持两位数的通胀率，但总体上看大多数国家从20世纪90年代中期以后物价都呈下降趋势，到2000年大多数国家的物价已实现了稳定，其中捷克和爱沙尼亚的物价达到了发达国家的水平。在这些国家中，采用比较温和的渐进方式进行物价改革的，避免了恶性通货膨胀的困扰，实现了比较平稳的过渡，如匈牙利和捷克。罗马尼亚和乌克兰的物价改革相比较滞后一些，但是从1991年开始高通胀率一直伴随着两国，乌克兰的通胀率在1993年甚至高达4735%，到2000年两国的通胀率仍处于较高水平，分别为45.7%和28.2%。大多数中东欧国家的通胀率能够在20世纪90年代中后期逐渐得到控制主要得益于经济结构改造和物价改革的不断推进和完善。此外这些国家的政府也逐渐学会了使用合理的货币政策和适度从紧的财政政策来取得内部的平衡。中东欧国家宏观经济形势的改善在吸引外资上得到了回报，外商直接投资在1997年出现恢复性增长后，到2000年一直保持持续增长的势头（见表3-12）。

表3-12 中东欧国家消费物价——年度变化（1990~2000年） 单位:%

国家 \ 年份 通胀率	1990	1991	1992	1993	1994	1995	1996	1997	1998	1999	2000
保加利亚	23.8	338.5	91.2	72.8	96.0	62.1	123.0	1082.0	22.3	0.3	9.9
克罗地亚	609.5	123.0	665.5	1149.0	-3.0	2.0	3.5	3.6	5.7	4.2	6.2
捷克	9.7	56.6	11.1	20.8	10.0	9.1	8.8	8.5	10.7	2.1	3.9
爱沙尼亚	17.2	211.0	1076.0	89.8	47.7	29.0	23.1	11.2	8.2	3.3	4.0
匈牙利	28.9	35.0	23.0	22.5	18.8	28.2	23.6	18.3	14.3	10.0	9.8
拉脱维亚	10.5	172.0	959.0	9.2	35.9	25.0	17.6	8.4	4.7	2.4	NA
立陶宛	8.4	225.0	1161.0	188.3	45.1	35.7	12.1	8.4	2.4	2.5	NA
波兰	585.8	70.3	43.0	35.3	32.2	27.8	19.9	14.9	11.8	7.3	10.1
罗马尼亚	5.1	170.2	210.4	256.1	136.8	32.3	38.8	151.4	40.6	45.8	45.7
斯洛伐克	10.4	61.2	10.0	23.2	13.4	9.9	5.8	6.1	6.7	10.5	12.1
斯洛文尼亚	551.6	115.0	207.3	32.9	21.0	13.5	9.9	8.3	7.9	6.2	8.9
乌克兰	4.8	91.2	1210.0	4735.0	891.0	376.8	80.2	10.1	20.0	22.7	28.2
平均	155.5	139.1	472.3	553.1	112.1	54.3	30.5	11.09	12.9	9.8	13.9

注：NA为不祥的意思。

资料来源：欧洲复兴开发银行，国家投资简介2001，中欧商业期刊。

3. 产品竞争力低下，连年出现贸易赤字

1997年后由于吸取了亚洲金融危机的教训，全球直接投资的数量有一个较大的增长，受国际外商直接投资总量增长的影响，如果中东欧国家的其他宏观经济指标有较好的表现如各国能保持贸易账户的相对平衡，这些国家吸引直接投资的形势应当更为乐观。然而中东欧国家经济发展中的一个重要的问题就是长期存在的经常账户赤字。如果一个国家的经常账户长期处于赤字状态，也就是处于外部不均衡状态，如果没有净资本流入的对冲必将会对本币造成贬值的压力。国际货币基金组织认为，为保证经济的持续发展，一国的经常账户赤字不应超过国内生产总值的7%，否则便会引发严重的货币危机，而对于投资者来说即便是潜在的货币危机也足以使他们逃之夭夭。从统计数据来看，中东欧国家在整个20世纪90年代除斯洛文尼亚以外，其余11国都有7年以上的赤字纪录，而赤字超过国内生产总值的7%的年份一般都在2年以上，其中立陶宛长达6年（见表3-13）。

表3-13 中东欧国家经常账户（1991~2000年，占GDP的比重） 单位:%

国家\经常账户\年份	1991	1992	1993	1994	1995	1996	1997	1998	1999	2000
保加利亚	-5.4	-9.3	-12.8	-2.1	-0.5	1.2	4.3	-0.5	NA	-5.8
克罗地亚	-3.2	3.2	5.6	5.7	-7.7	-5.8	-11.6	-7.1	-7.6	-4.2
捷克	1.2	-1.0	0.3	-0.1	-2.6	-7.4	-6.1	-2.4	-2.0	-3.7
爱沙尼亚	NA	3.3	1.3	-7.3	-4.4	-9.1	-12.1	-9.2	-5.8	NA
匈牙利	0.8	0.9	-9.0	-9.4	-5.6	-3.7	-2.1	-4.9	-4.2	-3.7
拉脱维亚	NA	1.7	14.4	-0.2	-3.6	-4.2	-6.1	-10.6	-10.2	NA
立陶宛	NA	10.6	-3.2	-2.2	-10.2	-9.2	-10.2	-12.1	-11.2	NA
波兰	-2.6	1.1	-0.7	2.5	4.6	-1.0	-3.1	-4.4	-7.6	-6.2
罗马尼亚	-4.5	-7.8	-4.7	-1.7	-4.9	-7.3	-6.2	-7.2	-3.8	-2.5
斯洛伐克	NA	NA	-4.7	4.6	2.1	-10.6	-9.6	-9.7	-5.5	-3.7
斯洛文尼亚	1.0	7.4	1.5	4.0	-0.5	0.2	0.1	-0.8	-3.9	-3.2
乌克兰	-33.1	-2.4	-2.4	-3.1	-3.1	-2.7	-2.7	-3.1	2.7	5.0

注：NA为不详的意思。
资料来源：欧洲复兴开发银行，国家投资简介2001，中欧商业期刊。

中东欧国家如此长期的赤字纪录说明这些国家的产品在国际市场上的竞争能

力相对低下。在20世纪90年代初期一些国家如波兰、捷克、克罗地亚等国还可以依靠廉价的商品获得一定的比较优势,然而20世纪90年代中期后国内价格不断上浮,而产品的技术含量和品种却没有明显的提高,导致商品的竞争力进一步降低,外贸逆差不断加剧。竞争力低下导致的长期外贸逆差对本国货币产生贬值的压力,这使投资者对投资回报的预期不抱乐观态度,其结果必然是打击了投资者大量投资的积极性。

中东欧国家经过20世纪90年代的努力,总的宏观经济形势有了十分明显的改善,然而从计划经济体制向市场经济体制的转轨不是一蹴而就的,它毕竟是一个长期而复杂的过程。这些国家在宏观经济方面的一些不尽如人意的表现是经济转轨过程中各种因素综合作用的结果,而资本的趋利性使它在选择投资场所时必然要考虑各种风险以使投资收益最大化。然而投资者一方面有规避风险的考虑;另一方面又有冒一定风险以获得更高回报的期望,特别是20世纪90年代中期以后,随着宏观经济形势的好转,外商投资的数量也在增加。此外中东欧国家还具备了一些其他经济转轨国家所不具备的特定的优势,使其能够赢得一些投资者的青睐。

三、中东欧国家吸引外资的优势因素

1. 政治和经济体制改革的诱惑与低成本高素质的劳动力资源

中东欧国家在政治体制和经济体制上的剧烈变化得到了西方国家的大力支持。以欧美为代表的西方国家为了加速这些国家民主化的进程,促进市场经济的改革,通过多种渠道提供了资金上的支持。官方渠道的资金主要来自经济合作与发展组织、国际货币基金组织和欧洲复兴开发银行。而私人资本早期是通过外国金融机构贷款进入这一地区的。随着私有化的推进和适合市场经济体制的金融、贸易体制的建立,外商直接投资成为一个重要的投资方式。可以说西方国家对中东欧国家的最初投资更多地是出于政治原因,是对这个地区国家政府所普遍采取的亲西方政策的回报和支持。这一点也从外资首先进入转轨开始最早的东欧3国,即波兰、捷克和匈牙利体现出来。当然从投资角度讲,中东欧国家转轨后开放的金融和贸易政策以及其他外资所看好的因素,如有一定技能和教育水平高但成本较低的劳动力资源、良好的市场前景特别是通往欧盟大市场的方便渠道等也是吸引投资者在这一地区投资建厂的重要原因。

有关专家在考察中东欧国家吸引外资的优势时指出,所有中东欧国家都具有低工资高教育水平的技术劳动力的优势,此外还有几个方面包括市场规模,指的是现有的市场规模与未来的潜在市场的前景;高回报,指的是对西方商品和服务的独特吸引力;稳定性,指的是政治、法律和货币的稳定;基础设施支持,指的是商业服务和基础设施条件;供给方,指组织良好已实现私有化的供给商;安全性,指经营安全;向外扩张的跳板,指以最初的投资为基地向其他市场扩张。波兰、捷克、匈牙利、爱沙尼亚和斯洛文尼亚正是由于在至少这5个方面享有优势,因而成为中东欧地区吸引外资最具有竞争力的国家。

2. 与欧盟毗邻的地理位置和加入欧盟的前景

从国际直接投资流动的区域模式看,资金的流入和流出与国家的地理位置有很重要的关系。世界上几个主要的资金流出国有很强的区域偏好,一般说来这些国家比较注重通过投资的方式发展与近邻的关系,如日本集中投资于亚洲地区,美国更喜欢美洲地区,而欧盟各国则成为中东欧国家资金的主要来源地。其他在中东欧地区投资的主要还有美国,此外日本和韩国也有一些投资,但都微不足道。

随着欧盟东扩步伐的加快,中东欧地区吸引外商直接投资的潜力也在加大。因为在当今的世界上国际贸易区域化的趋势不断加强。以欧盟和北美贸易自由区为代表的区域经济一体化组织使国际贸易的环境在区域内不断优化而在区域外则面临着各种关税和不断增加的非关税的困扰。非区域内的成员国为了摆脱受歧视的状况,一方面积极寻求或加入当地的区域一体化组织;另一方面则积极通过向各主要的一体化区域内进行直接投资的方式,获得进入该区域市场的渠道,并分享区域一体化的优惠待遇。欧盟东扩将把中东欧地区的10个国家纳入其中,包括爱沙尼亚、拉脱维亚、立陶宛、波兰、捷克、斯洛伐克、匈牙利、斯洛文尼亚、罗马尼亚和保加利亚。从国际贸易和国际投资发展战略的角度考虑,及早进入中东欧国家并占有一席之地,使之成为进入欧盟的跳板对跨国公司来说都有极强的诱惑力。事实上中东欧国家加入欧盟的前景不仅对美国、日本和其他非欧盟成员国有诱惑力而且对于欧盟成员国本身来说也有加大在该地区投资力度的动力,这是由于取消了生产要素流动的障碍后,在区域内的投资成本要大大低于在区域外的投资。

中东欧10国将于2004年先后加入欧盟,届时这个地区的宏观经济形势和微观投资环境将会有进一步的改善。这样的发展前景部分地解释了1997年后中东欧国家外商直接投资流入量稳步增长的原因。

3. 波兰、捷克、匈牙利在吸引外商直接投资上的带动作用

中东欧国家从20世纪90年代初的动荡岁月中即能吸引部分国际直接投资,并且20世纪90年代后半期外商直接投资的流入能够持续增长,在很大的程度上

还应归功于这个地区3个国家的带动作用,即波兰、捷克和匈牙利。1993~2000年,这3国的累计外资流入量分别为波兰286.9亿美元,占总流入量的30.77%;捷克184.4亿美元,占总流入量的19.78%,匈牙利167.8亿美元,占总流入量的17.99%。3国共占到这个地区外商直接投资总量的68.52%(见表3-14)。

表3-14 中东欧国家各国吸引FDI情况(1993~2000年)

单位:亿美元,%

国家\FDI	累计FDI	占FDI总量	累计FDI占GDP(2000年)	累计人均FDI(美元)
保加利亚	32.06	3.44	6.97	390.98
克罗地亚	45.15	4.84	13.20	1003.33
捷克	184.42	19.78	13.02	1788.54
爱沙尼亚	18.81	2.02	21.85	1254.0
匈牙利	167.79	17.99	13.72	1677.90
拉脱维亚	24.47	2.62	23.22	1019.58
立陶宛	24.28	2.60	15.04	656.22
波兰	286.90	30.77	7.87	743.26
罗马尼亚	64.06	6.87	4.58	285.98
斯洛伐克	33.95	3.64	5.58	628.70
斯洛文尼亚	15.28	1.64	4.55	764.00
乌克兰	35.45	3.80	2.13	71.91
总计	932.62	100		

资料来源:欧洲复兴开发银行,国家投资简介2001,中欧商务杂志。

波兰、捷克和匈牙利之所以成为中东欧国家吸引外商直接投资的佼佼者,其中既有政治方面的因素又有经济方面的因素。波兰、捷克、匈牙利3国在20世纪90年代初的经济转轨的改革中属于动作最快、各项经济改革措施采取得比较彻底的国家。尽管在转轨的初始阶段都经历了不同程度的震荡,但是3国在1991~1992年率先从经济动荡和萎缩中恢复过来,实现了实质性的增长,其中尤以波兰的表现最为突出。波兰、捷克、匈牙利3国能率先复苏的一个重要原因在于其早在东欧剧变之前就开始了为经济体制的改革做准备工作。如3国早在50年代就开始减少指令性计划而给企业以更大的自主权,在随后的几十年中3国更是对计划经济体制进行了不同程度的改革,主要内容都是放松国家管制,增加企业的自主权等。如匈牙利在1968年实行的"计划—市场"混合模式;波兰在20世纪

80年代中期提出的"思维改革",其核心思想是废弃"指令统配"体制,实行中央计划和市场机制相结合的体制;捷克在1980年对计划制度、经济核算、工资制度和国家的价格补贴制度等进行了改革。此外这3国如波兰早在20世纪60年代就制定实施了引入外资的计划。

这些先行的改革措施无疑对转轨起到了部分减震作用。从前面表3-11、表3-12和表3-13的统计数据看,这3国的宏观经济表现属于最出色的一组。波兰、捷克、匈牙利3国还通过法律形式来确保外国投资者的利益,如其在法律上都通过了允许外国投资者以市场汇率100%地汇回公司所得利润。捷克还于2000年修改了1998年的优惠吸引外资政策,将享受优惠政策的范围和领域进一步扩大。

波兰、捷克、匈牙利3国与其他中东欧国家相比,较为出色的引资环境与地理政治方面的原因得到进一步加强。早在20世纪90年代初北约东扩计划就将3国纳入东扩计划中,并于1999年4月1日正式将其接纳为北约成员。成为北约成员所传达的信息是3国将永远脱离原苏联的影响而成为西方世界的一分子,而对于西方投资者来说这无异于为3国的政治经济体制的稳定性加上了一个安全砝码。随着3国市场经济体制的不断完善和加入欧盟的日期临近,其作为中东欧国家吸引外商直接投资主力的地位会继续保持下去。

本文发表于《国际经济合作》,2003年第4期。

Internationalization of Chinese Enterprise: Assessment and Comparison

I. Introduction

The strength of a nation is reflected by the strength of its companies. Therefore, the number of multinational corporations (MNCs) originated from a nation is a significant indication of the nation's strength and influence over the world economy in the context of the economic globalization era. Companies' power and impact over the world economy is directly related to their degree of internationalization. A truly internationalized company, through implementation of international strategy, aims at gaining controlling influence over the world market by efficient allocation of world resources. For this reason, the annual publication of the world top 500 corporations by Fortune Magazine has become the focus of attention. According to the ranking issued in 2011, MNCs from mainland China included in the list has risen to 57 (9 financial companies and 48 non-financial companies), accounting for 11.4 percent of the total. There is no doubt that the up-surging number of Chinese companies in the list in recent years is an important symbol of increasing strength of Chinese companies. The question is how internationalized and influential these MNCs from mainland China are, particularly compared to MNCs from developed countries and even MNCs from other developing countries. This issue is worth discussing in the context of companies from mainland China accelerating their entrance into the world foreign direct investment (FDI) field specifically after the financial crises of 2008, with total of FDI increasing from $26.5 billion in 2007 to $74.65 billion in 2011. Over the past 5 years, the number of companies from the mainland China found in the top 500 list by *Fortune* has been increasing at a speed of 20% annually, and the total number may surpass 100 according to estimation by L. Michael Cacace, the senior editor of Fortune.

The topic of companies' internationalization has come to attention since economic globalization gained its momentum in the 70s. One school of thought stresses incremental development of companies and proposes companies' internationalization development by stages, (either 3 stages or five stages) from domestic sales, foreign sales, foreign investment to implementation of international development strategy. The representatives of this school of thought are scholars from Northern Europe and USA, such as Swedish scholars Johanson and Vahlne (1975) and American scholars Cavusgil (1980). Although challenged by later scholars such as Oviatt and McDougall (1994) and Forsgren (2002), who question its appropriateness for interpreting the internationalization process of mega - companies, small and medium - sized technical companies, the traditional "stage view" does lay a theoretical base for studies on the measurement of degree of internationalization of companies.

Studies on measurement of DOI focus on setting up an index system for evaluation purpose using various models, from 3 dimensions to 6 dimensions. Finnish scholars Welch and Luostarinen (1988) suggest a six - dimensional assessment model, including enterprise operation mode, sales objects, target market, human resources, organizational structure and financial resources. The model proves to be difficult to handle because of inability to obtain data. A more practical and feasible model is suggested by American scholar Daniel Sullivan (1994), who puts forward a five - dimensional model, i. e. DOI = foreign sales to total sales (FSTS) + foreign assets to total assets (FATA) + number of overseas subsidiaries to total subsidiaries (OSTS) + amount of top managers' international experience in years of overall working experience (TMIE) + an estimate of the psychological desperation of international operations (PDIO). In spite of the improvement in the feasibility, the last two indexes of Sullivan's model still have the data collecting problem. Among all the studies on DOI measurement, Transnationality Index (TNI), initiated by UNCTAD in 2000 *World Investment Report (WIR): Cross - border Mergers and Acquisitions (M&A) and Development*, is the most widely applied. It is calculated as the average of the following three indexes: foreign assets to total assets, foreign sales to total sales and foreign employment to total employment. While some scholars question the appropriateness of TNI, pointing out that the TNI index is a poor measure of international competitiveness when doing across countries or industries comparison because countries or industries differ in size as in the case of Belgian and the United States (Ari, 2014), the TNI data published by UNCTAD is the only data source available for cross – company comparison purpose.

In UNCTAD's annual WIR, TNI of the world top 100 non – financial MNCs as well as their counterparts from developing and transitional economies are ranked by their foreign assets. Only a few companies from mainland China enter WIR's two lists, a pity for those who hope to have a comprehensive view on DOI of mainland Chinese companies. Encouragingly, 2011 *ranking of China's Top 100 MNCs and their TNIs* released by Chinese Entrepreneur Website in 2012 provides a look into DOI of Chinese enterprises. However, an in – depth analysis based on TNI of mainland companies and cross comparison with their counterparts is basically lacking.

Measuring the internationalization degree of financial institutions proves to be more challenging because of difficulty of data collection based on TNI particularly the ratio of foreign sales to total sales; therefore, a different evaluating system should be established. In fact, UNCTAD has come up with the Geographical Spread Index (GSI) to evaluate the DOI of financial corporations, which provides a tool for pragmatic study of internationalization of financial firms. However, GSI – based studies of Chinese financial firms' DOI compared to other world financial giants are rarely seen in research literature, which gives this paper a chance to analyze this issue.

This work applies UNCTAD's three – dimensional Transnationality Index to representative MNCs from mainland China, chiefly those in the *Fortune* top 500 ranking, 33 (non – financial) companies out of the 57 in the ranking are chosen depending on the reliability and availability of the data for calculating TNI. For a better understanding of Chinese companies' position in the world, TNI of the world top 93 MNCs from developed countries (excluding 7 companies from developing countries) and top 91 MNCs from developing countries (excluding 9 companies from mainland China) listed by *World Investment Report* (WIR, 2011) are used for cross – comparison purposes. Similarly 9 Chinese financial firms from the world top 500 are analyzed together with the world top 50 financial firms based on GSI. The evidence strongly suggests that the internationalization degree of the majority of MNCs from the mainland China as measured by TNI as well as by GSI is still at the low level or the initial stage of their internationalization development. That is basically in convergence with the current economic structure of China and the competitiveness of mainland companies. The conclusion agrees with the research results by Ilan Alon (2012) that Chinese investment abroad is horizontal and designed to serve the Chinese local market.

This paper is organized as follows: Section I is introduction, explaining briefly the purpose, research method and structure of the paper. Section II makes an analysis on both average TNIs and individual index of TNIs. Section III looks into industrial sectors and individual industries in the sectors. Section IV is dedicated to financial firms' DOI based on GSI, and Section V is conclusion of major findings.

II. Analysis on Average Tnis and Individual Index of Tnis

Overall Picture of DOI Measured by TNI of Companies from Mainland China

The three ratios of TNI reflect the comprehensive status of a MNC's internationalization level; therefore, the average TNI of the Top 33 Chinese companies in the *Fortune* 2011 list shed light on the status of the development of DOI of those companies. As shown by Table 3 – 15, the average TNI of the top 33 companies is only 14.82% – less than 15 percent – which is practically consistent with the average TNI of China's top 100 MNCs (13.37%) reported by Chinese Entrepreneur Website. By comparison, according to WIR 2011, the average TNI of the top 91 companies from developing and transitional economies is 54.8%, and the average TNI of the top 93 companies from developed countries is 65.2%. Only one out of 33 companies from mainland China, Sinochem Group barely comes to the level of developing and transition category, and none reaches the level of developed countries. Thus, by average TNIs, the DOI of Chinese enterprises is still fairly low (see Tabie 3 – 15).

Table 3 – 15 TNIS of The 33 Mainland Companies Listed In 2011 Future 500

Fortune 500 Ranking	Companies	Foreign Assets/ Total Assets	Foreign Sales/ Total Sales	Foreign Employment/ Total Employment	TNI (%)
5	Sinopec Group	35.19	24.51	5.8	21.83
6	China National Petroleum	19.77	42.85	5.09	22.57
87	China Mobile Communications	2.95	1.49	1.66	1.91
105	China Railway Construction	9	7	10	8.67 (2009)

续表

Fortune 500 Ranking	Companies	Foreign Assets/ Total Assets	Foreign Sales/ Total Sales	Foreign Employment/ Total Employment	TNI (%)
147	China State Construction Engineering	43.93	8.34	4.57	18.95
151	Shanghai Automotive	1.76	0.62	0.32	0.9
162	China National Offshore Oil	29.47	38.96	2.07	23.5
168	Sinochem Group	70.19	76.46	14.68	53.78
197	China Communication Construction	14.54	12.31	2.11	9.65
211	Baosteel Group	2.64	10.66	0.31	4.54
220	CITIC Group	14.28	42.66	33.87	30.27
221	China Telecommunications	1.27	0.78	0.09	0.71
226	China South Industries Rroup	2.13	7.49	0.54	3.39
228	China Minmetals	0.13	0.16	0.13	13.6 (2009)
275	China Huaneng Group	5.53	6.87	0.2	4.2
292	Shenhua Group	1.24	2.68	0.15	1.35
296	China Metallurgical Group	9.7	8.65	2.44	6.93
310	Aviation Industry Corp of China	2.36	—	1	1.95
325	Shougang Group	17.05	—	2	8.12
330	Aluminum of China	31.93	3.12	0.12	11.72
351	Huawei Technologies	41.45	65.02	19.75	42.07
353	Sinosteel	24.52	23.05	10.34	19.3
365	COFCO	8.4	8.47	0.92	5.94
366	Jiangsu Shagang Group	8.9	—	1.64	4.83
370	China United Network Communications	7.68	0.53	0.1	2.77
374	China Datang	1.19	0.74	0.15	0.7
398	China Ocean Shipping	65.77	77.42	5.88	49.7 (2009)
407	China Electronics	31.45	64.82	32.78	43.02
429	China Railway Materials Commercial	5.62	1.21	0.16	2.33

Internationalization of Chinese Enterprise: Assessment and Comparison

续表

Fortune 500 Ranking	Companies	Foreign Assets/ Total Assets	Foreign Sales/ Total Sales	Foreign Employment/ Total Employment	TNI (%)
430	China National Aviation Fuel Group	21.15	33.44	0.73	18.44
449	Lenovo Group	52.47	44.18	23.1	39.9 (2009)
474	Chem China	9.37	12.91	2.41	8.32
484	China National Building Materials Group	0.62	7.52	0.71	2.95

Notes: Data of 2009 is used for 4 corporations (CHINA RAILWAY CONSTRUCTION, CHINA MINMETALS, CHINA OCEAN SHIPPING and LENOVO GROUP).

The exchange rate is calculated according to the annual average of 6.7695 Yuan per U.S. dollar in 2011 *China Statistical Yearbook*.

Source: *World Investment Report* 2011 UNCTAD, World's Top 500 Corporations 2011 by Fortune Magazine, China's Top 100 MNCs and their Transnationality Indexes (TNIs) 2011 by Chinese Entrepreneur Website, and corporate annual reports, financial reports and social responsibility reports.

Analysis and Discussion on Findings from 3 Individual Indexes of TNI

If each individual index is taken into consideration, the contribution of each index to total TNI can be observed, so that which single index is more or less important in comparison with that of other companies of both developed and developing economies can be identified and discussed further. This paper holds the view that TNI indexes actually measure three phases of a firm's internationalization development: commodity internationalization, capital internationalization and internationalization of production factors. Therefore, a company's engagement in international trade indicates its preliminary stage of internationalization; then the capital participation in international competition indicates its internationalization going into a deeper and wider stage. The third index implies the level of a firm's localization indicating the firm's involvement in local economy and society.

Based on the above understanding, Table 3-16 reveals a few findings as follows. The 3 indexes of companies from mainland China are all well below those of developed, developing and transition economics. Even though the first index is higher than the other two indexes for the mainland companies, reaching 21.16%, it is still well below that of the other two groups, equaling 31% of that of the developed companies and 36% of that of developing and transitional economies. The second index, at 18%, is equivalent to 27% and 33% of the other two compared groups respectively. The third index is the lowest of the three at 5.63% on average, compared to 10% and 12% of the two contrasting country groups. The third index most strongly displays the low degree of internationalization for mainland companies. It can be concluded that Chinese companies depend largely on the competitiveness of their products to top the world 500.

Table 3 – 16 3 Indexes of Companies From Mainland China and Two Contrasting Groups, 2010

Average TNI (%)	Foreign Sales/ Total Sales	Foreign Asset/ Total Asset	Foreign Employmeng/ Total Employment	Total TNT
33 companies from Mainland China	21.16	18	5.63	14.81
91 companies from developing and transition economies	60.2	54.5	49.6	54.8
93 companies from developed countries	69.2	67.2	60.9	65.8

Source: see Table 3 – 15.

TNI ranking is either based on foreign sales to total sales or foreign asset to total asset. When companies are ordered on the grounds of foreign sales (*Fortune*, 2011), only 3 mainland Chinese companies enter the world Top 100, ranking no. 5, 6 and 87 respectively. According to the WIR list which ranks by foreign asset to total asset, only one company, *CITIC*, is in the Top 100 ranking no. 62. Until now, there has been no ranking based on foreign employment to total employment. If there were any, from the perspective of absolute numbers, there would be at least 7 mainland companies in the two Top lists by WIR; the foreign employees of each of these 7 are well over 10000 in total, far beyond that of many MNCs. However, relative to the mass of total employees, this index of TNI remains rather low. Here a difference can be observed between Chinese mega – MNCs and their counterparts from the developed countries: products of companies from developed countries are technology or capital – intensive by nature because of their relatively high ratio of foreign asset to foreign employment. In the list ranked by foreign sales, the number of Chinese companies is rising rapidly, indicating that China's companies have picked up speed in the process of internationalization. However, their general level of internationalization is still at the early stage, that of product internationalization.

Undeniably, the level of a company's TNI is bound up in its competitiveness. The stronger a country is, the larger the number of MNCs it owns and the higher level of internationalization its companies can achieve. For example, more than 1/3 of the top 100 companies are headquartered in USA and UK. In the WIR 2011 world top 100 ranked by foreign asset, companies from the USA and UK occupy 22 and 15 positions respectively.

Table 3 – 17 TNI and Number of MNCs perCountry listed by WIR 2011 (Top 10)

Average TNI (%)	Foreign Sales/ Total Sales	Foreign Asset/ Total Asset	Foreign Employmeng/ Total Employment	Total TNT
33 companies from Mainland China	21.16	18	5.63	14.81
91 companies from developing and transition economies	60.2	54.5	49.6	54.8
93 companies from developed countries	69.2	67.2	60.9	65.8

Source: WIR 2011.

By contrast, a total of 7 companies (including ones from mainland China) from developing and transitional economies appear in the list. Judging by the world top 100 ranking, it can be concluded that DOI of companies from mainland China is in consistent with that of those from developing and transitional economies. However, Chinese companies as a whole (companies from mainland China, Hong Kong and Taiwan) are surely the strongest among developing countries (Table 3 – 18).

Table 3 – 18 Companies from developing and transitional economies in the top 100 by WIR, 2011

Country	US	France	UK	Germany	Japan	Switzerland	Spain	Swiss	Italy	UK & Holland
Number of corps	21	15	13	11	8	5	4	3	3	2
TNI	59.4	65.1	76.6	62.2	51	78.9	63.4	75.9	55.3	82.7

Source: WIR 2011.

III. Doi Analysis and Discussion by Sectors

The purpose of in-depth study of TNIs of companies by different sectors is to find out in which sector mainland companies have achieved the highest DOI, as well as how clustered those companies are as compared with their counterparts from other developing and developed countries. The result reveals not only the degree of internationalization mainland companies in each industrial sector, but also the degree of clustering and overall level of development of each sector. Table 3-19 displays the distribution and TNI of 33 mainland companies and their counterparts from the two contrasting groups.

Analysis on Industries in the Secondary Sector

Based on the classification of the three industrial sectors, all companies on the two lists are distributed between the secondary and tertiary sectors. In Table 3-19, the first four columns are industries from the secondary sector while the rest are classified as tertiary. 24 out of 33 mainland companies are spread across the secondary sector, making up 73% of the total. 17 out of these 24 are in the manufacturing sector, accounting for 71% of companies in the secondary. The remaining 9 companies are in various industries in the tertiary sector. In the developing and transitional economy group, 57 out of 91 companies are concentrated in the secondary sector, accounting for 62.6% of the total, with 89.5% of these being found in the manufacturing sector. The rest are engaged in the tertiary sector. 75 companies in the developed group are gathered in the secondary sector, equaling 79.8% of the total, 74.7% of these in the manufacturing sector. The remaining 19 are in the tertiary sector.

As for the number of companies, the secondary sector has a much higher degree of concentration than the tertiary sector (excluding financial companies); an even higher degree of concentration has appeared in the manufacturing sector. However, a different picture is seen in terms of DOI. The companies from developed countries have reached high degree of internationalization in both the secondary and in the tertiary sectors except for wholesale and trade. In the case of developing and transitional economies, as well as mainland China, the situation is different: DOI of companies is lower in the secondary sector than in the tertiary. In particular, a striking contrast is seen in the mining and quarrying industries where the gap in DOI between the developed countries (79.1%) and developing & transitional economies (48.2%), especially mainland companies (1.35%) is huge.

Table 3-19 TNIs of companies from different sectors (33 mainland companies, 91 corporations from developing and transition economies, and 93 from developed countries)

Average TNI	Mining & Quarrying	Manufacturing	Construction	Utilities (Electricity & gas & and water)	Transportation & Storage	Information & Communication	Wholesale & Retail Trade	Business service and Other consumer service	Diversified
Mainland corps	1.35 (1)	12.35 (17)	11.05 (4)	2.45 (2)	49.7 (1)	12.15 (5)	10.39 (2)	—	30.27 (1)
Crops from developing & transition economies	48.2 (1)	54 (51)	51.2 (3)	52.5 (2)	47.6 (2)	51.49 (11)	85.6 (3)	57 (10)	54.7 (8)
Corps from developed countries	79.1 (5)	65.8 (56)	63.6 (2)	63.8 (12)	67.1 (3)	67.1 (7)	42.2 (5)	84 (2)	73.6 (2)

Notes: ①Industry classification follows the United States Standard Industrial Classification as used by UNCTAD in World Investment Report. ②The number in brackets represents the number of companies in each classification.

Source: SeeTable 1.

A few conclusions can be made from these findings. Firstly, the reason why more companies concentrate in the manufacturing sector is because it is relatively easy for companies to achieve internationalization in the manufacturing sector, owing to the fact that international division of labor is widely applied to manufacturing tangible goods so that a company can make good use of its comparative advantage to allocate resources worldwide efficiently. Secondly, a high level of internationalization for companies from developed countries in the secondary sector is a result of longtime implementation of internationalization production strategy. Especially in the era of economic globalization, developed countries have continued to shift production of goods which has lost comparative advantage and outsource abroad for the sake of attaining minimum cost and maximum profit. Thirdly, mining as well as oil refining industries are embedded with three highs: high – risk, high – input and high – technology, which require a great degree of scale economy and strong serving industries. Such properties allow only mega – companies superior in technology, capital and management to have access to these industries. Thus, it is natural that more companies from developed countries have gathered in mining and oil – refining industries, and have also achieved high degrees of internationalization. In fact, the characteristics of the oil – refining industry can only allow mega – companies from developing and transitional economies to enter this field, which is also true in the case of China.

Generally speaking, there is a structural difference between MNCs from developed countries and those from developing ones in the manufacturing sector. MNCs from developed countries have covered a wider range of industries within manufacturing sectors, such as pharmaceuticals, motor vehicles, air craft, and electrical and electronic equipments, which are characterized by large scale, high – technology and high input in production. MNCs from developing countries, on the other hand, are mainly found in resource – intensive industries and common consumer products such as metal and metal products and electrical and electronic equipments, as well as other consumer goods requiring medium – level technology.

The DOIs of mainland Chinese companies in the four industries of the secondary sector are much lower than those of developed countries, as well as those of the developing and transitional economies. The situation is even worse for mainland Chinese companies in such industries as mining and public utilities (electricity, gas, and water), where their concentration is the lowest, and their DOIs are far behind those of their counterparts, reaching a mere 1.35% and 2.45% respectively. The reason for their successful entries into the top 500 is due to a large volume, in absolute value, of foreign sales. One similarity shared by companies from mainland China with developed countries is that the DOIs of 4 oil – refining companies (21.6%) are above that of the average in the manufacturing sector. However, the difference between the MNCs of China and those of other country groups is the extremely low ratio of foreign employment to total employment for the Chinese companies, which is only 3.4%.

Here are some possible explanations for this phenomenon. Firstly, China's industrial structure shows that China's economic growth depends heavily on the secondary sector, particularly the manufacturing sector. The contribution of China's tertiary sector to total economic growth had never surpassed that of the secondary sector until 2013, a fact demonstrating that China's industrial structure is lagging far behind that of the developed countries, and many developing countries as well.

The source of growth for the manufacturing sector is the increasing production factor input. However, being a country poor in natural resources and having experienced more than 30 years of rapid economic expansion, China has become today, more than ever, dependent on the world market for maintaining such growth. Energy demand serves as the best example: with increasing consumption demand for energy, the gap between domestic production and consumption in crude oil and other natural resources is expanding and is predicted to persist for some time. One reason for the inflexibility of the manufacturing sector is that capital and resources – intensive products have played an important role in recent economic growth, such as steel, automobile and heavy machine building. Another reason is the existence of a large labor pool, a great proportion of which is of low capital content. This labor pool can be a source of comparative advantage on one hand, but on the other it requires the country to keep a large enough manufacturing sector to absorb the labor, particularly in the situation that China's tertiary sector is under – developed. The data shows that in the past decade, the deficit between the domestic supply and demand is enlarging rapidly and by 2013, the domestic production can only meet 40.86% of the demand.

The mounting gap between crude oil supply and demand has to be met by other sources. Importation is, of course, one solution, but a more efficient and stable supply solution would be by FDI. China's resource – seeking investment overseas has been increasing year by year, ranking third in China's outward investment in terms of capital outflow and capital stock. In the past decades, specifically in the past ten years, the 3 big Chinese oil giants in crude oil quarrying, refining and manufacturing – Sinopec

Group, China National Petroleum, China National Offshore Oil – have invested heavily worldwide.

However, in case of low ratio of foreign employees to total employees, the best explanation is the huge accumulation of staff put in position and retired by the big three. While growing overseas business and contracting domestic business, these giant state – owned enterprises have to address the problem of how to feed a huge pool of their employees and maintain employment. One solution for this problem is to open up foreign markets; however, it is not much help because host countries also consider hiring local residents as an important condition for receiving foreign investment. Furthermore, to improve employment ratio is not just a matter of degree of internationalization; it is also closely related to a company's sense of social responsibility and realization of localization strategy. A true international company should take into account both political and social factors when employing local residents, apart from economic factors like cost. Meanwhile, increasing local employment rate is also necessary for political risk aversion and sustainable development for these companies.

Discussion on the Findings from the Tertiary Sector

The companies from each of the three groups differ from one another in terms of DOI and clustering in the industries of the tertiary sector, but they share at least one commonality: high concentration in the field of information, computers and software. The developed group clusters most in the industry of information, computers and software, while its DOI is highest in the field of diversified and other service industry. Conversely, for developing and transitional economies, the highest industry concentration can be found in the diversified and other service industries, and the highest internationalization level is in the wholesale and retail trade industry. As for mainland Chinese companies, except for transportation, storage and postal service, the TNIs of the tertiary industries are all lower than those of their foreign counterparts. Nevertheless, the gap in the overall DOI of the tertiary sector between mainland Chinese companies and ones from other countries has been narrowed in comparison with that of the secondary sector. In spite of the lower DOI of companies of mainland China in the information and communication industry, their industrial concentration in this field tops the tertiary sector, with 5 companies breaking the world's top 500.

A few points of view are discussed based on the above – mentioned results. Firstly, the information, computer, and software industry has the highest industrial concentration for all of the three country groups, an indication that the world economy has entered the Information Age. This newly developed industry has emerged in developed countries since the 1980s. With the progress and diffusion of IT technology, new market economies have also seized the opportunity for industrial upgrading through technology transfer and innovation. Mounting demand and product differentiation require various suppliers to provide service to consumers of different levels; as a result, not only are mega – companies from developed countries gathered in this industry, but large corporations from developing countries have followed and assembled in the field. What's more, the higher than average DOI in the tertiary sector reveals that this industry is the easiest and thus the earliest sector within the service industry to accomplish international labor division and outsourcing. Developed countries outsource low value – added part of IT service to developing countries in an effort to reduce cost; as a result IT has grown rapidly in developing countries.

China's economic reform and opening – up coincides with the arrival of the Information Age. The spillover of advanced foreign technology makes it possible for Chinese companies to realize leap – forward development, which explains why five mainland companies from the information, computer and software industry are listed in the world top 500, enabling Chinese companies to compete with international giants in this industry. One good example is Huawei, a leading global information and communication technology solution provider serving more than one third of the world population in over 140 countries and areas. Huawei was founded in 1987 as a sales agent for a Hong Kong company producing PBX. The route of its development was unprecedented but nevertheless incremental, going from China's rural market to urban market then to the world market. By 2000, its overseas sales have reached $100 million in a matter of less than two decades. By 2009, the company, by competitiveness in technology innovation, had taken the second largest market share in the world and its DOI index ranks the fourth among companies from mainland China. Huawei's growth path provides a persuasive example supporting Oviatt and McDougall's (1994) point of view that in the era of economic globalization, the process of internationalization for small, technology – oriented companies includes, besides incrementalism, radical features in approaches, modes of business, and geographical expansion.

Wholesale and retail is the only industry in which TNI is less than 50% for developed countries. A close look at the 5 retail giants listed in the world top 100, reveals that the ratio of foreign sales to total sales is relatively low for all 5 companies. For example, this ratio for War – Mart is only 26.1%; for another Japanese enterprise, Mitsubishi Group, it is 18.5%. French company Carrefour reaches 64.8%, making it the only one above 50%. The TNI of this industry for developing and transitional economies is far ahead of that of developed countries, making it the only one in which the TNI is higher than in the developed group. However, a careful look at the 3 big retailers shows that they are all from Hong Kong, China. One possible reason is that the size of domestic market has a lot to do with the internationalization of wholesale and retail industry. In case of retail companies from mainland China, the TNI is only 10.39%, lower than those of other industrial sectors of the mainland. This further explains that the scale of domestic market plays an important role in the internationalization level of this industry.

IV. Internationalization of Financial Institutionsand Geographical Spreading Index

In the previous sections, the analysis of internationalization based on TNI is applied to non – financial firms, which is the normal practice of research publications. However, as an important part of internationalization of multinational firms, the study of financial institutions is indispensable. This section is devoted to a brief analysis of the world top 50 financial firms ranked by GSI and a comparison with China's top financial firms.

This paper uses UNCTAD's publication of the world top 50 financial TNCs ranked by GSI, and the GSI of China's top 5 state – owned banks found in the World Top 500 list to make an analysis.

Table 3 – 20 shows GSI of the world top 50 companies by country category in 2010.

Table 3 – 20 GSI of Top 50 Financial MNCs, 2010

Conutry	U.S.	UK	France	Germany	Japan	Switzerland	Canada	Italy	Other countries
Number of financial TNCs	8	7	6	5	5	4	3	3	11
Average GSI	43.4	44	54	47	33.6	52.8	41.6	50.2	44.58

Notes: ①Other countries are Spain (2), Netherlands (2), Belgium (2), Sweden (2) and Australia (1).
②Affiliates counted in this table refer to only majority – owned affiliates.

Source: *World Investment Report* 2011 released by UNCTAD.

Measured by financial strength of countries, it is beyond dispute that developed countries – and especially countries from Western Europe – are absolutely dominant in the field of international finance. Out of 13 countries in the GSI ranking of top 50 financial MNCs list, 9 are from Western Europe and none are from developing and transitional economies. In terms of GSI, France has reached the highest level of internationalization, with an average GSI of 54, followed by Switzerland (52.8) and Italy (50.2). By number of entries, the US tops all other countries, occupying 8 positions, followed by the United Kingdom and France.

As for individual banks, among 15 financial institutions above GSI 50, City Group Inc. Achieved the highest GSI, amounting to 73.9, because it has established 664 foreign affiliates in 77 countries, making it the only institution spread over 70 countries. Although by Internationalization Index (II), financial institutions like Swiss Bank Corporation (UBS AG) and Swiss Reinsurance Company should be ranked first and second, with II of 97.2 and 96.9 respectively, their affiliates are only spread between 40 and 27 host countries, much less than China's top five. GSI highlights resource allocation ability and controlling power of those financial institutions over the world economy, which is a better approach as compared with TNI (Table 3 – 21).

Table 3 – 21 Financial MNCS Rankedby GSI (Above 50)

Rank 2010	GSI	Financial TNCs	Home economy	Total affiliates	Number of foreign affiliates	I. I.	Number of host countries
1	73.9	Citigroup Inc	United States	935	664	71	77
2	68.8	BNP Paribas	France	967	694	71.8	66
3	66.7	HSBC Holdings PLC	United Kingdom	1059	747	70.5	63
4	64	Allianz SE	Germany	685	540	78.8	52
5	63	Societe Generale	France	482	319	66.2	60
6	62.3	UBS AG	Switzerland	493	479	97.2	40
7	61.5	Assicurazioni Generali Spa	Italy	433	364	34.1	45
8	61	Deutsche Bank AG	Germany	751	571	76	49
9	60.2	Unicredit spa	Italy	1090	1012	92.8	39
10	58.8	Axa	France	801	692	86.4	40
11	54	Gredit Suisse Group AG	Switzerland	284	244	35.9	34
12	52.3	Gredit Agricole SA	France	436	259	59.4	46
13	51.2	Banco Santander SA	Spain	528	407	77.1	34
14	51.1	Swiss Reinsurance Company	Switzerland	160	155	96.9	27
15	50.9	ING Groep NV	Netherlands	956	539	56.4	46

Source: *World Investment Report* 2011 released by UNCTAD.

In the case of China, top financial institutions are almost all state controlled. China's four largest state-owned banks are Bank of China (BOC), Industrial Commercial Bank of China (ICBC), Agriculture Bank of China (ABC), and China Construction Bank (CCB). The Big Four have made great achievements since the global financial crisis broke out in 2008. On the list of Top 1000 World Banks by the celebrated British publication *Banker*, in 2011, ICBC, CCB and BOC occupied the top three positions in terms of profitability, and were the most lucrative banks of the year. Furthermore, they were ranked high in terms of Tier 1 capital, occupying the 6th, 8th and 9th places respectively. ABC took the 14th position in the same list.

However, assessing China's 5 most powerful commercial banks from the perspective of internationalization based on GSI, a wide gap exists between China and developed countries. None of the Chinese banks were on the list of top 50 financial TNCs ranked by GSI. Table 3-22 shows that even though Bank of China has realized the highest internationalization level, its GSI is only 12.88, which is 14 points lower than that of Sumitomo Mitsui Financial Group from Japan, which comes in last in the top 50 ranking list. For the other 4 state-owned banks, this indicator is even more insignificant.

In terms of host countries and foreign affiliates, BOC outnumbers more than half of the institutions listed in the top 50. It is the same in the case of ICBC, which owns 222 foreign affiliates spread over 29 countries, a better performance than half of the other firms. The only reason for their comparatively lower GSI is there relatively larger domestic affiliates. Despite this, it is undeniable that the overall DOI level of Chinese financial firms is low; the DOI of the rest of big financial firms are near to the ground regardless of calculation by GSI or by foreign affiliates and host countries. BOC's higher degree of GSI is due to its government-granted monopoly. BOC has had a long history as the official bank responsible for foreign exchange trading and management; therefore its internationalization process began with China's economic reform in 1978.

The other four banks in table 3-22 are directed at the home market. As indicated by their names, they focus on different industrial sectors and provide financial assistance pertaining to enterprises in these sectors. As the result of this functional division effected by the government at their establishment, their number of foreign affiliates and host countries are not important in contrast to their majority of domestic affiliates. This is particularly true in the case of ABC, which owns the largest number of affiliates amounting to 23461. Nevertheless, its GSI is the minimal. The data in Table 3-22 is sufficient to conclude that China's representative banks are primarily domestic market servers.

Table 3-22 GSIS of 5 Giant State-Owned Financial Banks

Rank 2010	GSI	Financial TNCs	Total affiliates	Number of foreign affiliates	I. I.	Number of host countries
1	7.12	ICBC	12722	222	1.75	29
2	1.1	CCB	13581	14	0.1	12
3	0.2	ABC	23461	4	0.02	2
4	12.88	EOC	10951	586	5.35	31
5	2.2	BOCC	2637	13	0.49	10

Source: Websites of the banks and their annual reports for 2010 and 2011.

Along with the above-listed banks, other large Chinese financial institutions included in *Fortune* 500 are insurance companies, including China Life, PICC, Ping An and China Pacific. However, except for PICC, which has set up foreign affiliates and representative offices in 4 or 5 countries and regions, the others do overseas business primarily based in Hong Kong. Data on their internationalization is not available. To some extent, this situation demonstrates that the DOI of Chinese financial enterprises is not only far behind that of developed countries, but lower than that of Chinese non-financial companies as well. As a matter of fact, those Chinese financial enterprises which do go abroad mainly do so in order to meet demand from domestic companies in foreign countries. This situation is directly related to the overall development of the Chinese financial sector. After all, it is only after China's economic reform was launched in 1978 that the financial sector began to develop. The relatively low DOI suggests that China's influence on the international capital market is still very limited; however, as one of the world economic giants, if China is unable to establish its position or exert influence in the global financial field, it will be impossible for China to become an economic power in a real sense.

V. Conclusions

Based on the findings and discussion of DOI of companies from mainland China and their counterparts from developed countries as well as developing and transition economies, a few conclusions can be made: in spite of extraordinary progress of MNCs from developing countries in the past decade, companies from the developed countries are definitely the most influential in the world economy. The world – resources related industries, technology intensified and high value – added industries are under the control of the MNCs of a few developed countries.

The DOI of the largest MNC from mainland China (with an average TNI of 14.82%) listed in the world top 500 is far lower than that of its counterparts from developed countries (65.2%) on the world top 100 non – financial TNCs by UNCTAD, and even lower than the top 100 non – financial TNCs from developing and transitional economies (54.8%). The majority of the representative MNCs from mainland China is still in the initial stage of internationalization, i.e. internationalization by product. If MNCs can be categorized as internationalized enterprises and globalized enterprises, mainland companies have not yet developed into the stage of globalization. However, it is undeniable that companies from mainland China have been making rapid progress because just about 10 years ago, none of the mainland companies appeared in the world top 10 list ranked by foreign sales; there are 2 in 2011 list.

In terms of industrial concentration and degree of internationalization for developed countries, the DOIs in both the secondary and the tertiary sectors (except wholesale and retail industry) are higher than those of developing and transitional economies. By contrast, the DOI of MNCs from mainland China and other developing and transitional economies are much lower than those of developed countries in the secondary sector. Given that these countries are still in the course of industrialization, the result is understandable. In spite of relatively high DOI in some industries such as crude oil refining, mega – MNCs from China and other developing countries primarily satisfy the domestic needs for a huge manufacturing sector, rather than addressing global market demand.

In terms of individual industry, the gap between mainland companies and their counterparts is closest in the information, computer and software industry for industrial concentration and degree of internationalization which is due to China's opening up and progress in globalization. However, the very big gap between mainland companies and the other two country groups in the industry of public utilities indicates that Chinese companies are lagging far behind in the service sector which is a reflection of a less developed domestic service industry as a whole.

The conclusion that mainland Chinese companies have a low DOI can be further evidenced by taking into account of ownership of the companies listed in the world top 500. Within the 33 non – financial companies, only 3 companies are not state – owned. Among 9 financial firms, only 2 insurance companies are not state – owned. Most of those listed are national – level giant state – owned companies, which have more chances to develop owing to market monopoly advantage.

A similar result is observed in the GSI of financial institutions from China found in the top 500. None of the big five state – owned banks, BOC, ICBC, ABC, CCB and BOCC, is listed in the top 50 financial TNCs based on GSI, although almost all of them are among the most profitable banks in the world, nor is any one of the 4 insurance companies ranked in the list, a fact showing that they (except for BOC) are basically ethnocentric. They emphasize home – market orientations in strategic decision making and corporate attitudes.

Concluding remark: If the measurement standard for a genuine international corporation depends upon its ability to control and influence resource allocations worldwide, there is still some deficiency in using 3 indexes of TNI. For instance, it is likely that for a company possesses a large amount of foreign asset in only a few countries, and the foreign asset can be used in financial investment or portfolio investment abroad. Additionally, volume of foreign sales can come from products sold abroad, which mainly shows the influence of a company's products on the world market. Therefore, even if the two indexes are sometimes much higher, neither of them can completely reflect a company's capability for allocating global resources and its control over the world economy. The third index the number of foreign employees, estimate a company's degree of localization and integration into local economy, yet the scenario that a lot of local residents are employed only in a very small number of countries is possible. From this point of view, how many host countries and regions in which a corporation is located and how many foreign affiliates it owns will effectively display the company's level of internationalization. For future research, GSI can also be applied to non – financial international firms, the result of which can make up for the imperfections of TNI. Other alternatives to DOI of mainland companies suggested by scholars (Kul, 2014) include doing the assessments in line with the main international business activities identified by United Nations Industrial Development Organization (2008), or focusing on the variations in the degree of internationalization by assets, sales and employment (Ari, 2014). By whatever way, these suggestions are valuable and will help with the research on this subject in future.

本文发表于: ASIA – PACIFIC MANAGEMENT AND ENGINEERING CONFERENCE (APME 2014)   Pages: 1061 – 1076, 美国 DEStech 出版社。

Chinese Outward Foreign Investment in South Asia: A Case of India

I. Introduction

International economic environment is replete with the instances of the dominance of one or the other country. One of the common indicators of dominance since times immemorial has been the involvement of the countries in international trade along with their investment abroad. The colonial rule was epitome of such investments. At one time it was the western domination that attracted attention of the researchers and policy makers alike, but the trend has just shifted to include in the list, rather the most important in the list, emerging economies. In the list of emerging economies, China has emerged as the most promising country in terms of FDI. Here, generally it is Inward FDI that is brought up in discussion but Outward FDI cannot be ignored as it is the indicator of overseas investment. China has its interest in dominating in Asia and with the same objective it has bolstered its investment in the region particularly in South Asia. This paper attempts to bring together issues relating to Outward FDI with respect to South Asia.

II. Review of Literature

FDI in China has remained an important subject of study but increased FDI is not the only factor to be studied. China has emerged not only as a recipient but strongly as a source of FDI (Frost, 2004). UNCTAD (2002) highlighted the importance of China's Outward FDI when it showed that Chinese state owned TNC's (Top 12) control over US $30 billion in foreign assets with over 20000 foreign employees and US $33 billion in foreign sales. Several of the researchers have highlighted the trend of China from a recipient country to a source country of FDI (Zhang, 2002; Wong and Chan, 2003; Vatikiotes 2004a, 2004b; Waide, 2004). Deng Xiaoping's reforms and the enactment of the China Foreign Joint Ventures Law of 1979 have positively steered towards changing China from a recipient country to a source country (Wu and Chen, 2001). The changes and developments that were witnessed after 1979 Act has helped to sweep old ideas over a decade that hampered investment in both Inward and Outward FDI (Han, 2000). Wu and Chen (2001) has divided Chinese Outward Foreign Direct Investment into four stages from 1979 (the date of enactment of the Law) and 2001. In the first stage which is from 1979 – 1983, he has identified key 76 projects worth $50 million in 23 countries and the focus of OFDI remained on marine transport, finance and insurance, contracting and Chinese restaurant chains.

For the period 1984 – 1985, 113 projects were passed owing to OFDI worth $140 million in 40 countries and the focus were on manufacturing, processing, assembly and trade. In the period 1986 – 1992, the main goal was prompt maximization compared to initial goods such as expansion, collaboration, building trade relations and influence. During the period a total of 1360 projects were relevant to OFDI worth $1.591 billion in 120 countries. Without giving the specific details on the number of projects in OFDI, Wu and Chen highlights that during 1993 – 2001, OFDI was affected by poor operational efficiency and tight control. Zhang (2002) has argued that Chinese outward FDI has been misquoted as the official figures are not appropriate. He argues that investment through private channels is not included in official data. Chinese OFDI in South East Asia is growing and looks set to be an increasingly important political and economic factor (Frost, 2004). Despite the data buzz, China's Outward FDI is relatively small, both flows and stocks, as compared to its own GDP or to the GDP of other developing countries (Morck, Yeung and Zhao, 2008). China's Outward FDI is generally characterized as acquisitions and not green field investments in neighboring Asian countries and resource rich parts of Africa. From economic perspective, China's Outward FDI is unsurprising owing to economy's high domestic savings (Morck, Yeung and Zhao, 2008). Outward Chinese FDI follows exports as a later stage of China's internal economic development (Zhang and Roelfsema, 2014). Buckley et al. (2007) has empirically studied the determinants of China's outward FDI by incorporating Chinese specific factors into the general FDI theory.

However, endogenety issue was ignored thereby having limited power to identify causality. Chinese multinationals have established foreign subsidiaries to provide Chinese's exporters with local customer services, transportation and logistics, as well as credit and financial support (Zhan, 1995; Wu and Sia, 2002). It was also identified in line with commonality in ethnicity and culture that Chinese multinationals involved in OFDI increasingly accumulate and exploit international network resources (Yin and Choi, 2005). With the help of panel data on 75 countries over 12 years (1994 – 2005) it was concluded that with respect to China's outward FDI there was increasing market commitment, exploring international networks and seeking resources. These factors are responsible for growth in China's outward FDI (Zhang and Roelfsema, 2014). It was identified that there is still limited empirical research about Chinese outward FDI as it is a new phenomenon which have become a hot topic for less than ten years (Si, 2014). Ge and Ding with respect to Chinese FDI has argued that it is due to Chinese business environment that offers a favorable environment for the internalization (Si, 2014). The "GO Global" policy of China in 1999 favored and supervised the outward FDI (Si, 2014). The story of Chinese FDI is divided into four phases. Phase I (1978 – 1991) has been identified as the phase of standardization of the approval procedure. This was the phase in which China began to establish previously nonexistent regulation regarding outward FDI. Phase II was for the period 1992 – 1998 and in this period inward FDI remained more important than outward FDI in China and the government was over cautious about the approval of outward FDI. This phase was substantially affected by Asian crises. Phase III (1999 – 2005) was the advent of the era of "Go Global" policy which motivated outward FDI. This period was a period of boom and was substantially affected by the membership of China in WTO. Phase IV has been identified from 2006 till now and witness supervision and providing service for facilitation of OFDI. The important developments in favor of OFDI in China were namely "Regulation of the People's Republic of China on Foreign Exchange Administration" and certain Foreign control policies.

China's OFDI dramatically increased during the phase and it is expected that the trend will continue. Chinese outward FDI can be explained by the IDP (Investment Development Path) model. China can be said to be in the third stage of IDP during which growth rate of outward FDI is faster than rate of inward FDI. The first stage of IDP with respect to China had witnessed limited inward FDI and limited outward FDI. On the other hand, second stage of IDP witnessed large amounts of inward FDI and limited outward FDI (Si, 2014). Apart from the contribution of inward FDI in China's growth, outward FDI of China has played an important role in achieving higher rate of GDP growth rate (Wang, Wen and Han, 2012). Several of the acquisitions have helped China in increased outward FDI such as Lenovo's acquisition of IBM's PC (2004), TCL's acquisition of France's Thomson electronics (2004), Haier joint ventures in US (1990's), Nanjing Automotive acquisition of UK's MG Rover Group (2005) etc. (Wang, Wen and Han, 2012).

III. China: An Economic Giant

In the "Cat – fight" of ensuring dominance on the global platform, two countries that came in direct tussle in the recent years are undoubtedly America and China. America held the flag of the Western dominance for considerably longer period of time, albeit its position has started been threatened by China, which is attempting to make every possible effort with an intent to ensure its dominance around the globe, thus becoming the purveyor of Asian dominance, by overtaking America.

In lieu of these efforts, China as the Asia's largest economy has achieved growth rate of over 10 percent for over a period of 30 years, and a commendable growth of 8% to 10% during the years of economic turmoil, which has helped the country in becoming world's fastest growing economy. Moreover, China's growing prominence and dominance can also be reflected by its emergence as world's largest exporter of goods and second largest importer of goods along with clinching the tag of world's most favored FDI destination.

China, in the recent past, has also dinged Japan to become world's 2nd largest economy, next to America, and has also been attempting the policy of aggressive investment overseas to become number one in the world's business environment; and is likely to surpass U. S. A. within 20 years, if downturn in US continues (Malhotra, 2012). Figure 3 – 1 highlights the trend in China's Outward FDI Stock which is a measure of accumulation over a period of time. From the Figure 3 – 1 it is clear that Investment pattern of China's OFDI stock since 2002 has continuously increased which in the latter half of the decade surged comprehensively. As such, China's OFDI stock started registering steep heights from 2006, wherein OFDI stock was registered as US $90.6 billion for the year ended 2010 and later it surged to the level of US $317.2 billion. The Compounded Annual Growth rate (CAGR) comes out to be 30.01%. The descriptive statistics of the Figure 3 – 1 also highlights the trend of the OFDI stock in China. The mean of OFDI stock comes out to be 124.51 US $ billion while mean comes out to be 90.60 US $ billion. The maximum value of the series is 317.2 US $ billion and the minimum value is 29.9 US $ billion. The standard deviation of the series is 120.92 while the skewness is 0.8135 and kurtosis is 2.2799.

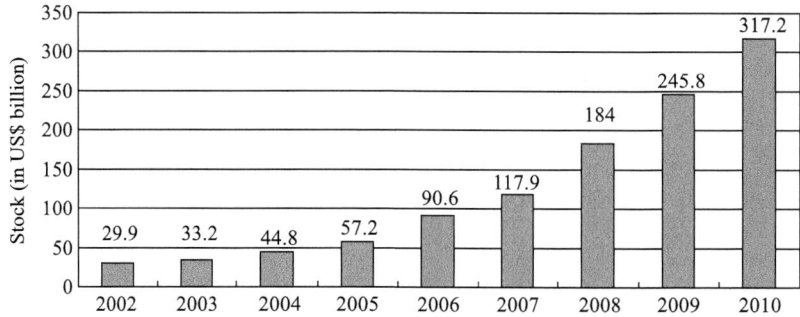

Figure 3 – 1　China's outward FDI: Stock

Source: Prepared by the Scholar from Statistical Bulletin of China's Outward Foreign Direct Investment, Issues 2008 and 2010.

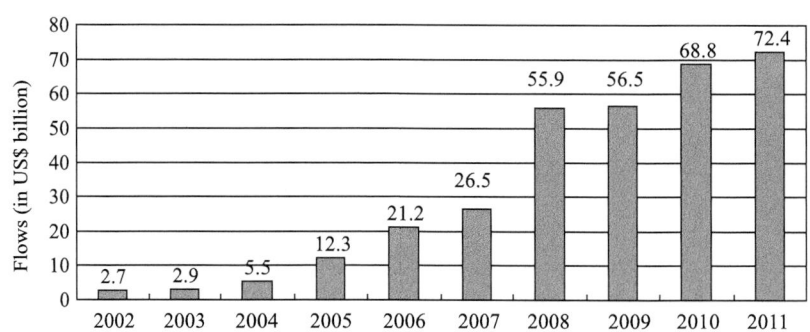

Figure 3 – 2　China's Outward FDI: Flows

Source: Prepared by the Scholar from Statistical Bulletin of China's Outward Foreign Direct Investment, Issues 2008 and 2010.

Figure 3 – 2 exhibits the pattern of China's OFDI flows, where the trend seems to be quite similar to that of stock's trend. However, the quantum of FDI flows is not as large as in the case of stock. China's OFDI through flows was recorded at US $72.4 billion in 2011 which was the highest. The Compounded Annual Growth Rate of the series is 38.94%. It is to be noted that it is more than the CAGR of OFDI Stock by 8.94%. The descriptive statistics also clarifies the small size of flows as compared to the Outward Foreign Direct Investment Stock. The mean of the series is 32.47 US $ billion and the mean is 23.85 US $ billion. Both the values are than the descriptive values of Outward FDI Stock. The maximum value in the series is 72.4 US $ billion and 2.7 US $ billion, both values less than the descriptive values of Outward Foreign Direct Investment Stock. The standard deviation of the series is 28.08, while skewness is 0.299 and kurtosis is 1.425. Both are less than the descriptive values of Outward Foreign Direct Investment Stock.

It has always been argued that China's OFDI has focused mainly upon the areas which are likely to pay – back some sort of long term benefit to it. A further boost to this initiative seems to emerge in the form of priority industry/sector as indicated in China's 12th Five – Year plan and OFDI catalogue. As such, preference has been provided to – Energy; Energy Conservation; Raw Materials; Biotechnology; Agriculture; Services; High – end manufacturing and Innovative Technologies (Scheltema, Yang and Chan, 2012).

IV. China's Ofdi in Asia

It was argued by several researchers including Wu and Chen (2001) that initial objective of Chinese Outward Foreign Direct Investment was to dominate in the world particularly it wanted to be a regional giant. In order to achieve this target Outward Foreign Direct Investment in Asia was promoted and was appreciated. For achieving this firms with internalization approach were identified and pushed to involve in Foreign Direct Investment. It would be interesting to study China's Outward FDI Stock and Flows of selective years to get an idea of what has happened with OFDI and in what manner. Figure 3 – 3 highlights China's Outward Foreign Direct Investment in Asia in the 2011.

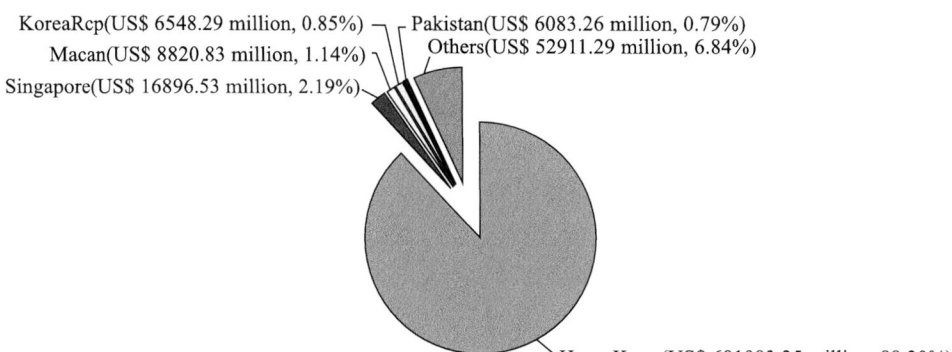

Figure 3 – 3 China's OFDI in Asia: Stock in 2011

Source: Prepared by the Scholar from Statistical Bulletin of China's Outward Foreign Direct Investment, Issues 2008 and 2010.

An investigation of the Figure 3 – 3 highlights the direction of China's OFDI stock for the period 2003 – 2010, revealed that major investment has been directed towards Asia, wherein Hong Kong has been the most favored FDI destination. With China's total OFDI of US $681, 983. 25 million for the above mentioned period, Hong Kong acquired a massive share of 88. 2 percent. Singapore, with the total investment of US $ 16896. 53 million, acquired 2nd spot on the list with share of 2. 19 percent. Macau was successful in clinching 3rd spot with OFDI of US $8820. 83 million and respective share of 1. 14 percent. Latter ones included Republic of Korea (ROK) and Pakistan with investment of US $6548. 29 million and US $6083. 26 million; and share of 0. 85 percent and 0. 79 percent, respectively. All other Asian countries with total investment of US $52911. 29 million together hold 6. 84 percent share in China's OFDI in Asia. This overall makes it crystal clear that OFDI Stock is present in Asia. While the study of OFDI Stock was important, it is not appropriate to leave OFDI Flows into the discussion of Outward Foreign Direct Investment. Figure 3 – 4 brings into the discussion the trends in Outward FDI flows in the year 2011.

Figure 3 – 4 clearly indicates that unlike China's OFDI stock direction, OFDI flows has been invested heavily in Hong Kong. Out of China's OFDI Flows in Asia for the period 2003 – 2010, Hong Kong received US $140606. 46 million leading to share of 86. 74 percent. In the list, Singapore follows Hong Kong with a share of 2. 89 percent due to investment of US $4678. 68 million. Myanmar has been placed at 3rd spot, as it received direct investment of US $1605. 42 million resulting in share of 0. 99 percent.

Pakistan and Macau has been successful in clinching investment of US $1537.42 million and US $1267.19 million, thus grabbing 4th and 5th spot with respective shares of 0.95 percent and 0.78 percent. Rest of the Asiancountries altogether held 7.66 percent share with investment of US $12409.97 million.

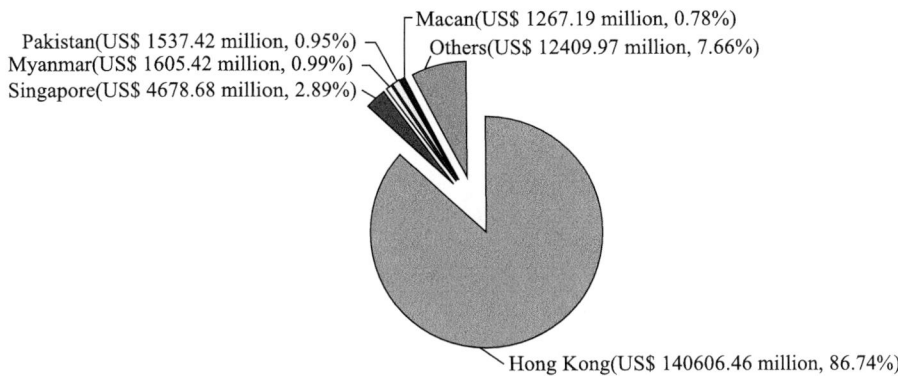

Figure 3 – 4　China's OFDI in Asia: Flows in 2011

Source: Prepared by the Scholar from Statistical Bulletin of China's Outward Foreign Direct Investment, Issues 2008 and 2010.

In Asian economic region, sub region that is strategically attractive for China to become a regional giant, is South Asia. Thus, South Asia as a recipient of Chinese Outward FDI, both stock and flow, needs to bediscussed, at least for selective years. Figure 3 – 5 and figure 3 – 7 highlight Chinese Outward Foreign DirectInvestment Flows and Stock for the year 2011.

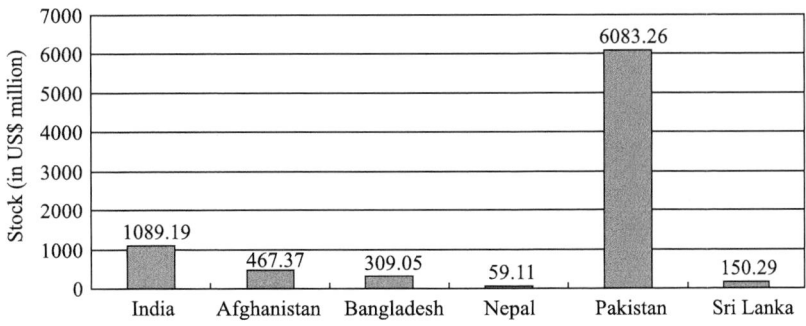

Figure 3 – 5　Chinese outward FDI in South Asia in 2011

Source: Prepared by the Scholar from Statistical Bulletin of China's Outward Foreign Direct Investment, Issues 2008 and 2010.

Figure 3-5 represents the China's OFDI stock in South Asian countries from 2003 - 2010. According to thedata, Pakistan has been the most beneficent country with total investment of US $6083.26 million, followed by India (US $1089.19 million) and Afghanistan (US $467.37 million). It is to be noted all thesecountries has developed stronger strategic ties with China. Nepal, Bangladesh and Sri Lanka havereceived less but their size of the market must be considered for justified comparison. On the other hand, Figure 3-6 will bring into the discussion the comparative position of OFDI in Asia and South Asia.

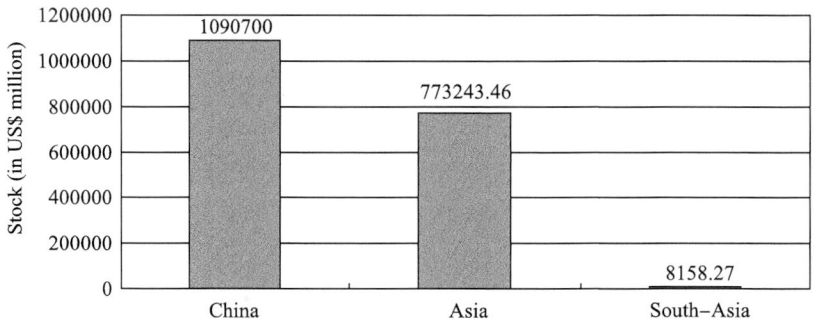

Figure 3-6　Chinese outward FDI in South Asia: Stock in 2011

Source: Prepared by the Scholar from Statistical Bulletin of China's Outward Foreign Direct Investment, Issues 2008 and 2010.

Figure 3-6 states that compared to China's massive stock investment of US $773243.46 million in Asia forthe years 2003-2010, South Asia has acquired a meagre amount of just US $8158.27 million. However, this does not highlight the crisis but the potential opportunity for future.

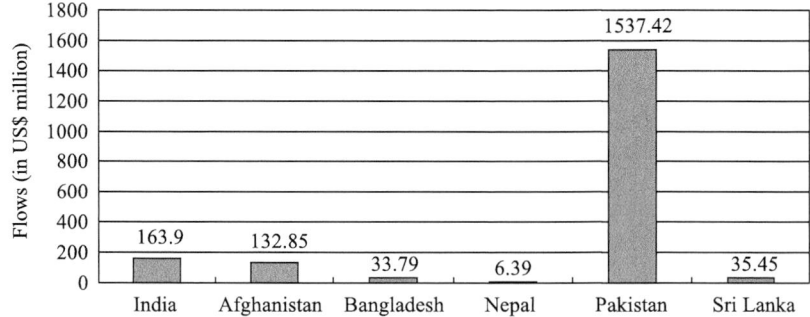

Figure 3-7　Chinese outward FDI in South Asia: Flows

Source: Prepared by the Scholar from Statistical Bulletin of China's Outward Foreign Direct Investment, Issues 2008 and 2010.

According to the data of figure 3 – 7 among the South Asian countries, with respect to China's OFDI flows, Pakistan has acquired most of the direct investment. As such for the period ranging 2003 – 2010, investmentin Pakistan was registered at US $ 1537.42 million. India follows Pakistan as it received investment of US $163.9 million. Afghanistan, Bangladesh, Sri Lanka and Nepal follow the list with less amount of Outward Foreign Direct Investment Flows. Figure 3 – 8 highlights the comparative portion of Outward Foreign Direct Investment Flows in Asia and South Asia.

An analysis of figure 3 – 4 shows that the South Asian countries acquire China's OFDI flows worthUS $1.909.8 million for the period 2003 – 2010 which is much lower as compared to massive investmentof China in Asia, i. e. , US $162105.14 million. It clearly highlights that there is still huge potential in South Asia.

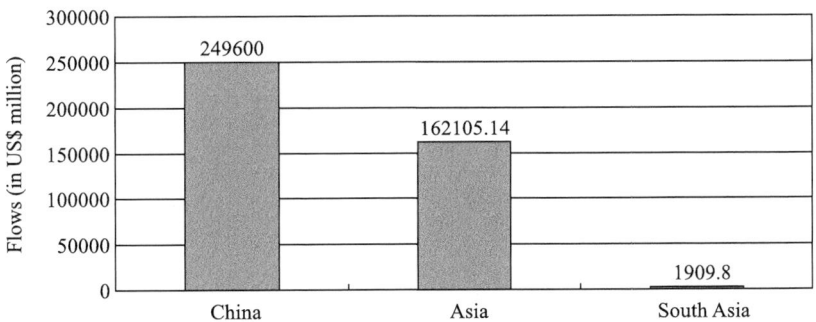

Figure 3 – 8 Chinese outward FDI in South Asia: Flows in 2011

Source: Prepared by the Scholar from Statistical Bulletin of China's Outward Foreign Direct Investment, Issues 2008 and 2010.

V. Chinese OFDI in India

China has an important strategic issue of Outward FDI with respect to the South Asian Economic Region. China has been investing in India due to huge market potential of India. The following figures will growthe discussion on the Chinese Outward Foreign Direct Investment Flows and Stocks in India.

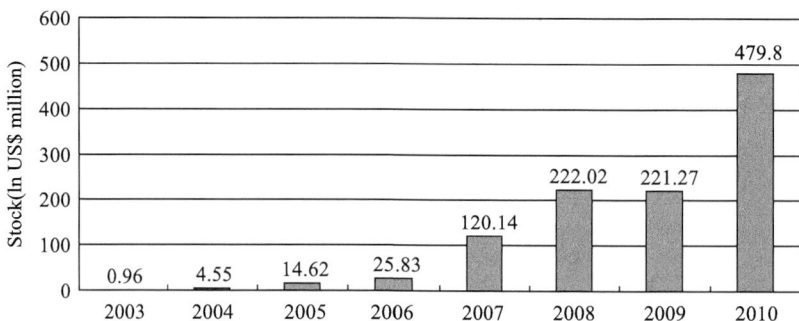

Figure 3 – 9 Chinese OFDI in India: Stock (2003 – 2010)

Source: Prepared by the Scholar from Statistical Bulletin of China's Outward Foreign Direct Investment, Issues 2008 and 2010.

Figure 3 – 9 highlights the trend in the China's OFDI Stock during 2003 – 2010. The CAGR for the periodcomes out to be 117. 44%. The descriptive statistics shows the mean value of 136. 15 US $ millions andmean value of 72. 98 US $ millions. On the other hand, standard deviation is 167. 12, while skewness is1. 11 and kurtosis is 3. 15. The maximum value is 479. 8 US $ millions and the minimum value is 0. 96US $ millions. Looking at the trend of China's OFDI stock in India for the period ranging 2003 – 2010, consistent increasing trend can be seen, albeit the pace was registered during the latter half of the decade. Accordingly, OFDI which registered at US \$0. 96 million in 2003 roused to the level of US \$25. 83 millionin 2006. Since then, there has been steep surge and China's OFDI in India was registered at US \$120. 14million in 2007, which reached to the height of US \$479. 89 million in 2010. The high compounded annualgrowth rate is the justification of the increasing trend which is expected to continue in future.

In Figure 3 – 10, the data of Figure 3 – 9 is compared on percentage basis with the overall OFDI Stock in South Asia. This will make it easier and more justified to identify the position of India with respect to Chineseoutward investment in the economic region.

However, even after registering such a steep surge during 2007 – 2010, the share of India's FDI in South Asia has found to be considerably very low, even when India had been 2nd most favoured FDI destinationfor most of the FDI players. Out of the China's total FDI in South Asia, Pakistan seems to enjoy benefitsof its close strategic ties with China as 74. 57 percent of China's OFDI in the region has been directedtowards Pakistan.

Chinese Outward Foreign Investment in South Asia: A Case of India

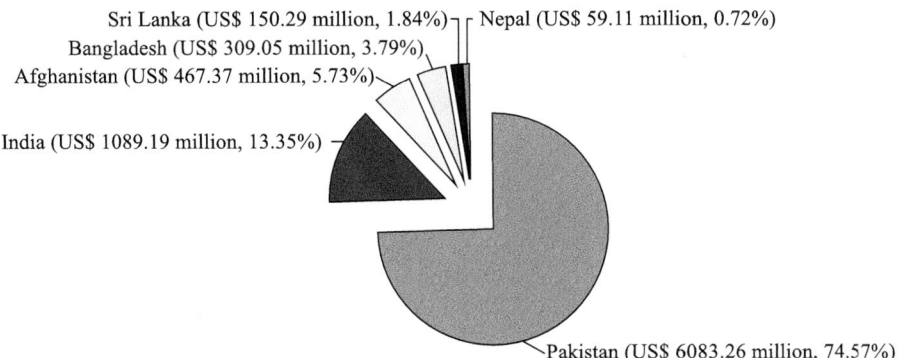

Figure 3 – 10   Percentage Share of OFDI Stock in South Asia (2003 – 2010)

Source: Prepared by the Scholar from Statistical Bulletin of China's Outward Foreign Direct Investment, Issues 2008 and 2010.

India, with investment of US $1089. 19 million, leading to 13. 35 percent share has beenplaced at 2nd spot and emerge as favorite for China in the region. After that, the list follows Afghanistanwith investment of US $467. 37 million and respective share of 5. 73 percent; Bangladesh with investmentof US $309. 05 million and percentage share of 3. 79; Sri Lanka with investment of US $150. 29 million (1. 84 percent) and Nepal with investment of US $59. 11 million and share of 0. 72 percent.

After discussing the trends in China's OFDI Stock it would be pertinent to examine the China's OFDI flows in India along with comparing it with other countries receiving Chinese FDI in the same economicregion. Figure 3 – 11, in this regard highlights China's Outward Foreign Direct Investment Flow for theperiod 33 to 2010.

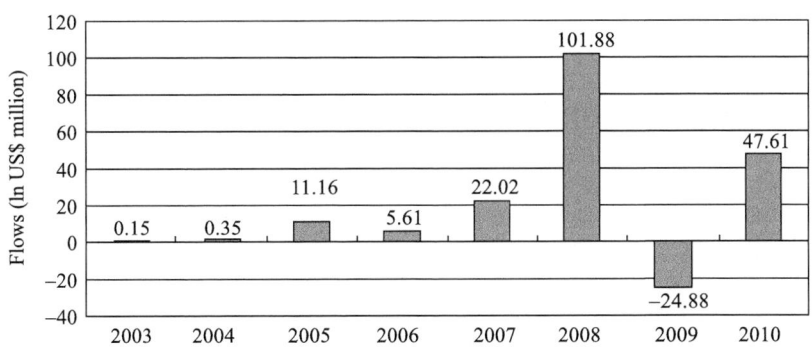

Figure 3 – 11   Chinese OFDI in India: Flows (2003 – 2010)

Source: Prepared by the Scholar from Statistical Bulletin of China's Outward Foreign Direct Investment, Issues 2008 and 2010.

During the period, the compounded annual growth rate of OFDI flows comes out to be 105.45% which isless than CAGR of FDI Stock by around 12%. This shows that over recent years the growth rate in flowsis more than stock. Compared to China's stock investment in India, China's flows investment does notexhibit consistency, as it has been dwindled quite frequently during the period 2003 – 2010. There has beenslow surge in this case during early years of the decade, as OFDI through flows reached a height of US $11.16 million in 2005 from US $0.15 million in 2003 followed by a downfall leading to FDI of just US $5.61 million in 2006. Albeit, there was rise in China's FDI in India the very next year, leading toinvestment of US $22.02 million, global economic turmoil hindered China's investment and due to thisIndia registered negative figures for the same year. However, the positionimproved as Investment in Indiain 2010 was registered at US $47.61 million. The percentage share of India with respect to Chinese OFDI in the whole economic region is shown in figure 3 – 12.

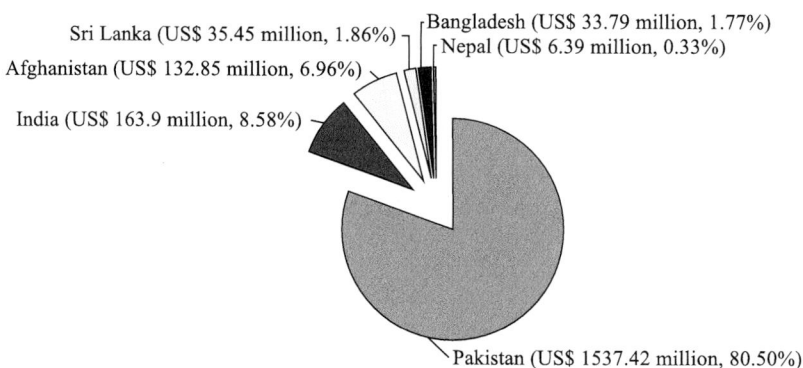

Figure 3 – 12 Percentage Share of OFDI Flows in South Asia: 2003 – 2010

Source: Prepared by the Scholar from Statistical Bulletin of China's Outward Foreign Direct Investment, Issues 2008 and 2010.

Examining the percentage share of India in China's OFDI (in case of flows) it is crystal clear that India, with China's investment of US $163.9 million and share of 8.58 percent for the period 2003 – 2010, is the 2nd most favoured country for China in the South Asian region. India, on the list, follows Pakistan, which has an investment of US $1537.42 million as 80.50 percent share of the total. On the list, India isfollowed by Afghanistan, Sri Lanka, Bangladesh and Nepal with respective shares of 6.96%, 1.86%, 1.77% and 0.33 percent.

An analysis of the companies operating in India revealed that, at present, around 100 Chinese companieshave their business operations in India among distinct sectors. The major investment by China comes in: Construction Industry – where companies like Sino Steel, Shougang International, Baoshan Iron and SteelLtd, Sino Hydro Corporation etc. Operate in India; Electronic, IT and Hardware industry – where Huawei Technologies, ZTE, TCL, Haier etc. are having their business operations on Indian soil; and Power Sector – where the list includes Shanghai Electric, Harbin Electric, Dongfang Electric, Shenyang Electric etc.

Even, heavy investment is likely to arrive in India's Automobile Industry where Chinese automobilemajor Beijing Automotive Industry Corporation (BAIC) has announced its plans to invest around US $250million (Indian Embassy, n. d.).

While investigating into the nature of the relations of the two Asian giants, it is revealed that the twocountries seem to share "sweet – sour" relation. When it comes to oppose demands from western developedcountries, China and India are often seen joining in the battle. However, the bilateral ties between the two Asian giants have not remained as good as they seem on global platform to the rivals, for the interest ofdeveloping world. The seeds of the problems between the two nations were reaped years before, theaftermath of which are being faced today, and are likely to be faced in future also. Low level of economicties between the two countries is likely to create few major issues that will be discussed in next section.

VI. Major Issues Between China and India

Trust Deficit: Violation of the border treaty signed in 1914 (Shimla Accord) by British – Indiangovernment and the then independent Tibetan government without the consent of the then Republic of China (ROC). The borderline separating Tibet from India known as "Mac Mahon Line" was recognizedneither by the ROC nor by its successor. Thus, the border issue was never solved between the nowsovereign nations, and had even seen short but fiercely war between the two in 1962 (Jacob, 2012). Even, violation of many other mutual agreements and assurances forwarded by ROC, like Occasional crossingsof the Line of Control to India territory (LOC) by alleged Chinese soldiers and the "stapled visa affair", concerning citizens of the Indian states of Arunachal

Pradesh and Kashmir had added to the problem. Besides the border dispute along the Himalayas, India is increasingly worried about China's influence overIndian Ocean shipping lanes, while China is wary of India'soil - exploration in the South China Sea (Jacob, 2012).

Security Issues: In the recent past, India has experienced growing interest of China in number of Indianprojects, such as the Mumbai port trust, Manipur road lines, and the Himachal Hydroelectric plant. Thesehave raised concerns for India. These projects are associated with infrastructure development and areconsidered "too sensitive" from India' national security viewpoint. Due to the security concerns of India, Kaidi Electric Power Company's and Chinese Harbour Engineering Company's bid for ports in southern India were not approved, on the grounds that these companies had business interests in Pakistani ports also. Even, Chinese telecom giant Huawei's expansion in India is under close scanner of the related authorities. There are government directives in India against the use of Chinese telecom equipment in sensitive borderregions over fears that the equipment is compromised and could render Indian IT networks vulnerable (Karackattu, 2010).

Political Drift: China has strong engagements with India's neighbors that mostly don't have reallyfriendly ties with India. In the forefront is Pakistan. China assists Pakistan with building roads and powerplants in POK region, leading to frequent political tussle between the two countries. The PRC alsosupported the Burmese military junta politically in the UN Security Council, and strategically by sellingthem weapons and securing access to offshore natural gas reserves. As a rescue operation, India has alsostarted to invest massively in Myanmar to overcome the problems likely to occur due to China's activitiesin this country and the nearby region. Moreover, China's assistance to Sri Lanka in building a naval port, even after China's assurance of not making use of it for the presence of Chinese war ships in the regionhas also led to adverse political drift between the two countries as the factor of trust deficit comes intoplay. The strategy China follows with the establishment of different ports and military bases from the Island of Hainan in the South Chinese Sea to the Persian Gulf in the Middle East (called String of Pearls) has also added to the problem. Whilst, China is suspicious about India's closer ties with the United Statesand its treatment of the Tibetan government - in - exile one indisputable fact remains that the general trend of China's FDI inflow will continue rising in India (Jacob, 2012).

The pulling factors of OFDI are as follows:

Market Seeking: By the year of 2012, the population of India was over 1.2 billion, and its total GDPsurpassed $1.87 trillion. The growing population and economic strength translated into huge marketpotential which provokes investors' interests from all over the world including Chinese investors. In those fields where Chinese producers possess strong competitive advantage, demands in India keeps surging, forexample, colored TV and refrigerators growing at 15% and 20% -30% annually, respectively. Greatopportunities are also exhibited in the telecommunications market for Chinese suppliers. One such example is of telephone lines per thousand people in China as it is around 500 that is 4 to 5 times of India.

The expanding manufacturing sector in India pushed up demand for iron and steel making it up to over 60million tons. All the above mentioned demand from Indian side is greatattraction for Chinese investors.

Technology Seeking: India is famous as the world office owing to its rich human resources and welldeveloped technology in software and IT industry. For purpose of having a quick and easy access to thelatest technology, some Chinese companies such as Huawei Company has established its research centerin Bangalore, known as India's "silicon valley". Software developed by the center satisfies the local needs, and demands from the company itself and worldwide clients are met accordingly. In addition to theresearch center, Huawei has also set up a global operations network and a global service resources center. This shows that in future also OFDI will be flowing to India.

Natural Resources Seeking: India is endowed with rich iron ore resources and its extraction is cheap, however, the domestic supply can hardly meet the growing demand. While China is number one steelproducer in the world and its smelting technology is well developed and sophisticated it still relies onIndia for the raw material. In August 2011, New India Iron and Steel Company Limited was set up inwhich Chinese held 55% of the equity share. The project signifies China's endeavor into the most promising steel market.

Cost Reduction Seeking: With the labor cost rising rapidly in China, some producers began shifting theirproduction into India. One such example is Haier that set up its first manufacturing base in 2007producing refrigerators in India, fixing the cost of one refrigerator lower by 30% in comparison to otherproducers.

VII. Conclusion

In view of the mutual benefit of Chinese investment in India, on Feb. 28, 2013, a forum on China'sinvestment in India hosted by Chinese government and Indian Embassy was held in Beijing. India'sambassador expressed the intention that the contribution of manufacturing sector in India's GDP has beenincreasing and will reach from 16% to 25% by the end of the year 2022. This provides chances for Chinese companies to expand their investment in India with a hope of enhancing sustainable mutualcollaboration between the two countries. The paper concluded that there is huge potential in India toreceive China's Outward FDI both economically and strategically. However, there are fewrelevant political bottlenecks that must be considered diplomatically otherwise the businesssentiments mat be adversely affected eventually affecting the Foreign Direct Investment.

本文发表于：Transnational Corporations Review, Volume 7, Number 2, June 2015.

  http：//www. tnc – online. netinfo@ tnc – online. net209 – 222.

  第一作者：Prof. Dr. Badar Alam Iqbal, Department of Commerce, Aligarh Muslim University, ALIGARH.

参考文献

[1] Ranking of China's Top 100 TNCs and Their TNIs [EB/OL]. Chinese Entrepreneur Website, http://www.iceo.com.cn.

[2] Allan H. Willett. The Economic Theory of Risk and Insurance [M]. Caroline: Nabu Press, 2010.

[3] Click Reid W. Financial and Political Risks in US Direct Foreign Investment [J]. Journal of International Business Studies, 2005, 36 (5): 559 – 575.

[4] Cavusgil, S. T. On the Internationalization Process of Firms [J]. European Research, 1980, 8: 273 – 281.

[5] Cantwell, John, Paz Estrelia E., Tolentino. Technological Accumulation and Third World Multinationals Discussion Paper in International Investment and Business Studies [J]. University of Reading, 1990, 39.

[6] Coviello, Nicole, Hugh Munro. Network Relationships and the Internationalization Process of Small Software Firm [J]. International Business Review, 1997, 6 (4): 361 – 386.

[7] Dan Haendel, Gerald. T. West & Robert G. Meadow. Overseas Investment and Political Risk [J]. Foreign Policy Research Institute Monograph Series, 1975 (21).

[8] Edward T. Hall. How Cultural Collide [J]. Psychology today, 1976, 7: 67 – 76.

[9] Feng Lei. The Road Map of Chinese Enterprises' Internationalization—Present Situation and Suggestions [J]. International Economic Cooperation, 2011, 5.

[10] F. H. Knight. Risk, Uncertainty and Profit [M]. Boston and New York: Houghton Mifflin Company, 1921.

[11] Forsgren, M. The Concept of Learning in the Uppsala Internationalization Process Model: A Critical Review [J]. International Business Review, 2002, 11:

257-277.

[12] Haleblian, J., S. Finkestein. The Influence of Organizational Acquisition Experience on Acquisition Performance: A Behavioral Perspective [J]. Administrative Science Quarterly, 1990, 44 (1): 29-56.

[13] Jacob, J. T. India's China Policy, Time to overcome Political Drift, S. Rajaratnam School of International Studies [M]. Singapore: Singapore Nanyang Technological University, 2012.

[14] Jinjarak Yothin. Foreign Direct Investment and Macroeconomic Risk [J]. Journal of Comparative Economics, 2007, 35 (3): 509-519.

[15] Johanson, J., J. E. Vahlnc. The Internationalization of the Firm - Four Swedish Cases [J]. Journal of Management Studies, 1975, 12 (3): 305-322.

[16] Johanson, Jon, Lars - Gunnar Mattsson. Internationalization in Industrial Systems [A]. A Network Approach, in Neil Hood, J. E. Vanune (eds). Strategies in the Global Competition, Beckenham [C]. Kent: Croom Helm for the Institute of International Business, Stockholm School of Economics, 1998.

[17] Laura B. Pincers, James A. Belohlav. Legal Issues in Multinational Business Tactics: To Play the Game, You Have to Know the Rules [J]. Academy of Management Executive, 1996, 10 (3).

[18] Lu Tong, Li Chaoming. Internationalization of Private Enterprises in Wenzhou [J]. World Economy, 2003, 5.

[19] Mao Jia - xiang, Shan Lianwen. A Analysis of Why a Low TNI? [J]. China Petroleum and petrochemical, 2011, 24.

[20] Mathews, John A., Cho, Dong - Sung. Combinative Capabilities and Organizational Learning in Late comer Firms: The Case of the Korean Semiconductor Industry [J]. Journal of World Business, 1999, 34 (2): 139-156.

[21] Miller, K. D. A Framework for Integrated Risk Management in International Business [J]. Journal of International Business Studies, 1996, 46 (2): 311-331.

[22] Pamela Shimell. The Universe of Risk: How Top Business Leaders Control Risk and Achieve Success [M]. London : Prentice Hall, 2002.

[23] Pantzalis, C., Simkins, B. J., Laux, P. A. Operational Hedges and the Foreign Exchange Exposure of U. S. Multinational Corporations [J]. Journal of International Business Studies, 2001, 32 (4): 793-812.

[24] Peter Rodriguez, Donald S. Siegel, Amy Hillman, Lorraine Eden. Three Lenses on the Multinational Enterprise: Policies, Corruption and Corporate Social Re-

sponsibility [J] . Journal of International Business Studies, 2006 (37): 733 - 746.

[25] Oetzel, J. M., Bettis, R. A., Zenner, M.. Country risk measures: How risky are they? [J] Journal of World Business, 2001, 36 (2): 128 - 145.

[26] Oviatt B. M., McDougall P. P. Toward a theory of international new venture. [J]. Journal of International Business Studies, 1994, 25 (1): 45 - 64.

[27] Raymond, Louis, Samir Blili. Organization Learning as a Foundation of Electronic Commerce in the Network Organization [J] . International Journal of Electronic Commerce, 2001, 15 (2): 29 - 45.

[28] Robock, S. H. Political Risk: Identification and Assessment [J] . Columbia Journal of World Business. 1971, 6: 6 - 20.

[29] Smith S. W., Stulz R. M. The Determinants of Firms' Hedging Policies [J] . Journal of Financial and Quantitative Analysis, 1981, 47 (5): 391 - 405.

[30] Sullivan, Daniel. Measuring the Degree of Inter - nationalization of a Firm [J] . Journal of International Business Studies, 1994, 25 (2): 325 - 342.

[31] Scott E. Harrington, Gregory Niehaus. Risk Management and Insurance [J] . McGraw Hill Higher Education, 2003, 2 (9): 55 - 89.

[32] Very, Philippe, David M. Schweiger. The Acquisition Process as a Learning Process: Evidence from a Study of Critical Problems and Solutions in Domestic and Cross - Border Deals [J] . Journal of World Business, 2001, 36 (1): 11 - 31.

[33] Wang Cheng - gang. Establishing Business abroad—a Leading Force in Internationalization of Enterprises [J] . China's Economy and Trade, 2012, 4.

[34] WELCH, L., LUOSTARINEN, R. Internationalization: Evolution of a concept [J] . Journal of General Management, 1988, 14 (2): 34 - 55.

[35] Yavas, B. F. An Exploratory Assessment of the Use of Generalizability Theory in Improving Country Risk Analysis [J] . The Mid - Atlantic Journal of Business, 1989, 25 (7): 51 - 61.

[36] Yuan Lei, Qiu Xia. The Internationalization Process of China's Enterprises - Prospect and Foresee [J] . China's Macroeconomics Study, 2009, 9.

[37] World Investment Report [EB/OL] . http://www.unctad.org, 2009.

[38] 白天辉. 中国企业对外直接投资风险防范对策研究 [D] . 大连：东北财经大学硕士学位论文, 2005.

[39] 白远. 中国企业对外直接投资风险论 [M] . 北京：中国金融出版社, 2012.

[40] 白远. 世界银行贷款风险管理 [J] . 世界经济, 2000, 10.

[41] 陈爱蓓. 企业海外投资的法律风险及其防范 [J]. 经济导刊, 2007, 9.

[42] 柴正猛. 中小企业海外直接投资风险管理研究 [M]. 北京: 中国社会科学出版社, 2012.

[43] 井孟川, 刘尔思. 中国对外直接投资现状及风险评价分析 [J]. 经济研究导刊. 2014, 13.

[44] 刘骏民, 范小云. 经济虚拟化与系统性风险 [N]. 中国经济时报, 2003-01-23.

[45] 刘旭友, 颜晓晖. 基于模糊层次（F-AHP）分析法的境外直接投资风险综合评价 [J]. 社会科学家, 2008, 12.

[46] 刘红霞. 中国境外投资风险及其防范研究 [J]. 中央财经大学学报, 2006, 3: 63-67.

[47] 牛国良. 中国资源型企业海外投资所面临的风险与防范 [J]. 北京市经管理干部学院学报, 2007, 22 (3): 16-19.

[48] 马昀. "一带一路": 挑战、风险与应对 [J]. 经济研究参考, 2015, 37: 48.

[49] 牛琦彬. 中海油并购优尼科事件分析 [J]. 中国石油大学学报, 2007, 1.

[50] 聂名华. 中国企业对外直接投资风险分析 [J]. 经济管理. 2009, 8.

[51] 聂名华, 颜晓晖. 境外直接投资风险识别及其模糊综合评价 [J]. 中南财经政法大学学报, 2007, 2.

[52] 彭红斌, 王玲. 中国企业境外投资的政治风险及其防范 [J]. 北华大学学报, 2008, 3.

[53] 王耀辉, 孙玉红, 苗绿. 中国企业国际化报告（2014）[M]. 北京: 社会科学文献出版社, 2014.

[54] 吴迪珂. 大国的世界金融风险意识——次贷危机下中投公司投资黑石案的分析 [J]. 2008, 6.

[55] 谢庆勇. 企业对外直接投资的风险分析 [J]. 商业时代, 2007, 11.

[56] 熊小奇. 海外直接投资风险防范 [M]. 北京: 经济科学出版社, 2004.

[57] 肖新梅. "一带一路" 建设的风险与防范 [J]. 山西财经大学学报, 2015, 37: 7-8.

[58] 颜晓晖. 境外直接投资风险的关联评价及案例研究 [J]. 国际贸易问题, 2007, 6.

[59] 张承惠, 朱明方. 我国企业对外投资的现状、问题和政策建议 [J]. 重庆工学院学报, 2009, 3.

[60] 张鹏. 我国境外直接投资风险管理与决策研究——基于 AHP - ANPV 分析框架 [J]. 东北财经大学学报, 2011, 5.

[61] 张明. 直面"一带一路"的六大风险 [J]. 国际经济评论, 2015, 4: 38-41.

[62] 周方银. "一带一路"面临的风险挑战及其应对 [J]. 国际观察, 2015, 4: 63-66.